社群媒體與口語傳播

游梓翔　溫偉群　主編

五南圖書出版公司 印行

主編序

　　口語傳播學門的淵源可追溯至兩千五百年前古希臘的公眾演說與修辭文獻，現代學科則源起於一世紀以來美國口語傳播學系的發展。相較於今日美國大學中普遍設置的「口語傳播」（speech communication）或「傳播研究」（communication studies）學系，海峽兩岸的口語傳播學仍屬萌芽階段。世新大學率先在1992年設置了台灣的第一個口語傳播學系，廈門大學則在2011年開設了大陸第一個以口語傳播為主要方向的傳播學系。

　　作為兩岸口傳研究與教學先驅，廈門大學與世新大學三度通過合辦學術研討會，共同推動口語傳播的研究與發展。2012年，廈門大學舉辦了第一屆海峽兩岸口語傳播學術研討會，隨後第二屆會議於2015年在廣西藝術學院舉辦。2017年12月，世新大學舉辦了第三屆海峽兩岸口語傳播學術研討會，聚集兩岸十四所大學的學者，發表三十篇學術論文。我們要特別感謝浙江理工大學、廣西大學、山東師範大學、南華大學、四川外國語大學、中國人民大學、與華僑大學等校學術主管與研究者的積極參與。

　　《社群媒體與口語傳播》是兩岸口傳學者第三次合作的具體成果精華，書中共選取了二十篇論文，呈現社群媒體理論與實踐的最新發展。在理論面向上，學者們討論了社群媒體的理論定位、社群媒體與身分認同、社群媒體對人際傳播的延伸、社群媒體對口傳研究的挑戰，以及社群媒體與語藝書寫；在實踐面向上，論文研究的主題包括微信語音、微信公眾號、社群媒體轉發、網路論壇的性別歧視、網路直播節目、網民回應，以及社群媒體的對話新聞。豐富的個案分析研究也是本書的一大特點，研究者討論了網路自製節目、政治人物與社群媒體、新聞媒體的社群行銷、網路論壇的語藝、自媒體脫口秀節目，以及APP的口語傳播模式。本書另外也收錄了一篇論文闡述道

家語言傳播方法，以及一篇論文分析綜藝節目的語言轉碼。對於社群媒體與口語傳播的研究者，本書提供了多元視角與多樣素材的參考文獻。

人類傳播史上，「口語傳播」代表人類歷史最爲悠久的傳播活動與學術傳統，而「社群媒體」則是近年來最受關注的嶄新人類傳播溝通形式，「社群媒體與口語傳播」可説是歷久彌新的口語傳播學對最新傳播實務的詮釋與回應。很少有學科像口語傳播學和傳播學一樣，百年來不斷面對研究對象的重大變化，這是我們的挑戰，也給了我們無窮的機會和無限的可能。

世新大學口語傳播學系教授、世新大學副校長

游梓翔

世新大學口語傳播學系教授、世新大學新聞傳播學院院長

溫偉群

台北

目 錄

肆、社群媒體與口語傳播的個案研究

伍、研討會其他選取論文

壹、總論

1.
社群媒體在傳播理論中的定位

游梓翔　世新大學口語傳播學系教授、世新大學副校長

摘要

社群／社交媒體是本世紀開始的現象，在全球獲得蓬勃發展。臉書、推特、微信、YouTube等服務使用者動輒數以億計，影響力驚人。既以「媒體」為名，受到不少傳播學者關注，但傳播學界對社群媒體的定位欠缺共識。「傳播理論」來自兩大學術傳統——傳播研究（即口語傳播）與媒體研究（即大眾傳播），前者重視人際與群體，後者重視科技與載體，但社群媒體可謂兩者特色兼具。為有利發展社群媒體理論研究，必須為其在「傳播家族」中找到適當位置，作者嘗試提出「IPMD傳播四類型模式」，將傳播概念區分為廣義人際傳播（IC）、公眾傳播（PC）、大眾媒體（MM）與數位媒體（DM）等四大類型。「IPMD模式」也提出傳播的四種轉型，包括從「一對一」人際傳播到「一對多」公眾傳播的「修辭轉型」、從公眾傳播到大眾媒體「中介一對多」的「科技轉型」，以及從大眾媒體到數位媒體的「數位轉型」。數位媒體具有「媒體性」與「社群性」的兩大特徵，這使得它展現了「多對多」的傳播特色。而數位媒體也因為與人際關係相互交織，而發生「關係轉型」，有了「中介一對一」的性質。作者指出，社群媒體應被視為是「社群性」高於「媒體性」的特殊數位媒體，而其「社群性」具體表現為「社群共建」與「內容共享」兩方面。如此便可為社群媒體在傳播理論中找到明確定位。

關鍵字：社群媒體、社交媒體、傳播理論、IPMD模型

社群媒體[1]（social media）的出現是21世紀以來人類社會最重要的現象之一。臉書、推特、微信、YouTube等服務的使用者在全球動輒數以億計。根據2017年9月的統計數字[2]，臉書（facebook）的活躍使用者已經超過20億人，YouTube也高達15億，兩者的「人口」規模都已超越世界上擁有最多人口的中國。而全球人口排名第三的美國，如果拿來和最受歡迎的社群媒體相比，甚至連前十名都排不進去。使用者的驚人數量說明了社群媒體早已無所不在且影響深遠。

正因如此，就像報紙、廣播、電視等媒體現身並開始廣泛流行時一樣，社群媒體現象受到不同背景的學術界人士的高度關注。不過，或許是因為社群媒體以「媒體」為名，不少傳播學者傾向視社群媒體的理論研究為傳播學的「當然」範圍。也有傳播學者是著眼於社群媒體的廣泛影響，認為傳播學必須成為相關領域的「聲索方」，以有助於傳播學的發展。無論動機，傳播學者對社群媒體顯露的高度興趣是無庸置疑的。

不過，傳播學對社群媒體的興趣尚屬萌芽階段，欠缺理論系統性。傳播學的核心基礎課程「傳播理論」，對社群媒體的關注仍十分不足，且概念定位不清。本文便希望透過考察傳播理論教科書以及建構傳播概念模型的努力，為社群媒體在傳播理論中找到適當定位。

壹、社群媒體的發展與定義

「社群媒體」一詞來自英文的「social media」。由於「social media」早已成為互聯網時代的超級「流行語」（buzzword），宣稱是這個名詞創造者的人也不少。爭搶「social media」一詞創造者的人至少有三位（Bercovici, 2010）：

1. 網路作家貝瑞（Darrell Berry）在1995年的一份報告中用到「社群媒體空間」一詞，認為互聯網應該從靜態的文件庫發展為用戶可以互動的網絡；

---

[1] 大陸對「social media」最流行的譯名是「社交媒體」，本文內文將以台灣慣用的「社群媒體」作為「social media」的譯名。

[2] 資料引用自Statista網站，網址https://www.statista.com/statistics/272014/global-social-networks-ranked-by-number-of-users/

2. 美國線上AOL的前主管里昂西斯（Ted Leonsis）在1997年提到要提供使用者「社群媒體」服務，「讓使用者可以在社會環境中娛樂、溝通與參與」；

3. 網路創業者夏凱（Tina Sharkey）在1999年註冊了「socialmedia.com」的網路名稱。

無論社群媒體一詞是來自貝瑞、里昂西斯、夏凱或是其他人，從社群媒體龐大的使用者數字和許多呈現使用者重度使用的調查報告裡，早已呈現一項事實──社群媒體一詞背後所代表的現象早已是無法忽略與無所不在了。

一、社群媒體的定義

社群媒體的名稱和相關服務雖然流行，不等於替它下定義是件容易的事。如果參考一般也被認為屬於社群媒體的英文《維基百科》有關社群媒體定義，當中是這樣說的：

> 社群媒體是促進資訊、想法、職涯興趣和其他表達形式，能透過虛擬社群和網絡創造與分享的電腦中介科技。現有獨立或內建的社群媒體服務種類甚多，這使得為其下定義頗具挑戰……。[3]

這個定義指出為社群媒體下定義的困難，而除了描述性定義，英文《維基百科》也具體指出所謂「社群媒體服務」（social media service）的四項特徵：

1. 社群媒體是網絡2.0，基於互聯網的應用；
2. 用戶生成內容（User-generated content, UGC），如文字貼文或評論、數位相片和視頻，及由線上互動生成的資料，是社群媒體命脈；
3. 在社群媒體組織的設計與維護下，用戶為網站或應用創造服務特有的個人檔案；
4. 透過連結用戶與其他個人群體的個人檔案，社群媒體促進了線上社會網絡的發展。

---

[3] 引自《維基百科》，網址：https://en.wikipedia.org/wiki/Social_media，存取日期2018年1月29日。

簡單地說，這四項特徵是：互聯網、用戶生成內容、個人檔案、線上社群。

兩位學者艾齊納和傑可布（Aichner & Jacob, 2015）則將社群媒體定義為是一種互聯網應用，打造一個使用者生成內容的創作、討論、修改和交換平台。這等於是強調了維基百科四項特徵的前兩項。

綜合不同的社群媒體定義，我們可以具體將社群媒體最關鍵的特徵濃縮成兩項：首先，社群媒體具有「社群建立」（networking）的特性，使用者可以透過個人檔案展現自我並與其他使用者建立社群；其次，社群媒體具有「內容共享」（content sharing）的特性，使用者可以創造與交換內容，發揮「Web 2.0」的特色。社群建立就是傳播學者福克斯（Fuchs, 2014）所說的「社區」（community），而內容共享則是他所說的「協同與合作工作」（Collaboration and Co-operative Work），都是社群媒體的關鍵特性。

二、社群媒體的歷史

探究社群媒體的歷史，可能開始自1990年代，其最早形式是「即時通訊」（instant messaging）服務。其中美國線上的「AOL Messenger」啟用於1997年，而微軟公司的「MSN Messenger」和雅虎的「Yahoo! Messenger」服務則從1999年開始。雖然上個世紀90年代末期的即時通訊服務基本上仍是「一對一」傳播，但已有參與「群聊」的機會，可以視為是社群媒體的開端（Carson, 2017）。

但真正同時具有「社群建立」和「內容共享」能力的服務，則是從世紀初才開始，並在本世紀前十年如雨後春筍般出現。其中包括2001年的維基百科、2002年的Linkedin、2003年的My Space、2004年的臉書、2005年的YouTube、2006年的推特（Twitter）、2007年的Tumblr、2010年的Pinterest和Instagram、2011年的Snapchat以及2012年的Tinder等（Carson, 2017）。而2009年上線的新浪微博，以及2011年推出的微信，則是中國大陸發展出來的本地社群媒體服務。日本廣受歡迎的服務Line，也是從2011年開始。

根據英國《電訊報》網站的分析，社群媒體的快速成長可能與四項因素有關：寬頻的發展、雲運算、行動互聯網、內建「病毒力」（in-built "virality"）（Carson, 2017）。具體來說，寬頻提供了基礎渠道建設、雲運算使相關服務能處理大量資料、行動互聯網使人們用手機使用社群媒體服務的方便性增加，而內建病毒力指的則是相關服務善於創造人們分享的能力和動機，

這些都造就了社群媒體的快速發展。

三、社群媒體的類型

　　另一種定義社群媒體的方式是從社群媒體的「類型學」（typology）入手。其中一個比較完整的分類來自艾齊納和傑可布（Aichner & Jacob, 2015）。在一項針對企業社群媒體使用的研究中，他們將社群媒體區分為13種類型，分別是博客、商業網絡、項目共創、企業社群、論壇、微博、照片分享、產品／服務點評、社會書籤、社會遊戲、社會網絡／社群、視頻分享和虛擬世界等。我們可以將他們對這13類社群媒體的說明及企業的可能運用方式的討論摘要如下：

1. 博客（blog）：又稱「部落格」或「網誌」，個人或企業用戶按時序發表貼文，供訪客瀏覽與評論，內容可能涉及新聞與資訊；
2. 商業網絡（Business networks）：用戶透過創造個人檔案分享履歷，以建立與維持專業聯繫。企業可能以覓才雇主的形式加入；
3. 項目共創（Collaborative projects）：用戶因共同興趣或知識而串聯，共同規劃、撰寫、編修、分析、測試各種項目。創作結果通常以開源方式對公眾公開；
4. 企業社群（Enterprise social networks）：只對企業員工或特定群體成員開放，目的是讓成員認識互動，利於企業知識管理，類似一般社會網絡，用戶擁有個人檔案與圖片；
5. 論壇（Forums）：供用戶提問答問、交換經驗想法的虛擬討論平台，討論是延時而非即時，並且是公開的；
6. 微博（Microblogs）：因限制貼文在200字以內的特色而受到歡迎，貼文可能包括圖片與連結，用戶可以訂閱其他用戶、名人或企業的微博；
7. 照片分享（Photo sharing）：供用戶上傳、寄存、管理、分享或編修照片，其他用戶可以瀏覽並對照片發表評論；
8. 產品／服務點評（Products/services review）：提供產品銷售和產品資訊，顧客可為產品評分並撰寫與閱讀產品評論；
9. 社會書籤（Social bookmarking）：儲存與管理互聯網書籤的平台，以便與朋友或其他用戶分享，經常被視作網站或內容是否受歡迎的指標；

10. 社會遊戲（Social gaming）：允許或要求玩家互動的線上遊戲；

11. 社會網絡／社群（Social networks）：讓相識的人們彼此連結並分享共同興趣或參與相似活動。用戶擁有個人檔案，可上傳照片或視頻，並用姓名搜尋其他用戶。企業可以運用社群檔案來為品牌定位，支援老顧客並爭取新顧客；

12. 視頻分享（Video sharing）：讓用戶可上傳、分享個人、企業或自由版權視頻，供其他用戶觀看，多數並允許發表對視頻的評論。企業可運用視頻分享服務來分享廣告、測試創新促銷視頻，或節省託播廣告成本；

13. 虛擬世界（Virtual worlds）：創造個人頭像，各自或與其他用戶透過參與活動或與其他用戶溝通，共同探索虛擬世界，即使用戶登出虛擬世界的時間仍會持續進行。虛擬世界常使用具有真實價值的虛擬貨幣，讓企業銷售虛擬或真實產品。（Aichner & Jacob, 2015）

這個分類雖然相對完整，但仍難以窮盡社群媒體的所有類型，例如以語音電話或即時通訊為主要服務的Line或Skype，便不易歸入其中一類。且許多社群媒體服務為吸引用戶，常納入其他服務的特徵，例如社會網絡服務放入視頻分享的設計，這都造成了分類困難。不過上述所有社群媒體都具有「社群建立」與「內容共享」的特徵，只是不同的服務偏重不同罷了。

貳、傳播理論中的社群媒體

在梳理了社群媒體的定義與類型後，我們要來看看傳播理論如何看待社群媒體。前面說過，社群媒體現象興起後，引發不少傳播學者的關注，並投身相關研究，但傳播學作為以探討人類傳播與媒體行為為核心的學科，是否是以系統性的方式來面對社群媒體現象？這方面我們可以透過檢視傳播學的基礎核心科目——傳播理論，來嘗試找到答案。

衡諸傳播學的發展歷史，有兩個主要的思想淵源：傳播研究與媒體研究（游梓翔，2017a，2017b）。傳播研究最早來自美國的「口語學」（Speech），是從英語與文學中脫離出來，後來引入社會科學思想成為「口語傳播」（Speech Communication），再逐漸發展為今日的「傳播研究」（Communication Studies）。大眾傳播最早來自同樣由英語與文學發展出來的「新聞學」（Journalism），後來成為「大眾傳播」（Mass Communication）以及今日的「媒體研究」（Media Studies）。雖然許多文獻中可能用「傳播研究」或「傳播學」來統稱兩者，但傳播學的這兩個支派還是具有一定獨立性的（Pooley, 2016）。

因為，我們一般所說的「傳播學」其實是由傳播研究與媒體研究合組而成的「大傳播學」。其中「傳播研究」側重人際與群體，其主要次領域是人際傳播、組織傳播與公眾傳播等，而「媒體研究」則側重科技與載體，關注傳播科技、新聞產製、媒體運作等主題。這兩個派別也影響所屬傳播學者對何謂「傳播理論」的界定。

為了解傳播理論如何定位社群媒體，我們挑選出了六本傳播學界最具代表性的著作。而為了同時反映「傳播研究」與「媒體研究」的思想傳統，這六本中有三本來自「傳播研究」背景的學者，三本則由「媒體研究」背景的學者所撰寫。

來自「傳播研究」的三本傳播理論教科書，分別是由小約翰等人（Littlejohn, Foss, & Oetzel, 2017）撰寫的《人類傳播理論》（*Theories of Human Communication*）、佛洛德等人（Floyd, Schrodt, Erbert, & Trethewey, 2017）撰寫的《探索傳播理論》（*Exploring Communication Theory*）以及由韋斯特和透納（West & Turner, 2018）合著的《傳播理論導論》（*Introducing Communication Theory*）。而來自「媒體研究」的三本傳播理論教科書，則包括由麥奎爾（McQuail, 2010）撰寫的《大眾傳播理論》（*Mass Communication Theory*）、巴蘭和戴維斯（Baran & Davis, 2015）的《大眾傳播理論》（*Mass Communication Theory*）以及由羅森貝瑞和維克（Rosenberry & Vicker, 2017）合著的《應用大眾傳播理論》（*Applied Mass Communication Theory*）。六本都是傳播學界被廣泛使用的基本理論教科書。

如果搜尋這六本傳播理論著作中出現的「社群媒體」次數及內容，可以發現多數著作著墨並不深。其中小約翰等人的《人類傳播理論》共出現6次，均在介紹以社群媒體為對象進行的傳播理論相關研究。佛洛德等人的《探索傳播理論》中僅以舉例方式提到4次社群媒體。麥奎爾的《大眾傳播理論》中社群媒體則在詞彙中，總共只有6次，而《應用大眾傳播理論》同樣是以介紹社群媒體研究的方式，提到了社群傳播17次。就這四本著作看來，社群媒體所占的篇幅可說相當有限（參見表1）。

表1　主要傳播理論教科書對社群媒體的討論

	出現次數	主要內容
小約翰等《人類傳播理論》（2017）	6	介紹於特定理論相關之社群媒體研究
佛洛德等《探索傳播理論》（2017）	4	舉例時提及社群媒體
韋斯特及透納《傳播理論導論》（2018）	77	介紹於特定理論相關之社群媒體研究
麥奎爾《大眾傳播理論》（2010）	6	主要出現於詞彙中
巴蘭及戴維斯《大眾傳播理論》（2015）	26	探討社群媒體與未來傳播理論發展之關聯
羅森貝瑞及維克《應用大眾傳播理論》（2017）	17	介紹於特定理論相關之社群媒體研究

　　其中比較特別的是巴蘭與戴維斯的《大眾傳播理論》與韋斯特和透納的《傳播理論導論》。前者共提及26次社群媒體，主要是在討論社群媒體與未來傳播理論發展之關聯，後者更出現多達77次，韋斯特和透納努力針對不同的傳播理論呈現相關社群媒體研究的能量。

　　可惜的是，這六本傳播理論著作都沒有以專章形式探討「社群媒體」。對於社群媒體的定義、和其他傳播類型的關係，也都缺乏系統性討論。雖然巴蘭與戴維斯嘗試勾勒未來，而韋斯特和透納給予社群媒體更大篇幅，但這與在「傳播家族」中給予「社群媒體」明確定位，仍相距遙遠。

參、IPMD傳播四類型模式

　　為有利於發展理論與研究，單純將社群媒體其視為研究主題是不夠的，必須從概念上為其在「傳播家族」中找到適當定位，從研究層次拉升到理論層次，為社群媒體作為傳播理論的重要部分建立知識基礎。為此，作者綜合了「傳播研究」與「媒體研究」相關理論著述，嘗試提出「IPMD傳播四類型模式」（簡稱IPMD模式）（圖1）。「IPMD模式」將傳播從概念上區分為四大類，分別是：

　　1. 人際傳播（IC, interpersonal communication）：這是指「廣義的人際

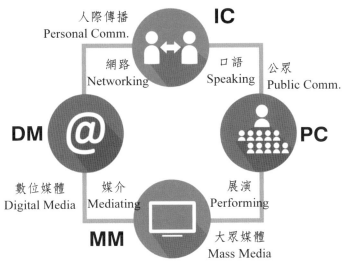

圖1　IPMD傳播四類型模式

傳播」，涵蓋人際、團體、組織與跨文化傳播等，關注人與人之間
關係建立的傳播學次領域；

2. 公眾傳播（PC, public communication）：這是指從古希臘修辭學傳統
   一脈相承，並融入後來的說服研究，探討個人如何以話語影響眾人
   的傳播學次領域；

3. 大眾媒體（MM, mass media）：這是探討大眾傳播媒體在社會中扮演
   的功能、運營與內容產製過程，以及其影響力的傳播學次領域；

4. 數位媒體（DM, digital media）：這是探討數位科技（包含資訊互聯
   網與行動）所帶來的媒體改變和社會影響的傳播學此領域，也就是
   一般所謂的「新媒體」研究。

　　「IMPD」就是人際傳播（IC）、公眾傳播（PC）、大眾媒體（MM）
與數位媒體（DM）這四種傳播類型的英文字首簡稱。人際傳播與公眾傳播
是傳統「傳播研究」或「口語傳播」關心的主題；大眾媒體是「媒體研究」
的關注焦點；而數位媒體則經常得到兩派學者的共同關注。

一、以IPMD模式梳理傳播的概念家族

　　除了呈現四種傳播類型，「IPMD模式」還從概念上對傳播家族的成員
關係進行梳理，包括「IPMD」之間的「共通特色」。人際與公眾傳播的共

通特色是「口語」（speaking），代表兩者均是以口語為主要形式的當面傳播，而大眾與數位媒體之間的共通特色則是「媒介」（mediating），反映出兩者都是以特定科技作為載體的中介傳播。除了這兩個常見的概念區分，「IPMD模式」也指出公眾傳播與大眾媒體間具有「展演」（performing）的共通特色，都是針對特定受眾規劃準備內容，以期達成效果的傳播，而在數位媒體與人際溝通之間，則具有網絡或社群建立（networking）的共通特色，都是以建立與維持人際或群體關係為目的所進行的傳播。

此外，「IPMD模型」也進一步提及了四大類傳播之間，按順時針方向進行的「轉型」或「轉換」（圖2）。「轉型」（transformation）代表因傳播本質發生重大轉變而必須作的調整，因此轉型需求也可能成為傳播者遭遇的挑戰與障礙。首先，人際傳播是一種「一對一」傳播，而公眾傳播則是「一對多」傳播，因此當傳播從人際到公眾時，傳播者必須面對「修辭轉型」（rhetorical transformation），簡單地說，就是將「私人」口語轉換為「公眾」口語，有此需要的傳播者經常必須經過「修辭訓練」。其次，大眾媒體是一種透過傳播科技擴大的「中介一對多」傳播，當從公眾傳播進入大眾媒體時，必須經歷某種「科技轉型」（Technological Transformation），適應大眾媒體科技所允許的展演形式，例如將口語內容運用影音、圖像等形式來展現，這當然涉及對影音、圖像等符號美學形式的掌握。第三，數位傳播

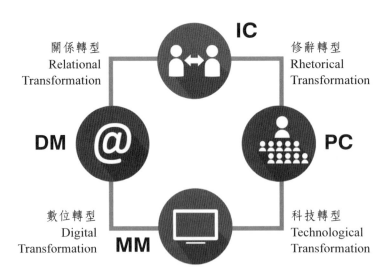

圖2　IPMD模式與傳播的四個轉型

就其本質上看，是一種因爲網路行動數位科技帶來的「去中心化」，由更多社會網絡或社群組成的「多對多」傳播，因此從大衆媒體邁向數位媒體可說是發生了「數位轉型」（Digital Transformation），例如媒體間的匯流融合以及數位媒體的社群化，便是數位轉型帶來的結果與挑戰。最後，數位媒體的社群化又會使其與人際傳播交織相連，又具有了「中介一對一」傳播的性質，這是數位媒體的「關係轉型」（Relational Transformation），如何透過無所不在的數位媒體與社群媒體來維繫人際關係與影響，則是關係轉型帶來的挑戰。

二、從IPMD模型看社群媒體

於是透過「IPMD模型」，社群媒體在「傳播家族」的定位將變得相對清晰——社群媒體是數位媒體的一種，但它與其他數位媒體相比又具有特殊性。

在「IPMD模型」中，數位媒體介於大衆媒體與人際傳播之間，這代表數位媒體具有兩大特色：「媒體性」與「社群性」。「媒體性」（mediality）較強的數位媒體仍帶有「一對多」的特性，如同是一種數位化的大衆媒體；「社群性」（networkality）較強的數位媒體鼓勵更多的「一對一」互動，並在此基礎上打造數位社群。而數位媒體「多對多」的特性可說就是在這「一對多」加「一對一」的綿密交織下而產生。有的數位媒體「媒體性」較高，「社群性」是「媒體性」的輔助；有的數位媒體「社群性」較高，相較之下「媒體性」則像是輔助了。但融合「媒體性」與「社群性」則是數位媒體的特長。

撰寫第一本社群媒體傳播教科書的利普斯舒茲（Lipschultz, 2017）在爲社群媒體下定義時，說「參與社群媒體是網絡化的個人從事人際，但也是媒介的傳播」（p. 35），但他並未進一步說明這個既人際又媒介的細節。根據我們在上面的分析，可以具體將社群媒體視爲是一種「社群性」大於「媒體性」的數位媒體。社群媒體當然具有數位展演的性質，但這一切都構築在「社群性」的本質上。這裡的「社群性」具體來說，就是我們提到的社群媒體關鍵特色——「社群共建」與「內容共享」。「社群共建」就是用戶關係建立，「內容共享」就是用戶生成內容，這兩者就是社群媒體這個概念的關鍵定義。雖然不同社群媒體因其服務設計與用戶偏好的不同，也會在「社群共建」與「內容共享」上有所偏重，例如臉書就是共建高於共享，而You-

Tube則是共享高於共建，但基本上所有「社群媒體」都具有共建與共享的特徵。社群媒體和這「社群共建」與「內容共享」的特性，也應該是未來傳播學理論建構與學術研究的重點。

參考文獻

游梓翔（2017a）。〈勾勒新媒體時代的傳播學面貌〉，論文發表於第15屆海峽兩岸暨港澳新聞研討會。澳門。

游梓翔（2017b）。〈傳播學對新媒體時代的因應〉，《青年記者》。585期，67-69。

Aichner, T., & Jacob, F. (2015). Measuring the degree of corporate social media use. *International Journal of Market Research, 57*(2), 257-275. doi:10.2501/IJMR-2015-018

Baran, S. J., & Davis, D. K. (2015). *Mass communication theory: Foundations, ferment, and future* (7th ed.). Stamford, CT: Cengage.

Bercovici, J. (2010). Who coined 'social media'? Web pioneers compete for credit. Retrieved from Forbes.com website: https://www.forbes.com/sites/jeffbercovici/2010/12/09/who-coined-social-media-web-pioneers-compete-for-credit/#708e89151d52

Carson, J. (2017). What is social media and how did it grow so quickly? *The Telegraph*. Retrieved from The Telegraph website: http://www.telegraph.co.uk/technology/0/social-media-did-grow-quickly/

Floyd, K., Schrodt, P., Erbert, L. A., & Trethewey, A. (2017). *Exploring communication theory: Making sense of us*. New York: Routledge.

Fuchs, C. (2014). *Social media: A critical introduction*. Los Angeles: SAGE.

Lipschultz, J. H. (2017). *Social media communication: Concepts, practices, data, law and ethics*. New York: Routledge.

Littlejohn, S. W., Foss, K. A., & Oetzel, J. G. (2017). *Theories of human communication* (11th ed.). Long Grove, IL: Waveland.

McQuail, D. (2010). *McQuail's mass communication theory* (6th ed.). Thousand Oaks, CA: SAGE.

Pooley, J. D. (2016). The four cultures: Media studies at the crossroads. *Social Me-*

dia + Society, *January-March*, 1-4.

Rosenberry, J., & Vicker, L. A. (2017). *Applied mass communication theory: A guide for media practitioners*. New York: Routledge.

West, R. L., & Turner, L. H. (2018). *Introducing communication theory: Analysis and application* (6th ed.). New York: McGraw-Hill.

貳、社群媒體與
口語傳播理論

2.
社群媒體增進少數民族語言與文化身分認同

李展　廈門大學新聞傳播學院傳播系主任

張琳　廈門大學新聞傳播學院碩士生

摘要

移動互聯媒體時代的到來，使得個體日益與社會形成電子化的聯結，與大眾傳播時代相比，基於智慧手機的社群媒體正給21世紀的人類社會生活帶來全新的變化。本研究運用民族誌方法，透過實地觀察和深度訪談，研究基於手機媒介的社群媒體——微信，對湖南省古丈縣苗族和土家族民眾日常生活的影響。研究發現，微信的語音功能讓本已逐漸滅失的少數民族口語重新恢復了生機，加強了少數民族居民對自身民族特徵的重新發現和文化認同。

關鍵字：少數民族地區、社群媒體微信、少數民族口語、民族誌方法

壹、社群媒體作為少數民族的新環境

　　媒介技術的發展在人類社會的發展過程中扮演著重要的角色，舉凡社會的政治經濟制度、大眾的生活方式、乃至社會文化傳統，無一不受到媒介技術形態的重要影響。20世紀80年代，施拉姆和波特（Schramm & Porter, 1982）指出，如果把之前的人類歷史看成一天，那麼正式的語言出現在臨近午夜的晚上11點鐘（約西元前4萬年），書寫在11點53分（約西元前3千5百年前）被發明出來，穀登堡在午夜前46秒（1450年）發明了西方活字印刷術，電視在午夜前5秒（1926年）出現，在午夜前3秒（即20世紀40年代），電腦、半導體、人造衛星等有助實現資訊瞬時跨越時空傳遞的通訊技術出現，人類進入大眾傳播時代。僅僅半個世紀後，從20世紀90年代開始，我們這一代人則在目睹和親歷電腦互聯網、智慧手機和基於互聯網和智慧手機的各種社群媒體的加速發展，人類社會進入了網路傳播時代。

　　傳播史學者坡（Poe, 2011）指出，促進媒介技術發展的動力是人類永無止境的需求；人類社會生活形態的不斷進化將諸多創新者的個體研究中最具推廣潛力的新媒介技術「拉出來」（pull）在社會中普及化，不斷發展的媒介技術形式又反過來「推動」（push）人類社會的變化。從口語傳播到書寫，從書寫到印刷媒介，從印刷媒介到廣播電視，從廣播電視到電腦互聯網和智慧手機，媒介技術的發展和傳播形式的變化改變了人類社會的政治經濟乃至生活形態，個體日益與社會形成電子化的聯結，與大眾傳播時代相比，研究媒介本身的重要性重新突顯出來，用梅羅維茨的話來說，對網路空間的研究更重要的「不是資訊的內容，而是傳播技術作為人類的社會環境本身（Meyrowitz, 1999, p. 51）」。

　　無論是「有機團結的社會」還是「機械性聚合的社會」（Durkheim, 1984），過社群性的生活始終是人類最根本的需要之一。在大眾傳播時代，媒介研究必然更為重視大眾傳播的內容，關注大眾傳播媒介如何「圍繞社會價值觀生產共識，促進社會各部分的整合」（Holmes, 2005, p. 59），在此意義上，電視曾經是最有社會影響力的大眾傳播媒介。戴揚和卡茨（Katz & Dayan, 1994）認為電視是政治儀式的具象呈現，廣大觀眾通過觀看現場直播的歷史性政治事件將自身對國家的理解和認同內在化；凱瑞（Carey, 2009）則直接將電視儀式類比為宗教儀式，讓觀眾看到誰是社會的控制者，誰是追隨者，呼喚大眾認同和追隨領袖，增進對社會的認同感和歸屬感；司侃諾

社群媒體與口語傳播

（Scannell, 2013）將電視看作社會整合的代理人，傳播統治精英所定義和宣導的主流價值觀，供大眾遵循。

電視在中國的社會功能與西方國家類似，是促進社會整合的重要媒介因素。毋庸諱言，何謂社會的現代化或主流價值觀是由中心城市，也就是社會的政治經濟文化中心定義的（Kraidy, 2013），電視將這些有關現代化的話語向邊遠的相對落後的農村地區廣為傳播，實現邊遠地區與中心的一體化。一些民族誌研究表明，雖然電視轉播設備仍然不能夠實現對邊遠少數民族地區的全覆蓋，但仍然對促進少數民族居民了解外部世界，了解自身與經濟發達地區在經濟發展水準和文化發展樣態上的差別有很大促進作用（如郭建斌，2005；金玉萍，2010）。

中國電視網路的擴大主要依賴政府對基礎設施建設的投入，邊遠山區等基礎設施建設難度大的地區至今還不能實現電視的全面普及。與電視相比，商業化運營程度更高的智慧手機和智慧手機平台上的各種社群媒體的出現和普及是以幾何速度增長的。截至2017年上半年，中國的智慧手機用戶已經達到6.55億（艾媒網，2017）。手機作為媒介，不再是宏觀意義上的「人的延伸」（McLuhan, 1994），而是微觀意義上，每個人的一部分，手機用戶對手機的依賴是「有非常個人化的意涵並且意味著各種關係的存在」（Holmes, 2005, p. 2）。即使是在邊遠的山區，擁有手機就意味著個人成為傳播內容的生產者而非大眾傳播媒介的被動接收者，每個人都是社會事件的參與者而不僅僅是接受電視等大眾傳播媒介為他們建構的現實（Morrison, 2009）。

中國的人口由主體民族漢族（占中國人口的96%）和其他55個少數民族構成（Harrell, 1995）。湖南省古丈縣的人口構成是以土家族和苗族為主，苗族占全縣總人口的48%，土家族占全縣總人口的42%，漢族和其他少數民族人口合計約10%；苗族擁有自己的語言和文字，土家族則只有口頭語言，沒有文字；少數民族語言在城鎮中的使用率呈遞減態勢（古丈縣誌編纂委員會，1989）。湘西古丈縣少數民族地區在當代中國的發展進程中處於相對落後的位置，直到20世紀50年代末這一地區才開始有報紙，70年代初有了廣播，直到80年代中後期才有了電視，電視實現普及已經是進入21世紀的事情了（同上）。換句話說，這個邊遠少數民族地區比城市發達地區晚了近30年進入大眾傳播時代，但是與發達地區同時進入了網路傳播時代。

電視的普及對邊遠少數民族地區的生活方式和文化傳統產生了巨大影

響，在宏觀上起到了「社會整合的代理人」的作用。早期由於轉播網路建設慢、電視機價格昂貴、供電缺乏等原因導致電視不普及時，往往一個村莊的家庭聚集在幾戶有電視機的人家一起觀看電視，電視節目內容少，主要以轉播中央電視台的「新聞聯播」等節目為主（古丈縣誌編纂委員會，1989）。閱讀報紙需要有識字能力，收聽廣播需要聽得懂漢語普通話，而電視節目因其聲畫同步，即使語言不通也容易望文生義，因此電視媒體最有可能快速普及。來自電視的用漢語普通話敘述的關於遙遠的「中心」地方的事件，使少數民族民眾了解山外的世界並日益用媒體展現的「中心地區」的生活樣態調整自身的生活。伴隨電視的普及，少數民族語言的使用率日益降低，少數民族傳統節日日益簡化或消失，大家在不知不覺中漢族化。

那麼，智慧手機和智慧手機平台上的各種社群媒體的普及對於中國邊遠少數民族聚居的經濟相對落後地區的人民產生了什麼影響？或者用霍姆斯（Holmes, 2005）的話來說，對於這些地區的居民來說，網路傳播時代有著什麼樣的個人化的意涵以及意味著何種關係的存在？本研究運用民族誌研究方法，透過實地觀察、深度訪談和焦點小組訪談等方法，探尋智慧手機、特別是借助智慧手機運行的社群媒體——微信，對中國湖南省古丈縣的湘西苗族和土家族居民的日常生活產生的影響，並在研究發現的基礎上討論移動互聯媒介對社會整合產生的影響。

貳、對湖南省古丈縣苗族和土家族民眾生活的實地研究

在2013到2017年之間，本文第二作者分三次在古丈縣進行了實地觀察和訪談，時間分別是2013年1到4月，2015年11月到2016年1月，2017年1到4月，共訪談了36人。

訪談樣本是用滾雪球的方式得到的，第一批訪談對象是住在縣城的朋友，然後請他們介紹住在山區的親友。訪談對象包括19位女性和17位男性；他們的職業很廣泛，有工人、大學生、中學教師、政府公務員、銀行職員、農民、退休政府公務員、護士、公車駕駛員、售貨員、自由職業者、失業人員，還有小私營業主；其中有22位是苗族，14位是土家族。訪談對象中，年齡最大的88歲，最小的21歲，大部分人的年齡在26到50歲之間；大家開始使用手機的時間最早的是2000年，最遲的是2011年。訪談都是用普通話進行。本文第二作者在徵得訪談對象同意後，對訪談進行了錄音，然後將錄音整理

成文字錄入電腦。在下文中我們用編號來指代訪談對象的身分。

除了一對一的訪談外，本文第二作者還進行了3次非正式的焦點小組訪談。之所以說「非正式」，是因爲訪談是在少數民族家庭開展，場景是鄰里之間相互串門，作者在其中更多的是進行參與式觀察，通過提問引發被訪者討論，而不是充當明確的談話主持人。從這些鄰里之間的相互交談中可以觀察到手機媒介對湘西少數民族民眾日常生活的影響。

參、智慧型手機加強了邊遠地區少數民族的社會團結

實地觀察發現，手機媒體的發展速度和規模是電視媒體無法比擬的，三大手機服務運營商在20世紀90年代相繼進入古丈縣城──中國電信公司1993年，中國移動公司1995年，中國聯通公司1998年。進入21世紀後，更多的手機服務商進入縣城，在這個人口僅14萬的縣城，分布著手機服務商16家，有6家是在近兩年內出現的，可以說，2015年之後，手機在當地是以加速度普及的。

手機媒介的進入改變了當地少數民族的媒介使用習慣，手機媒介已成爲湘西少數民族居民身體的延伸，可以說是「人手一機」，大家對這個社群化的媒體依賴度相當高。對當地居民的訪談肯定了我們的觀察，受訪者說：

> 「2002年的時候，我們單位10多個人，幾乎同時購置了手機，當時售賣手機的只有國營的中國移動。當時，手機的價格變便宜了，我們也都消費得起了，所以就買了，我還記得我們當時購買的是菲利浦和摩托羅拉，現在不知道換了多少個了。」（7號，男性，苗族，58歲，銀行職員）

> 「我從2007年使用的第一個手機，現在已經是第5個了。」（3號，男性，土家族，25歲，大學生）

> 「手機現在是萬能的工具，全城就算只有10個人用手機我也會用，手機可以用來聯絡家人、朋友，我現在離不開手機，離開手機沒有安全感。」（1號，女性，苗族，53歲，下崗職工）

通過觀察和訪談，我們發現，不同年齡段、不同經濟水準和不同文化程度的人群呈現出不同的使用手機的模式，但總體上大家都感到手機帶來了新的資訊和新的知識。古丈縣城的少數民族群體在微信的資訊接觸和獲取上較農村地區少數民族群體有明顯優勢；中年人使用微信主要是聊天、看新聞和看朋友圈，其中文化程度高一點的還會關注一些新聞和文化推廣的微信公眾號；年輕人會長時間使用微信，還會在上面玩遊戲、看視頻，他們對微信公眾號的關注和收看也會更多，文化程度較高的年輕人會關注較多的新聞、讀書類公眾號，文化程度較低的受眾大都關注一些心靈情感類的公眾號。受訪者說：

> 「在微信裡，我喜歡分享登山、摘果子等開心的事，還會看朋友們分享旅遊、登山等資訊，我們在微信群聊裡經常分享一些愛國類、哲學類的資訊。」（1號）

> 「我通常會在手機或微信裡看新聞，看些搞笑的段子，不太會去看別人的朋友圈，別人的生活與我有什麼關係。我還會關注一些跟我自己專業相關的公眾號，每天睡前都會看。」（3號）

> 「發下日常生活覺得比較有意思的事，或者自己的情緒心情。平常喜歡關注唯美傷感的話、湖南微圈子、女慧等公眾號，這些都是一些情感類散文。」（4號，女性，苗族，26歲，教師）

> 「在微信裡通過騰訊新聞這些了解國家大事，睡前看一個多小時，其餘時間不怎麼看。」（8號，男性，苗族，55歲，農民）

> 「我用微信主要是來聯絡的，生活中、工作中的事情現在都用微信，在微信上我還經常看一些養生類資訊，像是吃什麼東西對自己的身體有益，我身邊的朋友也有關注。」（11號，女性，苗族，26歲，政府公務員）

> 「我會看微信公眾號裡一些有關農產品的資訊，和一些科普農業的資訊。」（18號，男性，苗族，70歲，退休政府公務員）

可以看出，隨著智慧手機用戶的增長，手機已然成爲當地居民獲取資訊最主要的媒介。手機媒介的技術特點使得少數民族民衆可以獲得新知識，微信公衆號作爲時下流行的新媒體平台，集新聞與知識於一體，能提供多樣化的內容，促進邊遠地區少數民族知曉山外的世界，同時，手機用戶還可以通過微信「朋友圈」跟社交好友分享新知識。借助手機平台，社群媒體微信爲當地少數民族民衆的社交開闢了新方式，能夠較容易地建立超出血緣和地緣紐帶的社交關係群體，微信的「群聊」功能可以實現「一帶多」的方式擴張社會關係。受訪者說：

「我和家人、好朋友聊天的話，幾乎都是語音，網路流暢的時候也會視頻，和其他朋友的話大都是打字聊天，偶爾語音。」（28號，女性，土家族，26歲，鄉村醫生）

「以前很多人都聯繫不上，而且打電話又麻煩，現在通過微信一個帶一個，可以把以前的老同學都聯繫起來。如今，在群聊裡吼一聲，大年初一就可以把他們約出來爬山走路。」（1號）

「我們在微信裡建立了家庭、親情和朋友群，主要是爲了方便大家一起聊天，在群裡組織爬山鍛鍊身體。有什麼事情，組織什麼活動在群裡喊一聲，一呼百應。」（30號，男性，土家族，38歲，政府公務員）

「我與朋友和親戚的聯繫多了，因爲跟家人都是打電話，家鄉附近的人會把生活遊玩的東西往上面發。總結來說，微信的促進作用還是要區分核心家庭成員關係與普遍大家庭關係，從較疏遠的大家庭關係而言確實促進了人際關係發展。」（33號，女性，苗族，26歲，政府公務員）

中國的義務教育都是以漢語普通話爲教學語言，政府部門的工作語言也都是漢語普通話，經過多年的發展，湘西古丈縣城區的人大都不會說苗語或土家語了，只有剛從苗寨和土家族村落走出來的民衆還是會使用苗語和土家語，在苗寨和土家族村落生活的苗民和土家族村民則大都使用本民族語言爲

日常生活的語言。譬如，默戎鎮和茅坪村這種苗民聚居的苗寨，當地居民的語言以苗語爲主，也會使用古丈漢語方言，即所謂「客話」——漢語進入當地後由土家語、苗語和漢語匯合演變的新語言，作爲他們的第二語言。微信的語音功能不僅降低了受衆的使用門檻，還爲湘西少數民族地區的口語文化傳播創造了機會，讓本已趨於滅失的少數民族口語在城市居民中復活起來。共同的語言是群體身分認同的重要來源（Gumperz, 1971），伴隨著本民族語言復活的是苗族和土家族民衆對自身不同於主體民族漢族的少數民族文化身分的重新發現。受訪者說：

「現在每年的『社巴節』都很隆重，這兩年我們還通過微信公衆號來宣傳，我家默戎鎮那邊現在爲了推廣旅遊也是各種利用微信。」（26號，男性，苗族，26歲，鄉政府公務員）

「默戎鎮的苗鼓文化做的很好，古丈縣還有民俗文化古村落保護，現在還建立了民族文化廣場。」（30號，男性，土家族，38歲，政府公務員）

「我們在群裡現在都是說苗語，他們有些還在裡面唱苗歌。」（19號，男性，苗族，53歲，打工族）

「像我們現有家族的、朋友的，還有村裡的群聊，大家平常在群聊裡很活躍，他們經常在裡面唱苗歌。」（20號，男性，苗族，駕駛員）

「家裡的許多長輩不會打字只能用語音，我大概能聽得懂苗語。」（29號，女性，苗族，24歲，打工族）

「我們文化程度低，所以我們在微信多使用語音，講苗話，現在也有些媳婦嫁到我們這裡之後又開始學習我們這邊的語言。」「我孫子他們其實早都不會講苗話了，不過現在又開始慢慢學習，而且他們使用那個什麼微信也很方便。」（25號，女性，苗族，54歲，苗寨個體户）

湘西少數民族地區從民國時期開始接觸山外的世界，到20世紀中期，湘西地區還存在著漢族和苗族之間較有隔閡的狀況，石啓貴（1986）觀察到在湘西地區，漢苗兩族間的情感不融洽，兩族之間不通婚，也沒有人情往來，漢族會歧視苗族。漢族是中國的主體民族，代表著「中心」文化，對邊遠少數民族有看不起的心理。可以說，來自漢族的歧視也在一定程度上促動了當地少數民族主動在文化上漢化、追趕先進文化。國家政治力量則更有計畫有策略地塑造「56個民族是一家」的「中華民族」概念以避免少數民族形成具有離心力的自身民族認同（Harrell, 1995）。國家政治力量藉電視等大眾傳播媒介單向傳播「中心」的影像作為少數民族地區現代化的樣板。可以不誇張地說，如果沒有手機媒介、沒有借助智慧手機平台的微信等社群媒體，中國西南地區少數民族的漢化趨勢會日益發展下去，隨著老一輩會說少數民族語言的人去世，少數民族的文化特徵和身分認同會淹沒在同一性的以漢語普通話承載的文化樣式之中。

手機媒介使湘西少數民族地區的本土方言和民族語言獲得了重生的機會。對生活在當地的居民來說，他們通過微信可以自由地使用本地方言聊天，可以在上面即時分享見聞；對生活在異地的少數民族來說，他們通過微信可以保持與家鄉的聯繫，重拾方言。微信的出現，有助於幫助當地少數民族居民在全球化背景下，保持少數民族的獨特性和多樣性。這是我們從觀察和訪談中總結出的社群媒體給中國湘西邊遠少數民族苗族和土家族民眾生活帶來的最重大影響。

肆、結語

本文報告了智慧手機和基於智慧手機平台的社群媒體——微信，對中國湖南省古丈縣的苗族和土家族民眾日常生活的影響。相較電視等傳統大眾傳播媒介，手機媒介的普及速度和廣度是非常驚人的，已經成為苗族和土家族民眾中最流行的傳播媒介。藉由使用微信的語音功能，少數民族民眾開始重新使用幾乎已經滅失的本民族口頭語言，追溯和復興文化傳統，如衣飾、歌曲、婚禮儀式等。

拉斯維爾（Lasswell, 1948）在20世紀40年代開創用「社會功能」的視角分析大眾傳播媒介的社會作用，重視研究大眾傳播媒介對社會的同質化作用和實現社會整合的作用（McQuail, 2010）。大眾傳播時代對媒介的研究

重點往往在於考察「中心」如何對「邊緣」產生同質化影響，例如拉爾金（Larkin, 2008）和阿布—盧歐德（Abu-Lughod, 2005）研究歐洲殖民者如何在亞、非國家利用電視傳遞現代化理念；滿克卡（Mankekar, 1999）則研究印度中產階級女性如何通過接受電視傳遞的消費社會理念重塑自我意識。電視在20世紀80年代進入湘西苗族、土家族民眾生活後，也起到了相似的作用，向邊遠地區的少數民族展示「中心」發展的樣態，給他們樹立現代化的樣板。

　　基於實地觀察和訪談，我們認為在中國湖南古丈縣苗族和土家族民眾的日常生活中，手機社群媒體正在起到傳統大眾傳播媒介所曾經起到的整合社會，讓社會的「中心」和「邊緣」日益一體化的作用。但是，這種整合不像電視媒介那樣在社會的宏觀層面將「中心」主張的意識型態單向全國傳遞，而是在微觀的層面將散落的少數民族個體聚合為有機的群體，並形成群體意識和群體認同。

　　在某種意義上說，我們認為我們的研究發現是對麥克盧漢（McLuhan, 1994）語焉不詳的有關電子媒介的發展會帶來社會的「重新部落化」的理論的一種驗證。手機社群媒體不再是資訊傳遞的工具，而成為了邊遠少數民族的生活環境本身，少數民族民眾在這個環境中彼此觀照，意識到自己的文化特性，意識到彼此的有機關聯。推而論之，隨著時間的發展，以智慧手機為載體的社群媒體有可能造就更多的少數民族身分認同的覺醒，中國是一個多民族國家，但是在像湘西古丈縣這樣苗族和土家族占總人口90%的地區，少數民族民眾長時期感覺不到自身的民族獨特性，因而社會中幾乎不存在民族衝突的狀況，會不會隨著少數民族身分認同的覺醒而發生改變？這是值得持續關注的問題。

參考文獻

艾媒網（2017年9月11日）。《2017年上半年中國手機市場研究報告》。取自：http://www.iimedia.cn/56041.html

古丈縣誌編纂委員會（1989）。《古丈縣誌》。巴蜀書社。

郭建斌（2005）。《獨鄉電視：現代傳媒與少數民族鄉村日常生活》。山東人民出版社。

金玉萍（2010）。《日常生活實踐中的電視使用——托台村維吾爾族受眾研

究》。上海復旦大學新聞學院博士論文。

石啓貴（1986）。《湘西苗族實地調查報告》。湖南人民出版社。

Abu-Lughod, L. (2005). *Dramas of nationhood: The politics of television in Egypt.* The University of Chicago Press.

Carey, J. (2009). A cultural approach to communication. In J. Carey, *Communication as culture: Essays on media and society* (Revised Ed.), pp. 11-28. New York: Routledge.

Dayan, D., & Katz, E. (1994). *Media events: The live broadcasting of history.* Harvard University Press.

Durkheim, E. (1982). *The division of labor in society.* Basingstoke: Macmillan.

Gumperz, J. (1971). *Language in social groups.* Standard University Press.

Harrell, S. (1995). Introduction. In S. Harrell (Ed.), *Cultural encounters on China's ethnic frontiers,* pp. 3-36. Seattle: University of Washington Press.

Holmes, D. (2005). *Communication theory: Media, technology, society.* London: SAGE Publications.

Kraidy, M. (2013). *Communication and power in global era: Others and borders.* London: Routledge.

Larkin, B. (2008). *Signals and noise: Media, infrastructure, and urban culture in Nigeria.* Duke University Press.

Lasswell, H. (1960). The structure and function of communication in society. In W. Schramm (Ed.), *Mass communications* (2nd ed.), pp. 117-129. University of Illinois Press.

McQuail, D. (2010). *McQuail's mass communication theory* (6th ed.). Sage Publications.

McLuhan, M. (1994). *Understanding media: The extensions of man.* The MIT Press.

Meyrowitz, J. (1999). Understandings of media. *ETC: A Review of General Semantics, 56* (1), 44-53.

Morrison, D. (2009). Cultural and moral authority: The presumption of television. *The Annals of the American Academy of Political and Social Sciences, 625* (1), 116-127.

Poe, M. (2011). *A history of communications: Media and society from the evolution of speech to the Internet.* Cambridge University Press.

Scannell, P. (2013). The centralities of televisions of the center in today's global-ized world. In M. Kiardy (Ed.), *Communication and power in the global era: Others and borders,* pp. 116-129. London: Routledge.

Schramm, W., & Porter, W. (1982). *Men, women, messages, and media: Under-standing human communication.* New York: Harper & Row.

3.
橋接、放大與應急：作爲人際傳播延伸的社群媒體——基於實證研究[1]

陸高峰　浙江理工大學新聞與傳播學院傳播系主任

摘要

微信、微博、QQ等社群媒體已經成爲人們日常資訊和情感交流不可缺少的工具。它們不僅彌補了現實人際傳播網的侷限，通過資訊技術的延伸和橋接，放大、織密了人際傳播資訊網，而且在一些重大突發事件傳播中，發揮了傳統人際傳播無法實現的應急動員作用。通過對微信使用者以及其他網路與新媒體使用者使用與輿論表達習慣調查發現，微信等社群媒體是人們使用時長最長、使用頻率最高的媒介，是人們獲取和發布資訊的主管道。在重大突發事件面前，微信等社群媒體也是人們最先獲知資訊和驗證資訊最重要媒介。在應急資訊傳播中，微信等社群媒體與現實人際傳播的交織互動變得更加緊密。通過直接參與觀察某社區輿情動員事件發現，社群媒體和現實集會在輿情現場動員和輿情放大中起到了關鍵作用，在輿情爆發的關鍵時期社群媒體中的口語和圖像傳播大幅增長，與現場人際互動相互促進，成爲比文字更加具備感染力和影響力的動員工具。

關鍵字：人際傳播、社群媒體、延伸、橋接、應急

---

[1] 本文係中國國家社科基金一般專案「微信輿論的傳播特徵、機制及輿論生態多維治理研究」（專案號：15BXW055）部分成果。

壹、問題的提出

　　據2017年11月公布的騰訊和新浪兩大社群媒體服務提供者公布的本年度第三季度財務報告顯示，兩大社群媒體服務商提供的微信、QQ、微博三大社群媒體平台，除了QQ用戶數量因同屬騰訊公司的微信產品競爭而導致數量略有下降外，微信和微博的用戶數量均呈較大增長趨勢。微信（包括面向海外服務的WeChat）的月活躍帳戶達9.80億，同比增長15.8%。日發送的消息數約達380億條，同比增長25%。微信月活躍公眾號達到350萬個，公眾號月活躍關注用戶數為7.97億，同比分別增長14%及19%。微博的月活躍用戶數達到3.76億，較上年同期淨增約7,900萬。QQ月活躍帳戶數雖然比去年同期下降3.8%，總量仍然達到8.43億。

　　微信和微博不僅在國內省份有較大的用戶群體和較高的用戶使用率，在海外一些地區同樣有相當數量的使用群體和較高的使用率。據澳門科技大學2017年12月份公布的《2017澳門市民新媒體使用習慣調查》報告顯示，微信是當前澳門市民使用率最高的新媒體，有72%受訪者表示會經常瀏覽微信。此外，微博在澳門的使用率也從2016年的26.3%上升到2017年的32.22%。

　　在微信、QQ、微博等社群媒體日益成為人們獲取交流資訊、溝通情感重要工具的情況下，這些社群媒體對傳統的人際傳播產生怎樣影響成為一個值得關注的問題。

貳、社群媒體在資訊和情感交流中扮演著人際傳播延伸者的角色

一、社群媒體擴大了人際交往的空間

　　在現實人際交往中，一個人的社交群體規模往往因為接觸的物理範圍限制而數量有限。按照英國牛津大學的人類學家羅賓‧鄧巴（Robin Dunbar）提出的鄧巴數字，也被稱為150定律。該定律根據猿猴的智力與社交網路推斷出：人類智力將允許人類擁有穩定社交網路的人數是148人，四捨五入大約是150人。在傳統的現實交往中，一個人的社交範圍甚至達不到這樣的數字。

在筆者所做的微信用戶調查（N=2,072）中發現，超過六成用戶好友數量在100人以上，占64.6%。其中，好友數量在100-199人的占比最高，占26.4%。好友數量在200-499人的占24.7%，好友數量在500-999人的占8.5%，好友數量在1,000人以上的占5.0%。好友在100人以上的僅占32.7%。其中，好友數量在50-99人的占18.0%，好友數量在20-49人的占11.0%，好友數量在20人以下的占3.7%。

微信好友數量

		頻率	百分比	有效百分比	累積百分比
有效	-2	57	2.8	2.8	2.8
	20人以下	76	3.7	3.7	6.4
	20-49人	228	11.0	11.0	17.4
	50-99人	373	18.0	18.0	35.4
	100-199人	546	26.4	26.4	61.8
	200-499人	512	24.7	24.7	86.5
	500-999人	177	8.5	8.5	95.0
	1,000人以上	103	5.0	5.0	100.0
	合計	2,072	100.0	100.0	

在筆者另一項針對網路與新媒體使用者的調查（N=2,071）中還發現，網路與新媒體使用者（包括微博、微信、頭條、直播、QQ等）好友或粉絲總體數量在500人以上的高達62.1%。

超過六成網路與新媒體使用者社交媒體粉絲總數量在500人以上，占62.1%。其中，粉絲總量在501-1,000人的占比最高，占27.8%。粉絲總量在1,001-2,000人的占17.2%。粉絲總量在2,001-3,000人的占10.7%，粉絲總量在3,001-4,000人的占4.6%，粉絲總量在4,001-5,000人的占2.5%，粉絲總量在5,001-9,999人的占1.3%，粉絲總量在10,000人以上的占1.5%。而粉絲總量在500人以下的僅占34.4%。

網路與新媒體（包括微博、微信、頭條、直播、QQ等）
的好友或粉絲總體數量

		頻率	百分比	有效百分比	累積百分比
有效	500人以下	712	34.4	34.4	34.4
	501-1,000人	575	27.8	27.8	62.1
	1,001-2,000人	356	17.2	17.2	79.3
	2,001-3,000人	222	10.7	10.7	90.1
	3,001-4,000人	95	4.6	4.6	94.6
	4,001-5,000人	52	2.5	2.5	97.2
	5,001-9,999人	27	1.3	1.3	98.5
	10,000人以上	32	1.5	1.5	100.0
	合計	2,071	100.0	100.0	

二、情感交流是使用者使用微信的最重要目的

　　微信用戶調查（N=2,072）中發現，八成用戶使用微信的最主要目的是情感交流。使用者使用微信的三大主要目的依次為，親朋好友情感交流、占82.7%，了解新聞資訊、占52.3%，了解新鮮觀點意見、占47.9%。休閒娛樂和學習新知識也是用戶使用微信的較為重要的目的，選擇上述兩者作為使用微信主要目的的分別占44.4%和33.5%。使用者使用微信目的相對較弱的功能依次為，微信購物消費、占10.3%，其他、占6.4%，微信行銷推廣、占5.3%。

　　按照微信使用者的目的可以將微信應用分為高頻應用、中頻應用和低頻應用。其中，情感交流、了解新鮮觀點和獲取新聞資訊屬於高頻應用。休閒娛樂和學習新知識屬於微信的中頻應用。而微信購物消費和微信行銷推廣等目前仍然屬於微信的低頻應用。

使用微信的主要目的

		回應		個案百分比
		N	百分比	
Q4[a]	了解新聞資訊	1,056	18.5%	52.3%
	了解新鮮觀點意見	967	16.9%	47.9%
	學習新知識	676	11.8%	33.5%
	親朋好友情感交流	1,669	29.2%	82.7%
	休閒娛樂	897	15.7%	44.4%
	微信購物消費	207	3.6%	10.3%
	微信行銷推廣	107	1.9%	5.3%
	其他	129	2.3%	6.4%
[a]	總計	5,708	100.0%	282.9%

a. 值為1時製表的二分組。

在另一項網路與新媒體使用者的調查（N=2,071）中也發現，近六成使用者使用網路與新媒體的主要目的是情感交流。親朋好友情感交流、了解新聞資訊、學習新知識、休閒娛樂是使用者使用網路與新媒體四大最主要目的。其中，親朋好友情感交流是使用者使用網路與新媒體最主要目的、占55.8%，其次是了解新聞資訊、占51.7%，學習新知識排在三位、占51.9%。休閒娛樂排在第四位、占49.2%。排在第五位的是了解新鮮觀點意見、占46%。購物消費在使用者使用網路與新媒體主要目的中也占有較高比例、占到32.0%。其餘，行銷推廣和其他分別占11.4%和3.7%。

使用網路與新媒體的主要目的

		回應		個案百分比
		N	百分比	
Q8[a]	了解新聞資訊	1,070	17.1%	51.7%
	了解新鮮觀點意見	953	15.3%	46.0%
	學習新知識	1,069	17.1%	51.6%
	親朋好友情感交流	1,155	18.5%	55.8%
	休閒娛樂	1,019	16.3%	49.2%

續表

		回應		個案百分比
		N	百分比	
	購物消費	663	10.6%	32.0%
	行銷推廣	237	3.8%	11.4%
	其他	77	1.2%	3.7%
總計		6,243	100.0%	301.4%

a. 值為1時製表的二分組。

三、近半使用者每天使用頻率最高的媒介是微信

微信用戶調查（N=2,072）中發現，超過八成使用者每天使用頻率最高的媒介為網路和新媒體，占總用戶數的83.0%。其中，使用頻率最高的媒介是微信的占比最高、占48.6，網站排在第二位、占16.5%，微博排在第三位、占11.8%，用戶端排在第四位、占6.1%。使用者每天使用頻率最高的媒介均為網路與新媒體。選擇傳統媒體作為媒體使用頻率最高的使用者比例相對較低，按選擇人員比例高低依次分別為：電視、占6.0%，圖書、占2.7%，報紙、占1.4%，廣播、占1.0%，期刊、占0.8%，另有2.5%的使用者選擇其他媒介。

每天使用頻率最高的媒介

		頻率	百分比	有效百分比	累積百分比
有效	-2	56	2.7	2.7	2.7
	廣播	20	1.0	1.0	3.7
	電視	124	6.0	6.0	9.7
	報紙	29	1.4	1.4	11.1
	期刊	17	.8	.8	11.9
	網站	341	16.5	16.5	28.3
	微博	245	11.8	11.8	40.2
	微信	1,006	48.6	48.6	88.7
	用戶端	127	6.1	6.1	94.8

續表

		頻率	百分比	有效百分比	累積百分比
	圖書	55	2.7	2.7	97.5
	其他	52	2.5	2.5	100.0
	合計	2,072	100.0	100.0	

　　在另一項網路與新媒體使用者的調查（N=2,071）中也發現，微信成使用者每天使用頻率最高的媒介。超過一半的使用者媒體使用頻率最高的媒介是微信、占54.3%，其次是網站、占10.0%，排在使用頻率最高媒介三位的是電視、占8.1%，其餘使用頻率從高到低的媒介分別是微博、報紙、期刊、今日頭條、網路直播、新聞用戶端（不包括今日頭條）、圖書、廣播和其他，選擇其作爲每天使用頻率最高的媒介的人員比例分別占5.7%、4.8%、4.8%、3.5%、2.3%、2.1%、1.9%、1.8%和0.7%。

每天使用頻率最高的媒介

		頻率	百分比	有效百分比	累積百分比
有效	廣播	37	1.8	1.8	1.8
	電視	168	8.1	8.1	9.9
	報紙	99	4.8	4.8	14.7
	期刊	99	4.8	4.8	19.5
	網站	208	10.0	10.0	29.5
	微博	118	5.7	5.7	35.2
	微信	1,125	54.3	54.3	89.5
	今日頭條	72	3.5	3.5	93.0
	新聞用戶端（不包括今日頭條）	44	2.1	2.1	95.1
	圖書	40	1.9	1.9	97.1
	網路直播	47	2.3	2.3	99.3
	其他	14	.7	.7	100.0
	合計	2,071	100.0	100.0	

四、超四成使用者每天使用最長的媒介是微信

微信用戶調查（N=2,072）中發現，網路與新媒體不僅是使用者每天使用頻率最高的媒介，同樣是使用者每天使用時間最長的媒介。微信、網站、微博和用戶端成為用戶媒體使用時間最長的四種媒介。其中，超過四成用戶選擇微信作為每天使用最長媒介、占到42.4%，其次是網站，占19.1%，微博排在每天使用最長的媒介的第三位，選擇微博作為每天使用最長的媒介的人員、占11.6%，選擇用戶端的占7.3%、排在第四位，其餘選擇電視、圖書、報紙、廣播、期刊作為每天使用最長媒介的人員比例，分別占6.5%、4.6%、1.3%、1.0%、0.7%，選擇其他的占2.6%。

目前每天使用時間最長的媒介是

		頻率	百分比	有效百分比	累積百分比
有效	-2	58	2.8	2.8	2.8
	廣播	21	1.0	1.0	3.8
	電視	134	6.5	6.5	10.3
	報紙	27	1.3	1.3	11.6
	期刊	15	.7	.7	12.3
	網站	396	19.1	19.1	31.4
	微博	241	11.6	11.6	43.1
	微信	879	42.4	42.4	85.5
	用戶端	152	7.3	7.3	92.8
	圖書	96	4.6	4.6	97.4
	其他	53	2.6	2.6	100.0
	合計	2,072	100.0	100.0	

在另一項網路與新媒體使用者的調查（N=2,071）中也發現，近一半用戶媒體使用時間最長的媒介是微信。

微信不僅是使用者每天使用頻率最高的媒介，還是使用者每天使用時間最長的媒介。近一半的用戶認為自己每天使用時間最長的媒介是微信、占到46.5%，其次是網站、占13.8%，排在第三位的是電視、占8.5%，微博排在每天使用時間最長媒介的第四位，僅次於電視、占8.1%，其餘依次是報

紙、占6.1%，期刊、占4.9%，今日頭條、占3.2%，新聞用戶端（不包括今日頭條）、占2.0%，網路直播、占2.0%，廣播、占2.0%，圖書、占1.9%，其他、占1.1%。

您目前每天使用時間最長的媒介是

		頻率	百分比	有效百分比	累積百分比
有效	廣播	41	2.0	2.0	2.0
	電視	175	8.5	8.5	10.4
	報紙	127	6.1	6.1	16.6
	期刊	102	4.9	4.9	21.5
	網站	285	13.8	13.8	35.2
	微博	167	8.1	8.1	43.3
	微信	964	46.5	46.5	89.9
	今日頭條	66	3.2	3.2	93.0
	新聞用戶端（不包括今日頭條）	41	2.0	2.0	95.0
	圖書	39	1.9	1.9	96.9
	網路直播	41	2.0	2.0	98.9
	其他	23	1.1	1.1	100.0
	合計	2,071	100.0	100.0	

五、網站、微博和微信是人們了解新聞資訊的最主要管道

　　微信用戶調查（N=2,072）中發現，網站、微博和微信成為人們了解新聞資訊三大最主要管道。超過七成使用者每天了解新聞資訊的最主要管道是兩微一網、占70.1%。其中，網站排在第一位、占26.3%，微信排在第二位、占23.0%，微博排在第三位、占20.8%，用戶端緊隨其後，排在第四位、占13.6%。傳統媒體風光不再，選擇傳統媒體作為每天了解新聞資訊的最主要管道人員比例合計僅占11.3%。其中，廣播電視占8.4%，報紙期刊占2.9%。現實直接的人際口頭傳播在了解新聞資訊傳播中作用甚微，選擇親友口頭傳播作為每天了解新聞資訊的最主要管道僅占1.4%，另有其他途徑占1.0%。

目前了解新聞資訊最主要的管道

		頻率	百分比	有效百分比	累積百分比
有效	-2	54	2.6	2.6	2.6
	廣播電視	175	8.4	8.4	11.1
	報紙期刊	60	2.9	2.9	13.9
	網站	545	26.3	26.3	40.3
	親友口頭傳播	28	1.4	1.4	41.6
	微博	431	20.8	20.8	62.4
	微信	476	23.0	23.0	85.4
	用戶端	282	13.6	13.6	99.0
	其他	21	1.0	1.0	100.0
	合計	2,072	100.0	100.0	

在另一項網路與新媒體使用者的調查（N=2,071）中也發現，超過三成使用者目前了解新聞資訊最主要的管道是微信。

微信、網站、微博和新聞用戶端是人們目前了解新聞資訊最主要的四大管道。超過八成使用者目前了解新聞資訊最主要管道來自這四大管道、占81.4%。其中，微信排在第一位，超過三成使用者目前了解新聞資訊最主要的管道是微信、占32.0%，來自傳統媒體的僅占11.3%，其中，報紙期刊占6.3%，廣播電視占5.0%。與上述微信用戶調查（N=2,072）結果不同的是，網路與新媒體使用者的調查（N=2,071）發現，親友口頭傳播在了解新聞資訊中仍然發揮較大作用、占6.9%。其他、占0.4%。

您目前了解新聞資訊最主要的管道是

		頻率	百分比	有效百分比	累積百分比
有效	廣播電視	104	5.0	5.0	5.0
	報紙期刊	131	6.3	6.3	11.3
	網站	412	19.9	19.9	31.2
	親友口頭傳播	142	6.9	6.9	38.1
	微博	345	16.7	16.7	54.8

續表

		頻率	百分比	有效百分比	累積百分比
	微信	663	32.0	32.0	86.8
	今日頭條等新聞用戶端	266	12.8	12.8	99.6
	其他	8	.4	.4	100.0
	合計	2,071	100.0	100.0	

參、社群媒體在延伸人際傳播中具有橋接、放大和應急功能

一、社群媒體在資訊和情感溝通中能夠對傳統人際傳播網起到橋接作用，獲得傳統人際網無法及時獲得的資訊。調查發現，社交好友、自媒體和朋友圈等虛擬社群管道已經成為使用者發布和獲取資訊的主要管道

微信用戶調查（N=2,072）中發現，近七成用戶看到感興趣的微信資訊轉發的首選管道是朋友圈。朋友圈、微信或QQ好友、微信群或QQ群是用戶看到感興趣的微信資訊轉發的三大主要管道。其中，微信朋友圈是微信使用者轉發擴散資訊的首選管道。近七成使用者看到感興趣的微信資訊轉發的主要管道是微信朋友圈。看到感興趣的微信資訊會公開發到微信朋友圈的人員比例占66.7%，其次是直接發給微信或QQ好友、占54.6%，排在第三位的是轉發到微信群或QQ群、占30.0%。

其餘轉發到微博、公眾號或QQ空間的占13.1%。口頭、短信或電話告訴親友的占9.3%。轉發到網路論壇的占2.0%。採取其他傳播方式和管道的占3.2%。

看到感興趣的微信資訊轉發的主要管道

		回應		個案百分比
		N	百分比	
Q15[a]	公開發到微信朋友圈	1,344	37.3%	66.7%
	直接發給微信或QQ好友	1,101	30.5%	54.6%

續表

		回應		個案百分比
		N	百分比	
	轉發到微博、公眾號或QQ空間	264	7.3%	13.1%
	轉發到微信群或QQ群	605	16.8%	30.0%
	轉發到網路論壇	41	1.1%	2.0%
	口頭、短信或電話告訴親友	188	5.2%	9.3%
	其他	64	1.8%	3.2%
a	總計	3,607	100.0%	179.0%

a. 值為1時製表的二分組。

在另一項網路與新媒體使用者的調查（N=2,071）中也發現，一半左右的使用者看到感興趣的資訊會直接發給微信或QQ好友或公開發到微信朋友圈。

直接發給微信或QQ好友，公開發到微信朋友圈，轉發到微博、公眾號或QQ空間，以及轉發到微信群或QQ群是網路與新媒體使用者看到感興趣的資訊轉發（轉播）的四大主要管道。其中，微信或QQ好友是使用者看到感興趣的資訊轉發（轉播）的首選管道。超過一半人看到感興趣的資訊轉發（轉播）的主要管道是直接發給微信或QQ好友，人員比例占到50.6%。其次是公開發到微信朋友圈，人員比例占到48.1%。轉發到微博、公眾號或QQ空間和轉發到微信群或QQ群的分別占到43.4%和40.1%。

其餘，看到感興趣的資訊轉發（轉播）的主要管道是網路論壇的占到19.2%，口頭、短信或電話告訴親友的占16.4%，網路直播的占5.3%，其他的占2.5%。

看到感興趣的資訊轉發（轉播）的主要管道

		回應		個案百分比
		N	百分比	
Q16[a]	公開發到微信朋友圈	996	21.3%	48.1%
	直接發給微信或QQ好友	1,048	22.4%	50.6%
	轉發到微博、公眾號或QQ空間	899	19.2%	43.4%

		回應		個案百分比
		N	百分比	
	轉發到微信群或QQ群	831	17.8%	40.1%
	轉發到網路論壇	398	8.5%	19.2%
	口頭、短信或電話告訴親友	340	7.3%	16.4%
	網路直播	110	2.4%	5.3%
	其他	52	1.1%	2.5%
總計		4,674	100.0%	225.7%

a. 值為1時製表的二分組。

微信用戶調查（N=2,072）中發現，除了自己原創資訊，微信朋友圈、微信公眾號、微博等社交媒體是使用者發布資訊的主要來源。

自己原創、微信朋友圈和微信公眾號是資訊使用者發布的微信資訊的三大主要來源。其中，自己原創資訊排在使用者微信發布資訊的第一位、占55.4%，微信朋友圈和公眾號也是用戶發布或轉發微信資訊的重要來源、分別占54.8%和49.7%、排在第二和第三位，來源於微博和各種用戶端的分別占15.3%和11.8%、排在第四和第五位。其餘，來源於傳統網站的占8.6%，來源於報刊新聞的占7.1%，來源於QQ群的占5.7%，來源於親朋好友口頭與電話交談的占5.6%，來源於圖書資料的占5.4%，來源其他途徑的占2.8%。

發布的微信資訊來源主要是

		回應		個案百分比
		N	百分比	
Q16[a]	自己原創	1,117	24.9%	55.4%
	微博	309	6.9%	15.3%
	微信朋友圈	1,105	24.7%	54.8%
	微信公眾號	1,002	22.4%	49.7%
	傳統網站	174	3.9%	8.6%
	各種用戶端	237	5.3%	11.8%
	QQ群	114	2.5%	5.7%

3.橋接、放大與應急

43

續表

		回應		個案百分比
		N	百分比	
	親朋好友口頭和電話交談	112	2.5%	5.6%
	報刊新聞	144	3.2%	7.1%
	圖書資料	109	2.4%	5.4%
	其他	57	1.3%	2.8%
a	總計	4,480	100.0%	222.2%

a. 值為1時製表的二分組。

　　在另一項網路與新媒體使用者的調查（N=2,071）中也發現，近六成使用者發布的資訊來源於微信朋友圈，近一半的使用者發布資訊的來源是微信公眾號。

　　微信朋友圈、微信公眾號和微博是用戶發布（或轉發）的資訊的三大主要來源。其中，微信朋友圈是用戶發布（或轉發）的資訊首選來源。近六成用戶用戶發布（或轉發）的資訊來源是微信朋友圈、占57.2%，其次是微信公眾號，近一半的使用者發布（或轉發）資訊的來源是微信公眾號、占49.0%，排在使用者發布（或轉發）的資訊來源第三位的是微博、占35.7%，來源於自己原創的占28.0%、排在第四位，來源於微信群或QQ群和今日頭條等用戶端的分別占23.9%和23.1%、分別排在第五和第六位。其餘，來源於傳統網站的占19.8%，來源於親朋好友口頭和電話交談的占9.1%，來源於報刊新聞的占8.6%，來源於圖書資料的占5.5%，來源於其他的占2.0%。

發布（或轉發）的資訊來源主要是

		回應		個案百分比
		N	百分比	
Q17[a]	自己原創	580	10.7%	28.0%
	微博	740	13.7%	35.7%
	微信朋友圈	1,185	21.9%	57.2%
	微信公眾號	1,014	18.8%	49.0%

		回應		個案百分比
		N	百分比	
	傳統網站	411	7.6%	19.8%
	今日頭條等用戶端	458	8.5%	22.1%
	微信群或QQ群	495	9.2%	23.9%
	親朋好友口頭和電話交談	189	3.5%	9.1%
	報刊新聞	179	3.3%	8.6%
	圖書資料	113	2.1%	5.5%
	其他	41	.8%	2.0%
總計		5,405	100.0%	261.0%

a. 值為1時製表的二分組。

二、社群媒體在突發事件發生時，具有重要的應急溝通功能。調查發現微信、微博等社群媒體已經成為人們最先獲知一些重大突發事件和及時印證資訊的主要管道

微信用戶調查（N=2,072）中發現，微信成為人們了解重大突發事件最主要管道。在重大突發事件傳播中，微信取代網站居第一位。人們獲取重大突發事件的三大管道分別為微信、微博和網站，通過這三大管道最先獲知一些重大突發事件的人員比例合計占到71.3%。其中，近三成用戶近來最先獲知一些重大突發事件的管道是微信、占27.1%；其次是微博，最先獲知一些重大突發事件的管道是微博的人員比例占22.5%；排在第三位的是網站，最先通過網站作為獲知一些重大突發事件的人占21.7%；用戶端仍然居第四位，最先通過用戶端獲知一些重大突發事件的占12.0%；通過傳統媒體最先獲知一些重大突發事件的人員比例合計只有9.6%；其中，廣播電視占8.2%，報紙期刊僅占1.4%，親友口頭傳播在重大突發事件傳播中起到一定作用、占3.0%，其他途徑占1.1%。

近來最先獲知一些重大突發事件的管道

		頻率	百分比	有效百分比	累積百分比
有效	-2	62	3.0	3.0	3.0
	廣播電視	169	8.2	8.2	11.1
	報紙期刊	29	1.4	1.4	12.5
	網站	450	21.7	21.7	34.3
	親友口頭傳播	63	3.0	3.0	37.3
	微博	466	22.5	22.5	59.8
	微信	562	27.1	27.1	86.9
	用戶端	249	12.0	12.0	98.9
	其他	22	1.1	1.1	100.0
	合計	2,072	100.0	100.0	

在另一項網路與新媒體使用者的調查（N=2,071）中也發現，近三成用戶近來最先獲知一些重大突發事件的管道是微信。

網路與新媒體是用戶近來最先獲知一些重大突發事件的主要管道。近八成用戶近來最先獲知一些重大突發事件的管道分別是微信、微博、網站和今日頭條等新聞用戶端，合計占79.4%。其中，微信是獲取重大突發事件的首選管道。近三成用戶用戶近來最先獲知一些重大突發事件的管道是微信、占29.7%，其次是微博。用戶近來最先獲知一些重大突發事件的管道是微博的占18.8%。網站和今日頭條等新聞用戶端分別排在第三和第四位，選擇網站和今日頭條等新聞用戶端作爲近來最先獲知一些重大突發事件管道的分別占18.3%和12.6。選擇傳統媒體作爲近來最先獲知一些重大突發事件管道的合計僅占13.9%。其中，廣播電視占7.0%，報紙期刊占6.8%；親友口頭傳播作爲近來最先獲知一些重大突發事件管道的占6.3%。說明現實人際口頭傳播在重大突發事件最先獲知中仍然發揮較大作用。另外，選擇其他的占0.5%。

近來最先獲知一些重大突發事件的管道

		頻率	百分比	有效百分比	累積百分比
有效	廣播電視	146	7.0	7.0	7.0
	報紙期刊	141	6.8	6.8	13.9

		頻率	百分比	有效百分比	累積百分比
	網站	378	18.3	18.3	32.1
	親友口頭傳播	131	6.3	6.3	38.4
	微博	389	18.8	18.8	57.2
	微信	615	29.7	29.7	86.9
	今日頭條等新聞用戶端	261	12.6	12.6	99.5
	其他	10	.5	.5	100.0
	合計	2,071	100.0	100.0	

　　微信用戶調查（N=2,072）中發現，重大突發事件還是使用者關注度最高的內容。微信使用者在閱讀資訊類型上，偏愛重大新聞和親友動態。使用者最喜歡看的三大資訊內容分別為重大突發事件、親朋好友衣食住行消息及圖片和國家國際大事及政治經濟新聞。其中，重大突發事件資訊排在使用者關注度首位。近一半使用者喜歡看的微信資訊種類是重大突發事件資訊、占49.9%。親朋好友衣食住行消息及圖片資訊排在使用者關注度第二位，人員比例占45.5%。國家、國際大事及政治經濟新聞資訊排在第三位，人員比例占44.6%。社會娛樂資訊排在第四位、人員比例占44.5%。關注度較高的內容依次還有新聞評論、搞笑段子和視頻及影視作品，分別占34.1%、29.4%和23.4%。其餘，關注度相對較低的資訊依次還有歷史事件揭祕占18.8%，小說等文學作品占14.3%，各種小道消息占13.9%，其他類型消息占5.3%。

喜歡看微信上的哪類資訊

		回應		個案百分比
		N	百分比	
Q9[a]	國家、國際大事及政治經濟新聞	898	13.8%	44.6%
	社會娛樂資訊	897	13.8%	44.5%
	重大突發事件	1,004	15.4%	49.9%
	搞笑段子	592	9.1%	29.4%
	歷史事件揭祕	379	5.8%	18.8%
	各種小道消息	280	4.3%	13.9%

續表

		回應		個案百分比
		N	百分比	
	新聞評論	686	10.5%	34.1%
	小說等文學作品	288	4.4%	14.3%
	視頻及影視作品	472	7.2%	23.4%
	親朋好友衣食住行消息及圖片	917	14.1%	45.5%
	其他	107	1.6%	5.3%
a	總計	6,520	100.0%	323.7%

a. 值為1時製表的二分組。

　　在另一項網路與新媒體使用者的調查（N=2,071）中也發現，近六成使用者喜歡看網路與新媒體上的資訊是重大突發事件。

　　使用者最喜歡看的網路與新媒體上三大資訊種類分別是重大突發事件、國家國際大事及政治經濟新聞和社會娛樂資訊。其中，重大突發事件資訊是使用者在網路與新媒體上最喜歡看的資訊種類。近六成使用者喜歡看網路與新媒體上的資訊是重大突發事件、占59.0%。其次是國家、國際大事及政治經濟新聞、喜歡看的用戶比例為46.1%。排在第三位的是社會娛樂資訊、喜歡看的使用者比例是43.8%。其餘，使用者在網路與新媒體上喜歡看的信息種類按喜歡人員比例分別是搞笑段子占36.3%，新聞評論占33.2%，歷史事件揭祕占28.9%，視頻及影視作品占26.5%，小說等文學作品占20.2%，各種小道消息占19.7%，親朋好友衣食住行消息及圖片占15.3%，其他占2.3%。

喜歡看網路與新媒體上的哪些類資訊

		回應		個案百分比
		N	百分比	
Q11[a]	國家、國際大事及政治經濟新聞	955	13.9%	46.1%
	社會娛樂資訊	908	13.2%	43.8%
	重大突發事件	1,221	17.8%	59.0%
	搞笑段子	751	10.9%	36.3%
	歷史事件揭祕	598	8.7%	28.9%

續表

		回應		個案百分比
		N	百分比	
	各種小道消息	409	6.0%	19.7%
	新聞評論	688	10.0%	33.2%
	小說等文學作品	418	6.1%	20.2%
	視頻及影視作品	548	8.0%	26.5%
	親朋好友衣食住行消息及圖片	316	4.6%	15.3%
	其他	48	.7%	2.3%
總計		6,860	100.0%	331.2%

a. 值為1時製表的二分組。

　　在網路與新媒體使用者的調查（N=2,071）中還發現，微信和傳統廣電報刊一起成為人們遇到突發事件最信任的媒體。遇到重大或突發事件人們最相信的三大媒體或管道分別是廣播電視、報紙期刊和微信。其中，近一半人最信任廣播電視、占46.9%。報紙期刊排在第二位，遇到重大或突發事件人們信任報紙期刊的人員比例占35.1%。微信排在第三位、信任微信的人員比例占29.1%，網站僅排在第四位、信任網站的人員比例占28.6%，微博排在第五位、信任人員比例占24.2%。其餘，遇到重大或突發事件人們最相信的媒體或管道按照人員比例高低依次為新聞用戶端（不包括今日頭條 ）占19.7%，今日頭條占18.1%，親友口頭傳播占16.9%，網路直播占5.8%，其他占1.4%。

　　雖然人們遇到重大或突發事件比較相信的媒體或管道，排在前兩位的均為廣播電視和報紙期刊類傳統媒體，但是由於微信、網站、微博和頭條獲取資訊及時便捷，人們在遇到重大或突發事件時，最先獲知資訊的仍然是這些網路與新媒體，而且這些網路與新媒體可以在短時間相互印證，強化資訊的可信度。廣播電視和報紙期刊等傳統管道最終只能起到一個最後確認的作用。

遇到重大或突發事件比較相信的媒體或管道解釋

		回應		個案百分比
		N	百分比	
Q21[a]	廣播電視	972	20.8%	46.9%
	報紙期刊	726	15.5%	35.1%
	網站	592	12.7%	28.6%
	親友口頭傳播	350	7.5%	16.9%
	微博	501	10.7%	24.2%
	微信	603	12.9%	29.1%
	今日頭條	374	8.0%	18.1%
	新聞用戶端（不包括今日頭條）	407	8.7%	19.7%
	網路直播	120	2.6%	5.8%
	其他	29	.6%	1.4%
總計		4,674	100.0%	225.7%

a. 值為1時製表的二分組。

三、在一些應急事件中，社群媒體還具有放大人際傳播的功能

　　筆者在追蹤一起房產維權事件中發現，在輿情快速成長期：QQ群、手機、集會在現場動員和輿情「蘑菇」生成中起到了關鍵作用，輿情爆發期：網路和QQ群圖片衝擊力和QQ群語音感染力增強了現場動員和輿情生成效果。

　　在交房前幾日，QQ群交流變得活躍，開展維權活動成了業主們的基本共識。2015年12月30日交房首日，一部分通過QQ群、手機和微信聯繫後準備維權的業主們開始在社區交房現場門前打起了橫幅。訴求焦點在於開發商虛假宣傳、建築品質不達標、社區配套承諾不兌現等問題。

　　在業主維權期間，QQ群（業主總群，和維權期間新建立的業主維權群）資訊發布量出現爆發式增長，日均發布量達數千條，是平時日資訊發布量的10-20倍。在交房首日，也是業主正式開展現場維權活動首日，僅僅早上8:30-8:59分的半個小時內，在很多業主還沒有起床上網的情況下，業主維

權群內就有近300條發言，平均每分鐘大約10條發言。這個資訊發布量通常是平時一天的發布量。

在房產維權事件前一日，從早上8:30分至當天午夜，16個小時內業主維權群發言總數達到7,533條。12月31日，發言數量達到4,284條。維權當日，即使在群主擔心事態擴大，一度關閉群發言功能的情況下，發言數量也有3,391條。

在組織現場維權等急迫性事務中，社群媒體中的圖片、語音成了最有感染力和衝擊力的動員工具。通過對網上論壇和QQ群的表達內容進行分析發現，在業主日常動員和交流中，主要通過文字方式，圖片和語音只是輔助工具，大約僅占10%左右。而在組織或煽動維權等緊急性動員活動中，語音、圖片扮演了重要角色，占到30%左右。這與語音和圖片資訊發布快速、感染力、衝擊力強有很大關係。而直觀、快速，有較強感染力和衝擊力的圖片資訊增加也促進了輿情生成，放大了輿情效果。同時，也在一定程度上增加了輿情監測的難度。

通過軟體對QQ群發布資訊進行分析也發現，在輿論動員中，圖片、表情（分析內容未包含語音）占有較大比例。

肆、結論

通過對微信等社群媒體使用者調查和對部分社群使用者的參與觀察發現，作為人際傳播延伸的微信、微博、QQ等社群媒體已經成為人們日常資訊和情感交流不可缺少的工具。它們不僅彌補了現實人際傳播網的侷限，通過資訊技術的延伸和橋接，放大、織密了人際傳播資訊網，而且在一些重大突發事件傳播中，發揮了傳統人際傳播無法實現的應急動員作用。

調查發現，微信等社群媒體是人們使用時長最長、使用頻率最高的媒介，是人們獲取和發布資訊的主管道，是人們認為最有公信力和影響力的媒介。在重大突發事件面前，微信等社群媒體雖然不是人們最信任的媒介，但是，卻是人們最先獲知資訊和驗證資訊最重要媒介。在應急資訊傳播中，微信等社群媒體和現實人際傳播，特別是人際口語傳播的交織互動變得更加緊密。通過直接參與觀察某社區輿情動員事件發現，社群媒體和現實集會在輿情現場動員和輿情放大中起到了關鍵作用，在輿情爆發的關鍵時期社群媒體中的口語和圖像傳播大幅增長，與現場人際互動相互促進，成為比文字更加

具備感染力和影響力的動員工具。

參考文獻

耐普、戴利（2015）。《人際傳播研究手冊》（第四版）。上海：復旦大學
　　出版社。

胡瑤（2017.12.11）。微信是澳門使用最多的新媒體。人民日報海外版。

陸高峰（2015）。《微傳播時代的媒體生態》。北京：智慧財產權出版社。

彌爾頓‧L.‧穆勒（2015）。《網路與國家：互聯網治理的全球政治學》。
　　上海：上海交通大學出版。

4.
社群媒體時代口語傳播研究的挑戰：以形象修護研究為例

溫偉群　世新大學口語傳播學系教授、世新大學新聞傳播學院院長

摘要

　　臉書在2017年9月的活躍用戶超過20億，YouTube則超過15億，而在華人地區盛行的微信與QQ也各有超過9億與8億的活躍用戶（Statista, 2017）。社群媒體的使用人口眾多，相關活動成為不可忽視的傳播實務，無論是「直播」、「網紅」、「社群行銷」還是「粉絲頁」，都成為現代社會熱門用詞。社群媒體當道，實務界急於找出規則來發展生存技能，而學術界也不能自外於社群媒體興起的生態。本文以傳播學界廣為運用的形象修護理論相關研究（Benoit, 1995, 2015）為例，討論口語傳播領域在社群媒體興起後面臨的挑戰議題並提出研究建議。作者說明形象修護相關研究在口語傳播領域的重要性，整理近年研究的發展重點，並整合學術界關於社群媒體特質的論述，對社群媒體時代下的形象修護研究提出建議。基於社群媒體的互動性、常變性、與分眾化等因素（Obar & Wildman, 2015），作者認為社群媒體時代的影響下，口語傳播研究應該注意傳統言者、受眾、情境等重要因素的改變，並對於先前口語傳播的研究程序與研究發現進行檢視與調整。

關鍵詞：社群媒體、口語傳播、形象修護

壹、前言：社群媒體中的言者、受眾與情境

2017年10月30日，美國網路新聞BuzzFeed報導了美國男演員安東尼·瑞普（Anthony Rapp）指控奧斯卡金像獎得主、知名男演員凱文·史貝西（Kevin Spacey），在30年前企圖性侵當時年僅14歲的瑞普。史貝西隨後在推特發文回應了瑞普的指控。史貝西的推文分兩段，第一段是針對自己「30年前」、「不記得的」、「酒醉後的」的可能不當行為，表示「最誠摯的歉意」。推文的第二段話鋒一轉，史貝西表示過去與男性暨女性都曾交往，而今後「我將選擇以同性戀男性的身分生活」。

針對這一則推文中談論兩個主題，一些評論者認為史貝西的可能目的是透過與指控無關的議題（出櫃）來分散對原始議題（意圖性侵）的注意，也譴責史貝西企圖進行的媒體操作。不過如果暫且擱置倫理面，史貝西的作法在第一時間的確對不少媒體奏效，包括ABC新聞、波士頓環球報、路透社、與紐約每日新聞報等主流媒體，在第一時間都選擇「出櫃」這個議題作為推文的標題。其中ABC新聞的推文標題是「我將選擇以同性戀男性的身分生活，凱文·史貝西以充滿情緒的推文出櫃」、波士頓環球報的標題是「傳出紙牌屋明星凱文·史貝西說：我將選擇以同性戀男性的身分生活」、路透社的標題是「奧斯卡獎得主凱文·史貝西宣布將以同性戀男性的身分生活」，類似地，紐約每日新聞報的標題是「凱文·史貝西週日晚間宣布他將以同性戀男性的身分生活」。

這似乎顯示史貝西在社群媒體的「議題管理」（issues management）奏效，因為出櫃的標題成功擠掉了企圖性侵的指控。如果一位研究者在此時間點取材上列「具代表性的主流媒體」來研究史貝西的辯護，「成功的形象修護」將是合理的推論。不過社群媒體的多元性與互動性，使得此件個案的實務與學術研究都變得複雜。上述媒體推文的標題立刻引來大量網友的負面留言，而壓力也使上述推文的標題紛紛轉向。例如ABC新聞將標題改為「我將選擇以同性戀男性的身分生活，凱文·史貝西在性騷擾指控中出櫃」，而波士頓環球報的作法則是保留原推文，但是另外貼文「澄清：史貝西被指控侵犯14歲少年，而在昨晚以出櫃來回應相關指控」（Weaver, 2017; Wulfsohn, 2017）。這些修正或補充使得社群媒體的使用者，在不同時間點得到不同資訊——主題可能是「出櫃」、或「以出櫃回應指控」、也可能是兩者並存。而這些變化的來源則包括留言的網友與媒體推特的編輯。就學術研究的角度

而言，社群媒體的言者、受衆、與情境都呈現了動態的過程甚至不同的特質，傳統以「文本」爲主要研究素材的口語傳播研究，特別是語藝批評自然面對了新的挑戰。

　　爲了具體檢視社群媒體興起後研究者遭遇的變化，本文以學界中廣爲應用而有豐富成果的「形象修護」相關研究爲例，討論口語傳播學界面對的挑戰。後續分就形象修護研究簡介、研究的重要因素、以及社群媒體對形象修護與其他口語傳播研究的可能影響進行說明。

貳、形象修護研究簡介

　　傳播學界長期以來認知形象具有極重要的價值，即使定義不盡相同，「形象」（image）大致是指受衆對於組織或個人的感知（perceptions），學者也經常將「形象」一詞與「聲譽」（reputation）或「面子」（face）等概念等同而交互使用（Benoit, 1995; Blaney & Benoit, 2001; Wen, Yu, & Benoit, 2009）。受衆對組織或個人的這項感知，是人類普遍性的考量，因爲這涉及「尊敬、光榮、地位、關係、忠誠與其他相似的價值」（Littlejohn & Foss, 2008, p. 172）。而一旦形象受到損害或威脅，組織或個人就面臨學者Bitzer（1968）所說的語藝情境（rhetorical situation），必須採取語藝行動來回應情境的需求。

　　對於如何回應形象、面子或聲譽受損，學者長期以來提出了許多不同觀點。例如：社會學家Goffman（1971）提出了面子功夫（facework）的概念，主張可以從避免與改正兩方面來維持面子。語藝學家Burke（1970）則提出了戲劇論，認爲自我辯護是一種去除罪惡（guilt）的行爲，言者（rhetor）可以「歸罪於人」或「歸罪於己」等兩種符號的方式，來去除罪惡（p. 248）。學者持續對於重要政治人物的辯護個案進行語藝批評，例如Rosenfield（1968）比較分析了尼克森對有關競選經費爭議的發表的查克演說、以及杜魯門對於美國政府中共黨成員的辯護。植基於多件語藝研究的基礎，Ware與Likugel（1973）則主張「辯解」（apologia）是一種獨特的語藝類型。他們認爲辯解類型的語藝通常包含四項要素，即否認、揚善、區分、超越。兩位學者進一步指出，多數辯解策略同時運用上述要素中的兩項來形成辯解的立場。其中撇清（absolutive）綜合了否認與區分要素、回駁（vindicative）運用了否認與超越、說明（explanative）的立場綜合了揚善與

區分、至於辯解（justificative）的立場則具有揚善與超越等兩要素。Ware與Likugel的辯解理論具將先前語藝學者眾多個案研究帶往系統性的語藝類型，不過他們的理論仍有論述不清之處，例如各項立場爲何只包含兩項要素而不能與其他要素並用，這些缺點侷限了這項辯解理論的學術價值（游梓翔、溫偉群，2002，頁214）。

借鏡前述研究觀點並彌補當中不足之處，美國密蘇里大學傳播學教授（現爲俄亥俄大學教授）Benoit（1995）以眾多危機傳播個案研究爲基礎，出版專書《辯白、辯詞與辯解：形象修復策略的理論》，正式以「形象修復」（image restoration）爲名，提出言者（rhetor）在形象受損的情境下可用（available）與有用（effective）的語藝策略（游梓翔、溫偉群，2010，頁36）。不過，因爲考量「修復」一詞可能「讓人誤解形象可以被恢復至原先狀態」，這項理論後續被更名爲「形象修護理論」（image repair theory，本文後續以簡寫IRT與中文「形象修護」指稱這項理論）（Benoit, 2000, p. 40; 溫偉群、游梓翔，2010，頁4）。IRT目前是西方危機語藝研究中被廣泛應用的理論類目，危機傳播學者Ulmer、Seeger與Sellnow（2007）便將IRT稱爲危機傳播研究的「主要典範」（dominant paradigm）（p. 130）。IRT多年來已經被廣泛應用於西方政治、商業、宗教、娛樂、體育等各領域的形象辯護語藝。IRT在2002年由傳播學者游梓翔與溫偉群（2002）應用於台灣的媒體危機個案，近年也被許多學者應用於分析兩岸政府的形象辯護語藝（例如：馬鑫，2006；Peijuan, Ting, & Pang, 2009; Wen, Yu, & Benoit, 2009, 2012; Zhang & Benoit, 2009）。

IRT建立在兩項前提之上，第一是「傳播是一項目標導向的活動」，這點與先前提到語藝學者Bitzer（1968）回應語藝情境的觀點意涵相通。第二項前提則是「維護正面形象是傳播最重要的目標之一」，換言之，組織與個人在形象受損事件中將綜合衡量各項利弊得失與多重受眾，將維持良好的形象當作重要的目標（Benoit, 1995, pp. 63-71）。參考了各領域對於形象或面子的觀點，Benoit（1995, 2015）提出了一套具有系統性而便於應用的形象修護類目。IRT可以簡要地從形象受損的三要件、五項一般發言策略與其子類目來理解。構成形象受損的要件，包括受眾的三項認知，即「惡行」（受眾認爲形象損害事件成立）、「責任」（受眾認爲組織或個人應爲惡行負責）、以及「惡感」（受眾對組織或個人產生負面感受）（溫偉群、游梓翔，2010，頁4）。而一旦三項要件成立，言者即產生必須提出語藝行動來

回應情境的「迫切性」（Bitzer, 1968）。

表1　IRT策略類目表

一般策略	否認	卸責	止痛	改正	承擔
具體策略	單純否認 推給他方	合理反應 無力控制 純屬意外 動機良善	道己之長 淡化傷害 劃分區隔 提高層次 反擊對手 給予補償		

來源：Benoit（1995），Benoit（2015），溫偉群、游梓翔（2010）。

　　對應上述的三項要件，IRT提供了五項一般性發言策略與子類目（如表一）。其中「否認」受控者是就事實層次上表明與惡行無關；「卸責」是降低對行為的責任；「止痛」的目標是降低負面的程度；「改正」則有復原與預防兩種形式；至於「承擔」則源自英文「苦行」（mortification）的概念（Burke, 1970, p. 248），即受控者承認對惡性的責任來尋求原諒（溫偉群、游梓翔，2010，頁5）。從華人文化中的「人」與「事」來看，五項一般策略中的前三項可說「與危機事件本身比較有關，影響事的形象」；後面兩項策略則「與當事人的態度更為相關，展現人的形象」（游梓翔、溫偉群，2010，頁37）。

參、形象修護研究的主要程序與重要因素

　　從口語傳播學界的研究取徑來說，IRT的理論發展綜合了人文取徑與社會科學取徑的影響。在人文取徑方面，Bitzer（1968）的語藝情境、新亞里士多德批評法（新亞批評）、以及類型批評法對IRT的理論形成都有重要影響。而在社會科學取徑方面，Benoit（1995, 2015）也將IRT的類目融合當代的說服理論，針對眾多形象修護個案中的重要因素進行整合討論。

一、新亞批評

　　IRT專書（Benoit, 1995）出版之前，早期的形象修護研究大致採取新亞批評的程序：描述事件背景與經過（外在分析）、摘要文本中呈現的形象修

護策略（內在分析）、最後根據特定聽眾的反應進行效果評估。以收錄在1995年專書中的可樂廣告大戰（Coke versus Pepsi）為例，研究者先簡述事件背景，接著聚焦於重要文本的分析。本案中，Benoit選取的文本為兩大可樂公司從1990到1992年間刊載於*Nation's Restaurant News*的平面廣告。作者將廣告逐則列表、再依時間順序摘述重要內容、最後作者將廣告文本中的攻擊與防禦策略歸類。至於效果的評估，作者以外界反應（可樂銷售量，以及連鎖速食業者在兩種可樂中的選擇）判斷可口可樂打贏了形象戰，再以廣告文本中攻防訊息的優缺點（如訴求的方向與證據的優劣）提供可能的解釋。換言之，形象修護的成效判斷主要是以外界的後續反應為推論基礎；而新亞批評則評斷文本進而為說明語藝行動成敗的可能原因。

二、類型批評

1995年「辯白、辯詞與辯解」專書出版後，Benoit與研究團隊密集地以類型批評（generic criticism）進行形象修護研究。類型批評的源頭可以追溯至亞里士多德，亞氏將語藝分為三類，即政治、司法、與典禮。其中政治演說談論未來、對象是議會、以公共事務為內容；司法演說談論過去、對象是審判者、以民事或刑事案件為內容；典禮演說談論現在、通常是書面文告、以褒揚或貶抑為目標（Aristotle, 1954）。IRT的理論源自辯解語藝，探討當遭到指控曾經犯下惡行時，言者（個人或組織）如何採取語藝行動來修補受損形象。與亞氏司法語藝相較，IRT同樣是以指控與辯護為核心；然而在目標聽眾、公共性、辯解策略、以及效果評估等方面，IRT呈現了不同的特質。

有別於新亞批評，類型批評的預設是：(1)語藝情境的類別是有限的；(2)在特定的語藝情境類別下，言說者的回應策略也是有限的；以及(3)研究反覆出現的語藝情境類別將有助於我們了解相似情境下的回應策略（Foss, 1996）。以類型批評研究形象修護個案在大方向上仍繼承了新亞批評重說服的傳統，不同之處是，IRT類目表清楚揭示了言者「可用」的策略方向，而研究者則依照個案分析的結果探索特定情境中「有用」的策略為何。

三、多個案、多階段、多指標

延續類型批評法的取徑，Blaney與Benoit（2001）在《柯林頓醜聞與形象修護策略》一書中以多重個案、階段分析、以及多重指標，分析柯林頓及

其代言人的六項重要個案，這項統合性的研究程序使IRT在理論見解上有所突破（溫偉群，2005）。例如：比較同一言者的不同個案使我們對特定策略有更深入了解。例如：作者在分析多重個案後發現，柯林頓經常使用「提高層次」（transcendence）的策略，引導目標聽眾從更有利的角度看問題。而作者更在比較「白水案」與「呂文斯基案」後整理出柯林頓「有效」運用提高層次策略的具體要件。多階段分析是2001年專書的另一特點，這項特點使IRT研究呈現更細緻的動態分析。例如：「呂文斯基案」的研究以柯林頓總統1998年9月11日對全美國人民談話爲分爲兩階段。第一階段中由於指控事證不明確，柯林頓以否認、道己之長以及提高層次等策略爲主；隨著案情對柯林頓轉爲不利，第二階段的策略以攻擊指控者、提高層次、認錯爲主。

多重評估指標是Blaney與Benoit（2001）所作研究的第三項特色。作者蒐集了每一事件中重要發言之後的民調資料以及紐約時報的社論、意見領袖評論與讀者投書。換言之，每一個案的評估，包括了發言的內部邏輯一致性、量化的民調資料，也輔以意見評論來提高語藝分析的解釋力。以「呂文斯基案」爲例，多重文本與資料的評估顯示，柯林頓辯解策略無法單純地評估爲「成功或失敗」，因爲多數美國人不相信柯林頓，也認爲柯林頓應該爲婚外情與說謊受到譴責；但是多數美國人卻認爲柯林頓應該繼續擔任總統。也就是說，辯護目標不同，發言有效性的評估也就不同。

四、語藝情境

IRT在理論發展上，與語藝學家Bitzer（1968）半世紀前提出「語藝情境」（rhetorical situation）的觀點有高度相通之處。Bitzer的觀點是後續語藝批評的重要基礎。根據他的看法，語藝情境（或譯「修辭情境」）包括了「迫切性」、「受衆」與「限制」三個要素。語藝的「迫切性」是源自言者面對某種不完滿或不足的狀態，必須採取語藝行動來進行正向的修補。在「受衆」的要素上，語藝行動的目標是某些行動可以影響的人，而言者也考量能帶來何種的影響。在「限制」的要素上，過去言行的影響或者能力都會影響言者能採取的行動（Bitzer, 1968, pp.6-8; 游梓翔、溫偉群，2015，頁21）。對比上述「語藝情境」的觀點，在辯解的語藝上，受到指控的組織或個人面對形象受損產生的「不完滿狀態」壓力，因而必須進行形象修護的行動。而言者受到可用選項的限制，必須考量形象修護的對象與期望來採取有用的策略。

從Bitzer的觀點而言，不同語藝情境下的言者，由於三項要素的差別，語藝行動便具有不同的特質。例如：形象修復語藝雖然在類型上源自亞里士多德的司法語藝，但是在語藝情境上仍有區別。在辯解策略上，傳統的司法辯解主要涉及行為與責任兩方面，在Benoit五項一般性的策略中，「否認」的目標是為了消除因「惡行」，「卸責」是要去除「責任」，而「止痛」、「改正」與「承擔」的主要目標是減輕「惡感」。其實，即使是以消除「惡行」或「責任」為直接目標，最高利益仍在消除伴隨而來的「惡感」以達成維護正面形象的目標。

司法語藝影響的主要目標是法官或陪審員；而形象修復語藝則高度強調目標受眾的感受。在亞里士多德的看法中，司法演說以爭取私人權益為主，公共性不及政治演說。形象修護語藝在這一點明顯不同，因為無論是演藝人員、政治人物、企業團體或其他重視形象的個人或組織，他們的多重受眾通常都包括了社會大眾。除了目標受眾不同，語藝行動的期望影響也有差異。司法辯解的成敗是根據審判者的判決；形象修護語藝的效果則通常以目標聽眾的後續反應或行為來推論。換言之，形象修護的效果可能不是全面性的或絕對的，而可能是部分的與相對的。如前述柯林頓在「呂文斯基案」案中無法讓多數美國人民相信他的辯詞，但是卻說服了多數美國人讓柯林頓留任總統。

五、具體因素

前面人文取徑的語藝觀點，為IRT研究提供了較宏觀的檢視，社會科學取徑則有助於IRT研究者辨認具體因素的影響。IRT研究中，言者（訊息來源）、受眾、與情境是三項常見影響訊息策略的因素，而角色、性別、領域、以及文化則常進一步影響上述因素。

言者（rhetor）或者訊息來源，經常是IRT研究中的重要因素。亞里士多德（Aristotle, 1954）在2,500年前所提理性（logos）、感性（pathos）、與人格（ethos）三項訴求，一直為傳播研究者的重要參考。IRT相關研究中，尤其是早期新亞批評為主的個案研究中，也檢視了言者在這三方面的訴求。在眾多個案逐漸形成辯解的語藝類型後，IRT的研究者進一步以其他因素來檢視言者。例如：Benoit（1997）在分析演員休葛蘭性醜聞案時，比較了演藝人員（休葛蘭）、政治人物（柯林頓）、與企業（Isuzu汽車），發現演藝人員比後二者願意認錯道歉，因為企業與政治人物一旦道歉就必須面對後續

的法律訴訟或政治責任。性別也可能影響言者的語藝策略。莊智凱（2005）分析六件台灣演藝人員的形象修護個案，發現男藝人傾向採具攻擊性的辯解策略；而女藝人則多採道己之長等較平和正面的說詞。文化也影響了形象修護言者的策略選擇。游梓翔與溫偉群（2002）分析獨家報導雜誌的形象修護，發現台灣的形象修護策略思考偏向否認一端的否認、卸責與止痛策略為優先，不願輕易選擇療傷和認錯策略。

　　許多IRT的研究涉及公眾人物或重要組織，這些重要的個案中經常出現第三方辯護（third party apologies），也就是指控者與受控者（或其代理人）之外的第三方採取的辯護語藝。例如Wen、Yu與Benoit（2009）分析台灣媒體例行性為美國大聯盟棒球投手王建民發表的辯護語藝。這項研究發現，在2006到2008年王建民在紐約洋基隊的全盛時期，一旦王建民在球賽表現不佳，台灣主流媒體經常為王建民修復形象。對比王建民的個人談話，第三方辯護者（台灣媒體）主要使用卸責與止痛策略，而王建民本人則採用改正與承擔的策略。

　　受眾是IRT研究的一項關鍵因素，畢竟形象的本質就是受眾的感知，而形象受損的三項要件（惡行、責任、惡感）的成立與否也都與受眾息息相關。Benoit（1995）提醒IRT的研究者，受眾經常是多重的。例如：企業的形象修護語藝不僅針對股東、政府重要部門、也針對消費者團體以及一般大眾，而不同受眾的優先順位也影響策略的選擇。在全球政商互動與文化交流日益緊密之下，IRT研究者也密切注意跨文化的溝通對於受眾的影響。例如：Drumheller 與Benoit（2004）分析了2001年美國軍艦撞沉日本漁船造成9人死亡的事件，為處理這起嚴重的意外，美國海軍採取了多項語藝行動，卻因為未能考量日本的文化期望艦長親自向受害者家屬道歉，而使得道歉未能讓日方感覺誠意。Wen、Yu與Benoit（2012）則分析了2010年美國政府為輸台美國牛肉採取的語藝行動，研究者建議美方應注意華人民眾「經驗理性」（experience-based reasoning）的文化特質，才能採行適當的發言策略（pp. 126-127）。

　　情境也是影響策略選擇的重要因素，因為言者的可用策略受到情境的限制。形象受損事件發生時惡行、責任、惡感的判斷產生不同情境。前述Blaney與Benoit（2001）發現柯林頓在「呂文斯基案」事證不明確的第一階段中以全盤否認為主，道己之長以及提高層次等策略為輔；但在案情急轉直下的第二階段的策略則改以攻擊指控者、提高層次、與認錯為主。而國內也

有類似的研究，張正杰（2005）援引Bradford與Garrett（1995）的危機情境架構（即惡行、責任、惡感是否確認）分階段討論台北市政府的兩起重大危機處理案例。

肆、社群媒體與形象修護研究：口語傳播研究的挑戰與調適

　　形象修護理論專書出版20年後，Benoit（2015）再度以專書形式闡述相關研究。網路、臉書、推特等新媒體的個案，是他在結論中提示的未來重點方向之一。的確，近年已有不少研究論文聚焦於社群媒體上的形象修護策略。例如：Einwiller與Steilen（2015）分析了34家美國大型企業的臉書與推特網頁，發現企業較常以表達感謝與遺憾來回應抱怨，使用少量的改正策略，而極少採用補償的策略。Long（2016）則分析了2011年發生的郭美美微博炫富事件中，中國大陸紅十字會的危機回應。作者認為大陸紅十字會被動地否認與卸責、但是欠缺改正行動，因而導致形象修護失敗。持平而論，近年分析社群媒體形象修護的論文素材上雖然具有重要性，不過方法上仍較傾向傳統單一言者、單向訊息與單點的情境，可說是主要仍然停留在Web 1.0的分析，而較少反映出社群媒體多元、互動與多變的特質。

　　社群媒體的重要特質，在於其互動性、常變性與分眾化（Obar & Wildman, 2015; Bratu, 2016）。Obar 與Wildman（2015）指出，Web 2.0的應用使得網際網路更加具有互動性。他們強調，這項改變不僅是科技上的，更是意識型態上的。網路的使用者從過去的消費者變成參與者，當代的使用者在概念上結合了「生產者」（producer）與「消費者」（consumer）兩者，而成為所謂的「生產型消費者」（prosumer），因而Web 2.0的網路平台上，訊息內容由所有使用者持續進行修正（Obar & Wildman, 2015; Ritzer & Jurgenson, 2010）。Bratu（2016）則指出，新媒體的環境帶來了公眾概念的「分眾化」（fragmentation），社群媒體上受眾的評論已經成為訊息的構成部分，從而影響組織的聲譽（pp. 235-236）。

　　如果將社群媒體互動性、常變性與分眾化的特質，應用到類似本文開頭史貝西的形象案例，研究程序與概念都將面臨調適。就IRT早期研究偏重的新亞批評而言，研究者所採取外在分析與內在分析的素材，都面臨互動可能產生的變化，而效果評估的依據也會因為網路輿情的變化與多元特質而有

所侷限。類似地，Bitzer（1968）語藝情境的「迫切性」、「受眾」與「限制」等概念也會因為社群媒體變化的情形，而必須重新修正或評估。

　　類型批評方法有關「語藝情境類別有限」、「回應策略有限」與辨認「相似情境」等三項假定（Foss, 1996）也面臨調適。類型批評的基本原理是人類通過分類來了解複雜而多變的世界，而找出團體與論述當中可觀察、可解釋、與可預期的語藝特質是產生類型的目的（Benoit, 2005）。固然社群媒體文本仍可進行類型、策略與情境的分類與討論，但是由於社群媒體文本的互動性、常變性與分眾化，過去在相對較為單向、單一時點與單一（或少數）受眾媒體環境下所產生的IRT類型，可能因為社群媒體的「生產型消費者」的影響，而必須重組、修正或細分既有的語藝類型。

　　前述Blaney與Benoit（2001）專書以多個案、多階段、多指標進行IRT研究的作法，不僅在研究素材上更為豐富，也較為接近社群媒體文本經常變化與分眾化的特性。其中多階段的作法可以呼應文本與情境的變化情形，依照重要事件或重要變化來劃分時間點；而多指標的作法也可以呼應研究者選擇的不同分眾來作為策略評估的基礎。這樣的作法雖然以仍然較為「靜態」，而未必能反應出社群媒體文本的互動情形，但是至少呈現多時點的文本與不同受眾的反應，而能提供研究者較為細緻分析的基礎。

　　面對社群媒體的興起，先前IRT的研究需要在「互動性」進行調適。例如：類似本文開頭史貝西的案例中，擔任「言者」的幾家主流媒體因為網友的評論而在短時間內修正了推特標題，這正反映了社群媒體論者所說的「生產型消費者」的影響。而「生產型消費者」的概念也對語藝傳統眾「言者」與「受眾」的分野產生挑戰。當言者與受眾的概念發生變化時，傳統「語藝情境」的要素自然也受到影響。基於實務上與學術上的重要價值，IRT研究可被視為整體口語傳播研究（特別是語藝批評）的重要案例。社群媒體的特質固然帶來傳統研究方法與概念的挑戰，也帶來新理論與新研究方法的需求與機會。傳播研究必須呼應傳播實踐，社群媒體實踐的新挑戰，也帶給口語傳播學者發展學術的新機會。

參考文獻

馬鑫（2006）。〈提高政府的聲音，修復中國國家形象〉。《現代傳播》，
　　2，117-119。

張正杰（2005）。《危機情境、危機反應策略及策略效果：以台北市政府「捷運掀頭皮事件」及「邱小妹醫療人球事件」為例》。世新大學傳播研究所碩士論文。

莊智凱（2005）。《演藝人員之形象修護策略分析：以負面感情事件為例》。世新大學傳播研究所碩士論文。

游梓翔、溫偉群（2002）。〈從語藝取徑評析獨家報導在璩美鳳事件中的形象修護策略〉。《世新學報》，12，209-231。

游梓翔、溫偉群（2010）。〈發言人必須認識的形象修護理論〉。《對外傳播》，2010：236-37。

游梓翔、溫偉群（2015）。〈台灣2016大選蔡英文兩岸論述的修辭分析〉。《台海研究》，2015：2，20-27。

溫偉群（2005）。〈柯林頓醜聞與形象修護策略〉。《廣告學研究》，24，113-115。

溫偉群、游梓翔（2010）。〈八八水災救災過程中馬團隊對外傳播的檢討與啟示〉。《選舉評論》，8，1-18。

Aristotle. (1954). *The rhetoric* (W. R. Roberts, Trans.). New York: Random House.

Benoit, W. L. (1995). *Accounts, excuses, and apologies: A theory of image restoration strategies.* Albany: State University of New York.

Benoit, W. L. (1997). Hugh Grant's image restoration discourse: An actor apologizes. *Communication Quarterly, 45*, 251-267.

Benoit, W. L. (2000). Another visit to the theory of image restoration strategies. *Communication Quarterly, 48*, 40-43.

Benoit, W. L. (2005). Generic rhetorical criticism. In J. A. Kuypers (Ed.), *The art of rhetorical criticism* (pp. 85-106). Boston: Pearson.

Benoit, W. L. (2015). *Accounts, excuses, and apologies: Image repair theory and research (2nd ed.).* Albany: State University of New York.

Bitzer, L. F. (1968). The rhetorical situation. *Philosophy and Rhetoric, 1*, 1-14.

Blaney, J. R., & Benoit, W. L. (2001). *The Clinton scandals and the politics of image restoration.* Westport, CT: Praeger.

Bradford, J. L., & Garrett, D. G. (1995). The effectiveness of corporate communicative responses to accusations of unethical behavior. *Journal of Business Ethics, 14*, 875-892.

Bratu, S. (2016). The critical role of social media in crisis communication. *Linguistic and Philosophical Investigations, 15*, 232-238.

Burke, K. (1970). *The rhetoric of religion.* Berkeley: University of California Press.

Einwiller, S. A., & Steilen, S. (2015). Handling complaints on social network sites: An analysis of complaints and complaint responses on Facebook and Twitter pages of large US companies. *Public Relations Review, 41*, 195-204.

Foss, S. K. (1996). *Rhetorical criticism: Exploration and practice.* Prospect Heights, IL: Waveland.

Goffman, E. (1971). Remedial interchanges. *Relations in public: Microstudies of the public order* (pp. 95-187). New York: Harper & Row.

Littlejohn, S. W., & Foss, K. A. (2008). *Theories of human communication* (9th ed.). Belmont, CA: Thomson Wadsworth.

Long, Z. (2016). Managing legitimacy crisis for state-owned non-profit organization: A case study of the Red Cross Society of China. *Public Relations Review, 42*, 372-374.

Obar, J. A., & Wildman, S. (2015). Social media definition and the governance challenge: An introduction to the special issue. *Telecommunication Policy, 39*, 745-750.

Peijuan, C., Ting, L. P., & Pang, A. (2009). Managing a nation's image during crisis: A study of the Chinese government's image repair efforts in the "Made in China" controversy. *Public Relations Review, 35* (3), 213-218.

Ritzer, G., & Jurgenson, N. (2010). Production, consumption, presumption the nature of capitalism in the age of the digital 'prosumer.' *Journal of Consumer Culture, 10* (1), 13-36.

Rosenfield L. W. (1968). A case study in speech criticism: The Nixon-Truman analog. *Speech Monographs, 35*, 435-450.

Statista (2017, September). Most famous social network sites worldwide as of September 2017, by number of active users. Retrieved October 15, 2017, from https://www.statista.com/statistics/272014/global-social-networks-ranked-by-number-of-users/

Ulmer, R. R., Seeger, M. W., & Sellnow, T. L. (2007). Post-crisis communication and renewal: Expanding the parameters of post-crisis discourse. *Public Rela-*

tions Reviews, 33, 130-134.

Ware, B. L., & Linkugel, W. A. (1973). They spoke in defense of themselves: On the generic criticism of apologia. *Quarterly Journal of Speech, 59*, 273-283.

Weaver, C. (2017, October 30). Media slammed for burying Kevin Spacey allegations in "coming out" story. Retrieved November 11, 2017, from https://www.newsbusters.org/blogs/culture/corinne-weaver/2017/10/30/media-slammed-burying-kevin-spacey-allegations-coming-out

Wen, W., Yu, T., & Benoit, W. L. (2009). Our hero Wang can't be wrong! A case study of collectivistic image repair in Taiwan. *Chinese Journal of Communication, 2* (2), 174-192.

Wen, W., Yu, T., & Benoit, W. L. (2012). The failure of "scientific" evidence in Taiwan: A case study of international image repair for American beef. *Asian Journal of Communication, 22* (2), 121-139.

Wulfsohn, J. A. (2017, October 30). Media downplayed Kevin Spacey child molestation allegation, focus on sexuality in headlines. Retrieved November 11, 2017, from https://www.mediaite.com/online/reuters-ny-daily-news-downplay-kevin-spacey-child-molestation-allegation-focus-on-sexuality-in-headline/

Zhang, E., & Benoit, W. L. (2009). Former Minister Zhang's discourse on SARS: Government's image restoration or destruction? *Public Relations Review, 35* (3), 240-246.

5.
數位語境下語藝書寫與批評方法之重構芻議[1]

蔡鴻濱[2]　南華大學傳播學系助理教授

摘要

數位時代來臨，開展出龐大、多元、異質性、視覺影像等主流現象，使得傳統上以微觀、文字為主軸之語藝理論與批評方法面臨諸多嚴峻挑戰。本文乃在於探討身處數位語境的語藝學者如何重新構思語藝書寫，以及構建數位語藝批評方法。

在數位語藝書寫上，研究者建議採納Eyman提供之語藝五大要素的數位實踐之道，凡數位文本中至關重要的口語、書寫與視覺等要素，均可納入論文之中。

再者，數位語藝批評方法宜結合視覺圖像，且視覺圖像宜獨立分析。因此前述所提之書寫上，視覺圖像建議應另關章節，以突出數位書寫與傳統書寫在書寫邏輯、位置，以及章節編排上的差異性。

最後，語藝批評方法長期以來少不了文字文本，在數位語境之下已變成巨量文本。對此，宜善用「人工智慧」的輔助，但仍不能棄傳統語藝研究所仰賴之「工人智慧」於不顧。語藝傳統上講究的微觀分析、苦力式的「工人智慧」之語藝批評，在數位語藝時代，宜進一步昇華，數位語藝批評者應利用過往的語藝分析經驗、默會知識，來尋找巨量文本與影像中強而有力的關鍵詞彙，並以之作為

---

[1]　本研究為台灣南華大學補助之校內專題研究計畫（計畫編號：Y105000558）。

[2]　作者蔡鴻濱（男），任職單位：台灣南華大學傳播學系助理教授，電話：886-936-156835；信箱：hptsai@nhu.edu.tw；校址：622台灣省嘉義縣大林鎮南華路1段55號。

人工智慧電腦之分析單元，進而佐證「工人智慧」結果的合理性與正當性。

關鍵字：數位語藝（digital rhetoric）、語藝書寫（rhetorical writing）、人工智慧
（Artificial Intelligence）、視覺（visual）、語藝五大要素（five canons
of rhetoric）

壹、問題意識

綿延2500年之語藝研究，從上世紀末起迄今，便與其他學門一樣都進入前所未有的情境變化，意即數位時代的來臨。數位語境幾乎讓所有既存的理論都有再思之空間與必要，語藝學門亦復如此。

研究者2016年拙文「初探數位語藝——理論與方法的檢視與重構」，便開始檢視數位語藝可能之理論生成與研究方法，此文中討論圖片、影像、影音、音樂等傳播新科技表現豐富特色的數位現象或數位文本（digital text）已鋪天蓋地、席捲當前人類文明。唯此之際，具悠久歷史與豐富傳統，以及以文字表述為研究與應用核心之語藝學（按：2,500年來幾乎僅有文字性研究與流傳），不僅顯得英雄無用武之地，甚至在解釋數位文本上還有誤導的可能性。基此，研究者認為近二、三十年間方大肆勃興之數位現象，其所產製之大量數位文本，對於已走過兩千多年歲月的語藝學來說，一方面雖是使其既有的理論與批評方法，面臨諸多的扞格；但是可喜可賀的卻是使之突破千年困局，開展新的理論視野與批評方法之新契機。

在北美的語藝研究基地，於90年代末期、本世紀初正視數位現象對傳統語藝衝擊（按：台灣則直至近年方有零星文章），逐漸累積許多研究。在James P. Zappen的著作*Digital Rhetoric: Toward an Integrated Theory*一方面言明研究者所言之語藝困局，一方面統整其時期的重要研究，一方面提出語藝學在數位時代改弦易轍之道，主張當前語藝學之發展應該尋思出：融合自我表達與合作策略（strategies of self-expression and collaboration）、展現社群性與認同（communities and identities）等視角，以更宏觀的理論觀點、批評方法，解釋數位時代的語藝／說服現象。

Zappen指稱Lara Gurak（1997）的著作*Persuasion and privacy in cyberspace: The online protests over Lotus Market Place and the Clipper Chip*、Barbara Warnick（2007）的著作*Rhetoric online: Persuasion and politics on the World Wide Web*，以及Kathleen E. Welch（1999）之*Electric rhetoric: Classical rhetoric, oralism, and a new literacy*等，可視之為數位語藝探究之先聲。

簡單來說，在說明傳統語藝理論觀點如何協助研究數位文本之語藝上，Gurak（1997）研究指出我們得從亞里斯多德（Aristotle）的說服觀點ethos、pathos、logos出發，她並以探討Lotus市場與處理器晶片的相關論辯例如隱私權問題等作為分析案例；再者，Warnick（2007）研究數位媒體之數位文本

（digital text）如何進行說服，她發現數位媒體對於傳統的語藝觀點具擴延性，甚至是超越之可能，她直指傳統語藝說服策略並無法有效的在網路上實踐，舉例來說傳統語藝學中的大人物演說、身分與位置具有重要的說服與決策力，不過卻在數位平台上行不通，具有說服力的方式反而是在網路上呈現自我特色，換言之，虛擬社群中的自我表述（self-expression）更是說服的泉源，可謂繼1960年崩解大人物語藝傳統後，於數位時代再一次顛覆語藝前人對於大人物演說超強說服力之莫名孺慕與嚮往。

Welch（1999）關注的是數位時代中電子語藝（electric rhetoric）的現象，其關切之內容主題，契合關切電子語藝研究之沈錦惠著作《電子語藝與公共溝通》（2009）中之內涵，且對於數位平台中口語化的語言有寬廣且深入的研究與深刻的探討。換言之，Welch之數位語藝關懷相對於整體的數位平台與現象，其更關切數位文本之書寫與口語現象，及其溝通效果。

沈錦惠勾勒之「電子語藝情境」，在某種程度上勾勒出承載數位語藝之平台其所欲彰顯之特色。沈錦惠（2009：8-9）指出，急速發展與日益輻輳的電子媒介和政經社會變遷相互表裡，公共溝通的整體環境已迥異於往昔，她將這種獨到的語藝條件或環境統稱為「電子語藝情境」，其獨到之處在於不同的符號體系──包括靜態圖像、動態影音、口說話語、說寫文字，皆兼容並蓄於已然儼然為溝通情境的大小方寸之中。在此，「電子語藝情境」溝通表述或交流互動，涉及不同符號體系各擅勝場的敘說方式及資訊偏向，牽動著不同層次的意識、知覺與認知，暗示多元多變、多重的語藝情境。故爾沈錦惠宣稱在討論當代公共溝通時，又豈能無視於兼含多樣符號系統、情境、時間與關係錯雜交織的「電子語藝情境」。

基此，沈錦惠與Gurak、Warnick、Welch等人關懷數位時代傳統語藝的困境與超越問題容或有所差異，但皆為研究數位文本之語藝面向提供了可能性的解釋，尤其沈錦惠所提的「電子語藝情境」，研究者認為可視之為（as）數位語藝所以著墨的「數位場域」（digital field）。配合本研究的方向，研究者乃稱本研究關切的情境為「數位語藝情境」。

在前述語藝學者的觀點，研究者所欲往下探索者乃在數位時代中，如何超克傳統語藝理論與批評方法（method）的限制，於數位場域中研究數位文本之語藝？此一問題廣袤，故乃聚焦靠攏於「數位語藝」書寫與批評方法實踐之建議，為研究數位文本提供可能的貢獻。

貳、數位語藝：來自視覺語藝之靈感

不容否認，數位語藝如同沈錦惠所言，包括靜態圖像、動態影音、口說話語、說寫文字等，但是沈氏的定義若拆解來看，則數位語藝的構成主要包括視覺、口語、書寫三個部分。書寫部分是語藝學再熟悉不過的操作技巧，而口語最接近言者的本意但某種程度上仍是向書寫靠攏，而視覺卻是過去語藝研究幾乎全然忽視與陌生的領域，如果語藝研究要跨向數位，關鍵在於勢必要先處理本文定義中的視覺（visual含影音、圖像）概念。

研究者認為數位語藝內蘊的視覺得視之為「獨立表述系統」，且須另外處理。以下研究者試著說明視覺在數位語藝中扮演的角色以及其作為一種獨立表述系統的意義。

一、視覺作為數位語藝的要角

視覺是當代文化建構的核心，當前吾人生活世界的種種現象，愈來愈多透過視覺的模式來傳達，諸如電玩、影像、虛擬實境、臉書、Instagram、電視、電影等，我們主要也是透過視覺的機制來面對排山倒海的訊息並以之與現實社會與他者進行互動。因此，當代知識的形成與視覺及觀看的關係也愈來愈密切。

據Rose觀點，指出啟蒙時代的理性思想幾乎可以說就是將觀看與認識等同。這種視覺（或是觀看、或是眼睛）在西方文化裡的核心地位，稱為「視覺中心論」（ocularcentriun）。科學知識建構的視覺向度、旅遊觀光的視覺化，乃至於社會秩序的監控或是19世紀以來博覽會所呈現的整個世界有如一場展覽，或是奇觀（spectacle）社會的提法，都在在指出了視覺的重要性。不僅是現代，到了後現代，後現代的思潮之討論也強調視覺重要性。Rose指出，如Baudrillard強調的擬像（simulation）概念。不過，重要的是我們如何指出視覺性（vision, visuality）機制鑲嵌其中的社會關係，亦即吾人須掌握透過在數位語藝中特殊的視覺形式而接合出來的社會權力關係、觀看與被看的關係、觀視所塑造之社會差異的特色景象，以及理解某些體制如何運用某種視覺形式，來觀看現代世界與編排秩序等議題（2001：8-9，轉引自王志弘編著，2004：229-232）。

進言之，吾人進入一個人造影像無所不在的數位世界，一個講求視覺快感的數位時代。因此，前述「視覺中心論」便說明，在數位時代中視覺所受

到的信賴與推崇，況乎影像幾乎就是等同於「真實的再現」，或者說「眼見為憑」。雖說近年來伴隨著對啟蒙理性主義的批判，在後結構的思潮下開始質疑「視覺中心主義」所包含的帝國主義控制、理性知識與男性霸權之權力（如地圖測量、對異文化的檢驗觀察、男性凝視等），並強調視覺以外其他感官的重要性。但是，不容否認的，我們正／仍身處在一個人造／機器影像無所不在的數位時代。從攝影機、電影發明之始，人類就不斷快速的朝影像時代前進，隨著（傳播）新科技的長足進步，新生機器與影像生產器如雨後春筍般湧現且日益普及。從早期的照相機、電視攝影機、電視、錄放影機、電腦、光碟機、VCD、DVD，到現在的數位照相機、數位攝影機，智慧型手機等，不斷推陳出新，增加影像在我們日常生活中流轉與出現的機會，事實上，更讓一般人也有機會成為影像創作者、生產者（王志弘編著，2004：236）。

數位時代影像的大量製造與生產，隨著數位平台的興起而更加暢旺，例如facebook、instagram、twitter等四處流傳／流竄。讓影像成為我們習慣的語彙與再現，甚至是吾人數位時代生活的一部分。新進的電腦遊戲、AR（Augmented Reality）擴增實境、SR（Substitutional Reality）替代實境、MR（Mixed Reality）混合實境，以及虛擬實境VR（Virtual Reality）等，更提供我們在數位時代中一種全然不同的觀視經驗與認識世界的架構。

由前述的概念我們容或可以宣稱，數位語藝的研究中，在傳統語藝慣於研究口語與書寫文本之際，已然不能忽視伴隨新科技的發展致當前數位語境勃興的當下，數位語境其所開展出之龐大多元、異質性的視覺現象。而如何面對數位語藝現象，研究者認為不能再以傳統的語藝思維理論或批評方法研究之，而應視之為一種數位語藝研究中的獨立表述系統，此一宣稱如何可能，論述如下。

二、視覺語藝視為數位語藝中的獨立表述系統

對於視覺語藝的理論與批評方法的探索，語藝學者並未提出一探完整的理論與批評方法。比較重要的觀點來自Foss在 *Framing the study of visual rhetoric: Toward a transformation of rhetorical theory*（2004），以及 *Theory of Visual Rhetoric*（2005）兩篇文章中。Foss在前述兩文中提到，將視覺語藝定義為一種「溝通性文本」（communicative artifact），以及「一種觀點」（a perspective）。Foss（2004）且認為視覺影像客體視之為是視覺語藝的，必

社群媒體與口語傳播

須具有三個條件：象徵行動（symbolic action）、人類介入（human interven-tion），以及觀眾存在（presence of audience）。同時，視覺語藝因為彰顯了語藝學作為一種觀點、一種溝通行動的分析特性，因此Foss也指出視覺語藝不僅是一個理論性的觀點，更是一種分析架構或是一種分析取徑，也因之其具備了「本質」（nature）、「功能」（function）與「評估」（evaluation）等三種功能。

從傳統語藝轉到視覺語藝，邱誌勇（2014：112）整理Gui Bonsiepe的觀點指出三個語藝面向：語法（syntactic）、語意（semantic）與語用（prag-matic），語法乃指透過形式的視覺構造來操作，例如空間、顏色、輪廓與形狀等；語義則是指透過其意義或是定義來操作，例如特定的個人、地點、事物或事件；語用的使用則是「說明」（address）的形式。邱誌勇指Bon-siepe的劃分呼應了Roland Barthes（1977:33-36）的論述，認為影像直接產生的第一種訊息在實質上是一種語文／文字的，例如廣告中的標題。第二種訊息所指涉的是「符碼化圖像訊息」是一種象徵性訊息，具文化意義；第三種訊息則是非符碼化圖像訊息，是指畫面中的真實物件，或是這些（實物）的攝影。

統而言之，影像語藝中提供符號系統起源的是根據不同讀者對相同語片做出的不同解讀，且各種解讀並非雜亂無章。反之，他是因為影像所注入的系統不同知識而產生，這些知識且可以被分類形成一個類型學（Barthes, 1977:33-36，轉引自邱誌勇，2014：112）。

邱誌勇（2014）呼應道在書寫與語言的宰制年代，視覺圖像在人類社會扮演的溝通傳播角色從未消失。再者，在當前高度發展的書寫時代，視覺圖像被揚棄，聲音被符號所取代，因此在語言結構中試圖尋找視覺的梗概，根本是窒礙難行（Donis, 1973:13）。其引述Henning Brinkmann觀點指出符號圖像早已是中世紀時期的「第二種語言」，無論是中世紀的語言或是視覺圖像中皆充滿了象徵性意義。到了1955年，Erwin Panofsky將圖像解釋學（iconol-ogy）「獨立成為一個研究取徑」，並指向與圖像意義解釋相關的活動，將視覺、空間、世界圖像和藝術影像編織成一套完整的象徵形式，並再現出每個時代的意志；同時，Panofsky發覺視覺認識本身所具備的歷史，進而人們可就象徵所傳達的圖像加以掌握此一歷史（轉引自邱誌勇，2014：111）。基於前述概念，研究者認為得將視覺影像視之為一種「獨立表述系統」便有其適當性。換句話說，依據Panofsky觀點，視覺圖像是一套完整的獨立表述

系統，吾人若具備發覺視覺本身的歷史背景知識，就可以讓人們理解圖像的意義。

　　Gombrich（1982:137）的觀點指出我們現在正進入一個可以影像戰勝文字的時代。因此我們必須釐清影像傳播過程中的可能性。Gombrich認爲在大部分的情況下，影像都被認爲應該與其他因素結合，才能傳達正確清晰且明確的訊息，也就是可以轉譯成文字訊息。儘管如此，影像的眞正價值應該在於其「傳達無法以其他編碼方式表示的訊息」（轉引自邱誌勇，2014：111）。

　　研究者認同前述Panofsky觀點。研究者以「錢」（含紙鈔與錢幣）爲例，台幣千元、五百元大鈔或是兩百元、一百元、五十元印製的肖像與風景，或是百元人民幣印製的人頭等，或是韓國五萬元大鈔上的申師任堂（按：1504-1551，有「韓國孟母」之稱），或是百元美鈔印的發明家班傑明・富蘭克林（Benjamin Franklin），以及一塊美金上的肖像美國國父喬治・華盛頓（George Washington）等，在某種程度上，我們只要具備前述對這四個國家的歷史背景知識，都可以在霎那間了解某一個國家所代表的精神與價值觀，並讚賞這些名人爲國家做出的貢獻。換言之，透過知識的學習，不僅意會到錢幣與紙鈔上視覺圖像所企圖表述的意義，事實上視覺圖像更可作爲一種透過吾人「直觀」意會、理解的一種獨立表述系統。

　　語藝學的傳統也能處理視覺圖像的意義，例如Kenneth Burke關鍵軼事（representative anecdotes）觀點。Burke研究人類行爲動機的方法學爲「戲劇理論」（dramatism）（1945/1962），其核心隱喻爲戲劇（drama），因人類行動的本質，就是戲劇觀點中的人們做了什麼，以及說什麼？（Burke, 1950/1969:13-15）。定義上，戲劇就是情節（plot）或故事（story line），Burke強調論述如同一個情節中的代表性行動，因此能透露論述的本質。換言之，Burke（1962:59-60, 323-325, 503-507）的語藝觀點來自其對戲劇隱喻的洞察，或者說一種對整體論述之終極視界（terminology），即所謂「關鍵軼事」，他指出戲劇中的「軼事」（anecdote）就是故事（story）、傳說（tale），相對於Burke的群聚分析（cluster agon）、五因分析（pentdaic），軼事係巨觀的分析工具，且分析文本軼事時通常以媒介中發生之事件爲文本，因爲媒體本身也是一種軼事（anecdotal）（Brummett, 1984a:162）。

　　軼事係巨觀的分析工具。如同新台幣中孫中山或是蔣介石的肖像，或是人民幣上的毛澤東，或是美金上的華盛頓與富蘭克林，都代表了幾代人的故

事。

關鍵軼事得視爲視覺圖像學的語藝批評方法（rhetorical criticism）。後續語藝學者根據Burke關鍵軼事觀念，衍伸出語藝批評方法，以評估論述的效用與價值（Brummett,1984a, 1984b, 1985; Harter & Japp, 2001; Edwards & Valenzano, 2007; McCane, 2010）。Brummett（1984a:163）在其討論文章*Burke's representative anecdote as a method in media criticism*中指出「軼事」是語藝批評者（critics）研究與解構論述（discourse）時的濾鏡、濾網，批評者以軼事角度檢視戲劇中的情節時，將得以重現文本論述的本質。因此，批評者需具有抽繹的能力，以尋找論述中之故事或情節的形式或模型（form or pattern）。Burke（1962:59）亦描述關鍵軼事乃爲語彙建構出的一種一致性形式（a form in comformity）。Brummett （1984a:163）總結Burke關鍵軼事的概念寫道：Burke主張視論述若情節展現的行動，並因此洩漏論述的本質。因此，Burke方法的戲劇隱喻是其獨到洞察，即視覺影像內容或整體論述的「終極視界」（terminology）或團體的論述，均都奠基於關鍵軼事。

參、數位語藝書寫與批評方法的芻議：人工與工人智慧攜手

一、數位語藝批評芻議

數位語藝作爲一種新的語藝現象，如前所述其組成部分可概略定義爲書寫、口語、視覺影像。書寫與口語部分概以文字性文本視之，則傳統的語藝理論與批評方法，概可析之。至於視覺影像部分，如前所述應視之爲「獨立表述系統」，透過研究者的經驗與知識直觀理解會之，研究者並提出以關鍵軼事作爲批評方法。

再者，在視覺圖像外，不容忽視的是數位語境下巨量文本的特色。數位平台中承載的不論是書寫的、或是口語的，抑或是視覺文本，基本上多爲巨量文本。巨量文本儼然是大數據時代的通例，語藝學如何處理巨量文本，研究者認爲可從人工與工人智慧的視角探討、思考之。

（一）人工智慧的輔助

巨量語藝文本如何研究（或曰批評方法），研究者認爲可從「人工智

慧」與「工人智慧」角度切入。所謂「人工智慧」乃指透過資料科學發展出來之文本探勘工具。對此，曹開明、黃玲媚、劉大華（2017）指出數位時代網路文本數量龐大，加上不斷累積更新，以傳統人力的方式直接瀏覽搜尋，容易疏漏，恐導致文本分析時缺乏足夠證據依據，建議透過「資料探勘」（data mining）、「文字探勘」（text mining）、「社群網絡分析」、資訊視覺化，以及統計學等統計工具，從資訊大海中挖掘有價值的資料與知識。亦即研究主題若涉及大量文字資料的判讀與應用，則「文字探勘」就會扮演比較重要的角色（李欣宜，2015；劉吉軒，2016；轉引自曹開明等，2017：11）。

　　曹開明等（2017）指出，前者「文字探勘」係指從非結構化的文本資料中挖掘與建立資訊的過程，其技術結合資訊檢索、自然語言處理、統計分析和機器學習等多個學科領域。他們也指出值得注意的是，語藝研究取徑十分重視內、外在脈絡分析，如何結合大數據研究之分析工具，俾利提供詮釋時之論證與舉證效力，已成為數位語藝批評者在研究方法上的重大挑戰。因此，該文作者參酌Lewis、Zamith和Hermida（2013）提出的「混合取徑」（hybrid approach）來探討語藝批評方法結合大數據研究方法中的「文字探勘」時，如何在不同研究階段的網路文本選擇、分析以及詮釋上，透過研究者的適時與適度介入，逐步重構文本脈絡，以提供研究者有效的論證或詮釋所需要的依據資料（12）。

　　Douglas Eyman（2016）在其著作《數位語藝：理論、方法與實踐》（*Digital rhetoric: Theory, method and practice*）中也試圖從實際的例子當中去尋找相關的理論與方法。Eyman強調研究者研究數位文本時得透過網路分析技術、社會科學統計方法進行分析，例如透過電腦科技進行超文本網絡分析（HNA），或是社會網絡分析（SNA）等。

（二）工人智慧的主導

　　在社會科學質性研究中，透過人工智慧分析巨量文本由來已久，目前這類軟體已有十餘種可供採用。質性研究資料分析軟體（Computer-Assisted. Qualitative Data Analysis Software, CAQDAS）諸如MAXQDA12（已更新到第12版）、NVivo、ATLAS.ti等比較知名之分析軟體均提供以電腦為基礎之人工智慧，來協助研究者處理巨量文本。

不過，就研究者使用MAXQDA軟體的經驗，體會到所謂的QDA（Qualitative Data Analysis）質性文本分析軟體，本質上還是依賴工人智慧。換句話說，就是依賴研究者自身的研究經驗與「默會知識」（tacit knowledge）。在分析巨量資料時，研究者仍須精熟分析的文本，加上過去的分析經驗基礎與一般相關的知識（即實務智慧[practical wisdom]）才能抽繹出巨量文本中的關鍵詞，以利再透過電腦進行數量等統計。前述默會知識的運作，存於人類心智與組織之中，通常無法透過語言文字精確表達，需透過知識的體會與行為的觀察而艱難地、間接地接近。

換句話說，數位語藝批評在巨量文字文本中，需要以工人（研究者）自身寶貴的實務智慧為基礎、為主導，再以人工智慧（電腦輔助系統）為輔，攜手處理巨量數位文本中所欲彰顯的意義。

基此，研究者建議透過以下分析方法，來改善數位語藝研究之品質，諸如：1.利用關鍵字進行探勘，諸如透過電腦科技進行超文本網絡分析（HNA）或是社會網絡分析（SNA）等；2.研究者培養或學習對資料庫或大數據資料的處理能力、經驗、甚至是默會知識：3.熟悉語藝觀點與批評方法，例如Burke關鍵軼事、群聚分析等，並進一步對關鍵文本／對話，進行分析與詮釋。

二、數位語藝書寫芻議

在數位語藝書寫上，研究者認為宜對視覺圖像、色彩、網路語言、社群互動等新媒體特色另闢章節加以描繪與詮釋，以免偏重於文字性論述而遺失更豐富視覺或新媒體語藝。對此，Eyman（2016）在其著作中主張回到語藝的五大要素（five canons of rhetoric）討論，即重新定義創作（invention）、安排（arrangement）、風格（style）、記憶（memory）與發表（delivery），使之更具高度審視數位語藝現象。

語藝五大要素如何在數位語藝情境中，獲致實踐呢？Eyman（2016）指出五大要素與數位文本的關係，聚焦於數位文本的產製而非分析。其如下表一之所示，表一揭示五大要素在傳統與數位語藝實踐上的差異。

首先，傳統語藝以文字表述為主，到了數位語藝情境，我們在創作上比必須數位形式協商，甚至要會使用數位多媒體等工具，作為創作的工具。其次，在數位語藝情境中，訊息的安排上係一混雜排序、流動的概念，在不斷排列組合過程中不斷創造新的意義，流動意義。不過從Bitzer（1968）觀

點言，語藝是情境的，情境對人具制約力，且情境無法窮盡。舉例來說，我們受制於婚喪喜慶場合的特性，因此人的行為必受情境的制約，此理亦在數位語藝情境中可證。第三，風格由人的角度轉為數位情境，我們關切的是數位情境的版面設計、色彩使用、動畫、字體，以及與聽者的互動性。第四，在記憶上，關切的不是人們背誦文本的能力，轉而關心資訊的存取與操作能力。最後，口語表達關切的不是言者本身的口說能力，轉而在意我們如何使用數位系統讓我們的意見無遠弗屆。

表一　古典語藝五大原則之數位實踐方法

五大原則	古典定義／使用	數位實踐
創作	發現所有可能說服的方法	網路資訊的搜尋與協議；使用多重模式、多媒體工具
安排	格式化、組織化	操弄數位媒介、選擇既成作品，重構成新品；再混雜（remixing）
風格	裝飾、形式	認識設計的元素（如色彩、動畫、互動性、字體選擇、適時使用多媒體）
記憶	演說記誦	資訊識讀——了解如何儲存、擷取：操弄資訊
發表	口語表達	了解並使用科技傳輸系統

資料來源：Eyman（2016）；研究者。

　　以當前數位情境中當紅的Facebook粉絲專頁言，我們探究某名人超紅的粉絲專頁之數位語藝面向，則由五大元素探究之，某名人可能不是關切的主要焦點，重點反而是網頁設計創意、各種新媒體工作如音樂、對話、聊天室等的開設與使用（創作）、粉絲專頁頁面設計以及訊息排列組合（安排）；頁面的色彩與設計（風格）；如何創造粉絲專頁最大人氣（發表）；至於記憶則落到使用者特質，意即使其具有資訊識讀的能力。簡言之，Eyman已然為我們提供了數位語藝情境的書寫架構，後續者容或可以援用嘗試。

　　Eyman提供語藝五大要素的數位實踐之道，儼然就是數位書寫時的架構，數位語藝批評者依據數位平台中所欲分析文本的設計、編排、圖像、視覺系統、傳輸系統等逐一分析。

肆、結語

數位語境是前所未有的複雜說服情境，是語藝批評（者）面臨的新課題。透過前述語藝書寫與批評方法之重構芻議，本文盼擴充傳統語藝理論與批評方法在形式與結構上的侷限，進而增加語藝在數位語境應用與解釋上的正當性、廣度與解釋力。

在數位語藝的書寫上，建議採納Eyman提供的語藝五大要素的數位實踐之道，研究者認為數位文本中具有重要性的要素，均可納入書寫要素之中。

再者，數位語藝的批評方法上宜結合視覺圖像，視覺圖像宜獨立分析，因此在書寫上，視覺圖像亦應另闢章節，以突出其迴異於傳統的書寫方式、位置及章節編排。

最後，語藝批評方法長期以來少不了的文字文本，在數位語境之下已變成巨量文本。對此，宜善用「人工智慧」的輔助，但仍不能棄傳統語藝研究所仰賴之「工人智慧」於不顧。語藝傳統上講究的微觀分析、苦力式的「工人智慧」之語藝批評，在數位語藝時代，宜進一步昇華，數位語藝批評者應利用過往的語藝分析經驗、默會知識，來尋找巨量文本與影像中強而有力的關鍵詞彙，並以之作為人工智慧電腦之分析單元，進而佐證「工人智慧」結果的合理性與正當性。此外，如同林靜伶（2000）所言，其進行語藝批評的經驗、反思、閱讀以及與他人的對話，係語藝批評品質的最關鍵，因此，建議數位語藝批評者對於人工與工人智慧的研究結果，宜再反思與對話，以確保數位語藝研究的品質。

參考文獻

王志弘編著（2004）。《文化研究講義》（第3版）。

林靜伶（2000）。《語藝批評——理論與實踐》。台北：五南。

林靜伶譯（1996）。《當代語藝觀點》。台北：五南。

沈錦惠（2009）。《電子語藝與公共溝通》。台中：天空數位圖書出版。

曹開明、黃玲媚、劉大華（2017）。〈數位語藝批評與文本探勘工具——以反核臉書粉絲團形塑幻想主題為例〉，《資訊社會研究》，32：9-50。

邱誌勇（2014）。〈視覺性的超越與語藝的複訪：數位時代視覺語藝的初探性研究〉，《中華傳播學刊》，26：107-135。

蔡鴻濱（2016）。《初探數位語藝——理論與方法的檢視與重構》，2016中華傳播學會年會。

Brummett, B. (1984a). Burke's representative anecdote as a method in media criticism. *Critical Studies in Mass Communication, 1,* 161-176.

Brummett, B. (1984b).The representative anecdote as an Burkean method, applied to Evangelical rhetoric. *The Southern Speech Communication Journal, 50,* 1-23.

Brummett, B. (1985). Electric literature as equipment for living: Haunted house films. *Critical Studies in Mass Communication, 2,* 1-23.

Burke, K. (1950/1969). *A rhetoric of motives*. Berkeley: California Press.

Burke, K. (1945/1962). *A grammar of motives*. Berkeley: California Press.

Edwards, J., & Valenzano, J. (2007). Bill Clinton's "new partnership" anecdote: Toward a post-Cold War foreign policy rhetoric. *Journal of Language and Politics, 6* (3), 303-325.

Eyman, D. (2016). *Digital rhetoric: Theory, method, practice*. Ann Arbor: University of Michigan Press.

Foss, S. K. (2004). Framing the study of visual rhetoric: Toward a transformation of rhetorical theory, In C.A. Hills and M. Helmers (eds.). Defining visual rhetorics (pp.303-314.). New Jersey: Lawrence Erlbaum Associates, Inc.

Foss, S. K. (2005). Theory of visual rhetoric. In K. Smith, S. Moriarty, G. Barbatsis, and K. Kenney (Eds.), *Handbook of visual communication: Theory, methods, and media* (pp.141-152). Mahwah, New Jersey: Lawrence Erlbaum Associates.

Gurak, L. (1997). *Persuasion and privacy in cyberspace: The online protests over Lotus market place and the clipper chip*. New Haven, CT: Yale University Press.

Harter, M. L., & Japp, M. P. (2001). Technology as the representative anecdote in popular discourses of health and medicine. *Health Communication, 13* (4), 409-425.

McCane, J. B. (2010). Genocide as representative anecdote: Crack cocaine, the CIA, and the Nation of Islam in Gary Webb's "Dark Alliance". *Western Journal of Communication, 74* (4), 396-416.

Warnick, B. (2007). *Rhetoric online: Persuasion and politics on the World Wide*

Web. New York:Peter Lang.

Welch, K. E. (1999). *Electric rhetoric: Classical rhetoric, oralism, and a new literacy*. Cambridge, MA: MIT Press.

Zappen, J. P. (2005). Digital rhetoric: Toward an integrated theory. *Technical Communication Quarterly, 14* (3), 319-325.

參、社群媒體與口語傳播實踐

6.
微信語音的人際交流特點及對人際關係的影響

易文　廣西大學新聞傳播學院教授

摘要

　　微信語音功能已經構建了一個自己獨有的語音交流空間。微信語音的使用打破了時空的界限，拓展了人際交流的體驗；在內容上具有碎片化特徵，同時微信語音也是熟人之間交流的重要方式。本文探討了微信語音使用所構成的新的傳播情境，以及由此帶來的對人際關係的影響。認為微信語音更傾向於強化「圈子」內的聯結，而使得「非圈子」的交往更為疏離；其使用無利於減少衝突並對關係與權力的重構形成了挑戰。同時微信語音使用並不能構成對線下人際關係的實質性改變。

關鍵字：微信語音、人際交流、人際關係

微信是由騰訊公司推出的一種功能多樣的即時通訊服務應用程式，從2011年1月21日開始推出後用戶數迅速增長。從2012-2016年，微信用戶每年增長 1.5 億以上（中國產業資訊網，2017），據騰訊公布的資料，2016年第一季度，微信的活躍用戶是5.49億，分布在全球200多個國家，而截止今年（2017年）第一季度，全球微信和WeChat的合併月活躍帳戶數達到9.38億，比去年同期增長23%（騰訊2017年Q1財報，2017），超過QQ的8.61億。（2017微信使用者數量官方資料統計，2017）。

微信語音是微信所提供的一種服務功能。2011年5月10日，騰訊發布了2.0版本，新增語音對講功能，2013年2月5日發布了4.5版，新增即時對講和多人即時語音聊天，無須逐字輸入，只需按鍵說話，鬆手發送，就能輕鬆簡單地完成。而且微信完全免費，非同步語音操作簡單，無分上下線時刻保持連接，在一定程度上替代了諸如短信、電話、電子郵件、傳統聊天軟體（如：飛信等）等傳統媒體的各項功能，還可以隨時隨地即可查閱與回復。

在微博、QQ、MSN等社交媒體都已經很普及的情況下，微信還能迅速崛起並發展壯大，微信語音功不可沒。微信語音功能也愈來愈多人使用，已經構建了一個自己獨有的語音交流空間。這個空間和線下的語音交流相比有何特點？對人際關係又將產生什麼影響？這是本文所想要討論的。

壹、研究綜述

目前對「微信語音」進行專門研究的較少。在中國知網上以「微信語音」為題名進行搜索，結果僅為5篇。分別為王亦高，董驍（2017）《微信語音或文字發送形式對人際傳播的影響——以大學生微信使用偏好為例》；馬文昭（2016）《微傳播時代語音即時消息對口語傳播效果的影響——以微信語音資訊為例》；且增平措《如何提升黨媒微信播報功能的影響力》（2016）；張岩、李曉媛《從傳播學角度解讀微信語音對人類全息化交往的重新回歸》（2015）；呂立雲《微信語音稿與傳統廣播稿的異同》（2014）；趙青《語音社交網路的群體性傳播效果調查報告——以「微信」為例》（2013）。

以「微信語音」為主題進行搜索得到結果99篇。其中「新聞傳媒」類的16篇，微信語音還散見於對微信使用的研究中。對微信使用的研究成果較多，以關鍵字「微信」並包含「使用」進行搜索，得到相關文獻6,146條，

其中新聞傳媒1,666條。再以主題「語音」進行檢索共得到283條。也就是說在283篇研究微信使用的論文中在摘要部分提及了「語音」。

筆者瀏覽以上這些提及微信語音的文章，發現對微信語音的研究主要從以下四個角度：

一是從技術角度。內容涉及到微信技術功能的介紹以及應用微信語音進行資訊服務的，如圖書館使用微信公眾平台提供圖書情報服務；

二是從網路行銷的角度探討如何運用微信語音進行行銷；

三是從傳播角度進行研究的新聞傳媒類。其中又可以分為兩種，第一種從媒介融合的視角出發，研究機關、組織、個人和傳統媒體如何運用微信語音進行傳播。如前面提到的呂立雲《微信語音稿與傳統廣播稿的異同》、旦增平措《如何提升黨媒微信播報功能的影響力》、李晨雨的《略論廣播媒體與微信公眾平台的融合》、郝珺《「微信」對高校思想政治教育的影響及應對》、崔文斐《高校校報與微信融合探析》以及對羅輯思維等公眾號運用語音的分析等；第二種是分析微信使用習慣以及對人際關係影響（主要是碩士論文，研究物件主要為大學生）的論文其中提及微信語音的使用。

本文研究的內容僅限於最後一個部分，即微信使用習慣（微信語音）對人際關係的影響。這部分的研究成果主要觀點如下：

1. 關於微信使用與人際關係建構的研究。[1]普遍認為：微信是基於「強關係」之間的傳播，始終「歸終於個人之間的交往關係」（方興東、石現升、張笑容等，2013）。微信朋友圈為「典型的網路社區」，通過微信朋友圈這個平台既可以加強現實生活中存在的強關係，也可以與弱關係保持聯繫，維繫他們之間的人際關係（聶磊，2013）。胡春陽、周勁認為「傳播者使用微信有助於維持親密關係」，「在親密關係中，通過微信進行交往是對現實交往的有益補充」，微信的即時音／視頻對聊、語音／文字文本聊天功能是一種

---

[1] 研究微信使用與人際關係的文章中，有一個很明顯的現象是有35%的研究來源是「碩士論文資料庫」（287篇中有101篇），即至少有三分之一的研究者是碩士畢業論文，另外在剩餘中國學術期刊網路總庫中175篇論文中有49條主題中含有「大學生」一詞，合併有150篇52.3%的論文說明，關於微信對人際關係的影響問題有較多年輕的研究者（碩士）關注，較多關注對象也主要是年輕的使用者（大學生）。

比手機語音通話、短信聊天更為經濟的溝通方式（胡春陽、周勁，2015）」。但陸曉陽則認為，基於微信「搖一搖」、「附近的人」等功能的使用，是「社會網路理論中的強關係與弱關係在微信中的有機結合」（陸曉陽，2017）。在對微信帶來的交流便利給予肯定的同時，一些學者擔憂微信會帶來速食式社交和虛擬社交依賴症（趙紅勳、李林容，2015）。

還有國外學者認為，使用社交網站與維繫現實人際關係並不衝突，社交網路加固已有關係，擴展社交版圖，增加交流頻率，使人際支援多樣化（孫藜，2014）。

這些研究主要關注點在微信本身對人際關係的影響上，對微信語音有提及但並未專門展開論述。

2. 專門研究「微信語音」的5篇文章中，主要觀點如下：

馬文昭認為微信語音的出現，打破了口語傳播的同步性和臨場性，使其具有了一定的延時性，但是仍然存在及一定的侷限性，因此，面對面的口語傳播仍然是必要的、也是不可替代的基本傳播方式（馬文昭，2016）。

張岩、李曉媛認為微信語音「在聲音方面的特性和優勢」有助於提醒人們「重新認識豐富的、全面而深刻感覺的自己，人類精神交往正在從一般的、原始的面對面交往，經過文字媒介的階段，重新走向『面對面』的交往」（張岩、李曉媛，2015）。趙青認為微信存在「語音社交網路低俗化問題」，應該加強對使用者（主要是青少年）的引導，並認為「微信的語音傳播，使微信建立起了比原本的網路媒介更加廉價的信任。」「這個信任是廉價的，是虛假的」（趙青，2013），但作者並沒有就此具體展開論述。

王亦高、董驍在對大學生微信語音的實證研究中發現，在使用偏好上，語音發送和文字鍵入均不可偏廢，而微信等傳媒技術的發展，構建了一個既「在場」、又「不在場」的模糊的空間（王亦高、董驍，2017）。

在對微信語音的研究成果做了一個簡單的梳理後發現，但是專門的從微信語音（注意不是微信）的角度研究其特點對人際交往的影響的成果仍然很少。這也是本文寫作的原因。

研究方法和理論框架

主要採用質性研究的方法，對所在大學3名年輕老師和37名大學生進行訪談，訪談時間為10-20分鐘，訪談時間在2017年11月2日至30日，主要內容為考察微信語音的使用頻率、使用物件、使用場景，以及請被訪談者談談他們認為微信語音使用對自己人際關係的影響。同時採用歸納法對所得各種資料進行分析和歸納。

理論框架：主要採用社會學家葛列格里·貝特森的人際交流理論以及梅羅維茨的媒介情境理論，對微信語音使用的情境特點進行分析。

貳、微信語音的交流特點

一、微信語音的出現打破了人際溝通的時空限制，其特點在於

（一）空間：現實（「在場」）與虛擬（「不在場」）相結合的獨特交往體驗

首先，微信語音是現實的「在場化」的直接傳播。微信的本質是即時通訊，即時通訊的特徵是一對一的私密通訊，無論是微信電話還是語音留言，由於微信使用的「強關係」特徵（即微信語音使用者多為線下的熟人），身分確定，加之語音中天然帶有的「副語言」，如音質、音幅、音調、音色等，聲調高低、語速快慢和語氣感情色彩和分量等使得微信語音具有即時性和個人特徵，構成了「在場」感。

其次，微信語音又是「虛擬」的不在場傳播。微信語音只有聲音而並非真正的「面對面」，而且不必線上，但是只要上線即可聽到留言，還可以撤銷，可以轉發，對不在場的他人進行分享。（最典型的就是利用微信語音的詐騙，利用「在場性」——熟人關係、聲音的獨特性和個人特徵，實際上忽視了「不在場」的風險。）

（二）時間：具有延時性

微信語音使用的錄音留言功能使得交流不必同時，可以選擇隨意的時間聽，也可以反覆聽，打破了語音交流中的單向線性的時間感。打破了「即時性」，實際上更突顯「不在場」性。

（三）內容：具有碎片化特徵

微信語音只有1分鐘的時間，這個特點決定了微信語音內容資訊比較瑣碎，不具備電話溝通所具備的連貫性。

（四）交際主體：「社區化」為主

一方面，微信聊天與網路其他工具的聊天相比，一個顯著的不同是網路人際交往的典型特徵「匿名性」，而微信聊天更多是各自的身分和地位（人際關係）明確的熟人之間的交流。在微信使用時，用戶更加傾向於將現實中的真實身分帶入到網路傳播當中，即便是喜歡使用「搖一搖」功能增加陌生人的大學生，使用微信時仍然是在熟人之間，「對於拉近現實社會中本來就有的人際關係有一定的幫助，但是對於擴展大學生的人際關係幾乎沒有作用」（劉珠玲，2013）同樣，在本文的訪談以及一些學者調查中發現，人們並不願意在微信中使用語音和剛加的陌生人聯繫（胡春陽、周勁，2016）。

另一方面，交際主體不能隨場景轉換來調節自己的溝通策略。

在面對面的人際交往中，資訊交流從始至終伴隨著資訊回饋。例如：A對B說話時，B即使不回答，也在用非言語方式作出反應，使A立即得到資訊的回饋。A會根據回饋作出一定的反應，B也立即獲得了A的回應，同時再做出相應的回饋。雙方通過相互的全方位的資訊交流可以自動地調整情感、態度等溝通策略，在這樣迴圈反復的交流中產生了意義以及臨時的「關係」，這種意義以及臨時的「關係」會影響到雙方的長久認知和長遠關係。

而在微信語音的交流中，由於其延時性和「不在場」，很多情況下當A說話時B不能夠及時聽到，A也無法及時得到B的回饋，使得交流雙方的情感和態度等不能自動產生，也無法相應調整自己的溝通策略。

（五）交流場景：懸而未決

微信語音中（除了微信電話外）的交流場景是模糊的，隨意的，取決於使用者的具體情況。一種情況是，雙方同時線上，交流有時間上的貫通性。這時又分為兩種情況，一是雙方都用語音，你一言我一語，二是一方使用語音，而另一方處於種種原因而採用文字回應，或雙方交替使用語音或文字進行交流；第二種情況是，一方線上，另一方不線上，交流是間斷的、延時的。回應的方式，有語音也有文字。

無論是哪一種，雙方的交流場景都是缺失的。無法像面對面交流那樣獲得更多的語境的資訊，有時（如果是後一種情況即延時回復的情況下）無法判斷對方所處的語境，也由此無法判斷話語的真實性，並作出相應的回饋。

　　總之，微信語音的人際交流特點是打破了時空的界限，空間上「在場」與「不在場」的結合，在時間上具有延時性，拓展了人際交流的體驗；在內容上具有的碎片化特徵，同時微信語音也是熟人之間交流，由於交流語境的不確定，交流主體不能隨場景轉換來調節自己的溝通策略。

參、對人際交流的影響

　　「人際交流」（又稱作人際傳播），這個概念因為研究的視角不同而有不同的定義。有一種被廣泛應用和較為認可的人際傳播概念和定義，即「人際傳播是人與人之間的資訊傳播活動」、「人際傳播主要是面對面的交談」，但一旦引入社會學、人類學、社會心理學、文化研究、女性主義等的學科視角，則會產生不同的理解。殷曉蓉認為，關於人際交往的有三種理論：一是以個體為中心的人際傳播理論。這類理論的中心在於個體如何計畫、生產和加工人際傳播資訊，它們主要展示作為以個體為中心的認知行為的傳播；二是以話語和互動為中心的人際傳播理論。這類理論將人際傳播理解為發生在對話者之間的一種資訊傳遞、一場對話或者一個共同行為。它們側重於資訊的內容、形式和功能，以及互動方之間的行為互動。三是以關係為中心的人際傳播理論（殷曉蓉、忻劍飛，2008）。王怡紅認為，「對於中國人際傳播研究者，人際傳播的核心概念應該是在關係當中（王怡紅，2008）」。在討論了微信語音的使用特點後，我們最終希望了解的是這些特點如何影響人際關係？

一、是強化了還是減弱了差異？

　　基於上一個部分中對微信語音的特點分析可以看出，微信語音使用構成了一種新的語境（傳播情境）[2]。俄國語言學家羅曼・雅各森認為，一切交

---

[2] 「情境」與「語境」在很多（包括本文的）研究中實際上是混用的，並未做嚴格區分。

6. 微信語音的人際交流特點及對人際關係的影響

91

流都包含六個要素：一個說者一個受話者、一個傳遞於二者之間的資訊、一組使這一資訊可以理解的雙方共用的代碼、一個「接觸器」亦即交流所依賴的某種物質媒介，以及一個資訊所指涉的情境（特雷·伊格爾頓，2007），這六個要素不會處於絕對平衡的狀態，其中總有一個因素功能獨特、在諸因素中多少居於支配地位，在雅各遜看來，語言符號不提供也不可能提供傳播活動的全部意義，交流的所得，「占支配地位方式的本質最終取決於它的語境」，並且傳播情境在很多情況下，往往會形成符號本身所不具備的新意義，並對符號本身的意義產生制約。

而關於傳播情境一直以來有兩種理論路徑。一是以戈夫曼為代表的互動理論，側重研究面對面的交往；一是以麥克盧漢、梅洛維茨為代表的技術主義，更多討論流動場景下或融合場景中具體行為的變化和新行為的產生。在對微信語音的分析中，顯然，後者的「電子情境」理論或許更有解釋力。

（一）微信語音強化了「圈子」內的聯結，而使得「非圈子」的交往更為疏離

中國互聯網資訊中心（CNNIC）發布的連續兩年2015、2016《中國社交應用用戶行為研究報告》，報告都顯示微信偏重熟人關係鏈上的溝通和分享。目前對微信和微信語音的多個研究也表明，微信是建立在熟人社區的基礎上的。儘管微信拓展了人們的交友範圍，為陌生人交友開闢了嶄新的、便捷的管道，使人際傳播發生了新的變革，但從整體上看，微信中陌生好友的關係發展水準並不高，大多數傳播者對陌生人交友持保守的態度（胡春陽，2016），而語音的使用相較於文字更是在熟人之間。我們有時會接聽陌生人的電話，當然，有時我們會因為對方是騷擾電話或是種種其他原因而不聽完就掛斷，但卻很少接到陌生人的語音，除非是經過你同意後加的陌生人，無論如何，因為物件明確，接聽微信語音的可能更大，強化了「圈子」內的親密關係。

然而，在「圈子」之外，微信語音的使用加劇了不同圈子的疏離。據騰訊公布的資料顯示，微信用戶的平均年齡只有26歲，97.7%的用戶在50歲以下，86.2%的用戶在18-36歲之間。老年用戶（55歲以上）僅占1%，（2016微信用戶數量統計公布，2016）也就是說，微信語音的使用人群大部分是年輕人之間，這形成了18-36歲人群和36歲以上人群、和50歲以上年齡人群不

同的使用習慣和交流方式。從這個意義上說，由於微信語音的使用人群的偏年輕化，使用習慣的差異帶來的是，使得人際交流的群體差異更為明顯。

（二）在「圈子」內部即線下關係確定的情況下，微信語音使用偏向內容資訊

線上下關係確定的情況下，微信語音的使用使得熟人間的聯繫和互動更為密切和便利。隨著社會生活節奏的加快，我們已經很難有整塊的或大段的時間與親人、朋友、戀人交談了，但是我們仍然需要與他們保持密切的聯繫，因此，我們只能利用如微信、QQ這種即時性的社交工具來滿足與他們交流的需要。移動化、碎片化的微信語音就成了我們和親友們維繫感情、保持聯繫的便利選擇之一，有助於維護我們與他們的關係。

但是，按照葛列格裡‧貝特森的觀點，人際交流資訊區分為「內容訊息」和「關係訊息」，前者揭示傳播的內容，後者揭示傳播者之間的關係。關係訊息往往比內容訊息複雜的多，而且通常不是直接被傳遞出來，更多時候，是一種間接的表達或暗示，比如一個微笑、一個眼神，「常常需要對方有著『聽話聽聲』的辨識能力。它所富含的訊息往往比『內容訊息』更主要、更關鍵，更能影響傳播效果。」（王怡紅，2015）從這個意義上看，微信語音的使用情境中天然的缺陷：眼神、表情、談話的物理場景等很多關係內容的缺失、時間的延時和內容破碎破壞了人際交流中的場景氣氛，也不能即時對對方內容進行回饋，難以形成真正意義上的「交流」和「對話」，因此微信語音更適合表達「內容資訊」而非「關係資訊」。（當然，需要說明的是，通常使用微信時並不限於語音，而是文字、表情、視頻或微信電話等，這一點在下文會有進一步的論述。）

（三）在內容資訊的傳達中，對關係的影響則視情況而定

一方面，由於微信的延時性，當資訊接收方因為環境限制不方便回復或不知如何立即作答時，有更多的時間去做出反應，它可以「減少面對面時的恐懼感、罪惡感、憤怒和自我意識及其摩擦，從而使人們內心深處的思想感情得以宣洩，更有助於人們之間產生親近感」；同時「撤回」功能還給傳播者自己收回自認為不恰當的話的機會（在這裡，「說出去的話等於潑出去的水」、「一言既出駟馬難追」不再有效），從而可以提高雙方交流的準確性

和理性，對交流過程的控制力，因此也更有利於調解人際關係。

但另一方面由延時性的特點會帶來一方發出語音後，另一方沉默的情況，這種情況也會隨場景的不同而產生不同的效果。沉默有時是一種策略，以達到某些特殊的效果；有時是環境因素（不方便聽語音），有時候是技術性因素（沒有信號或信號不好），這種對話的中斷難免會使另一方產生猜測想像，如果遲遲不回應的次數較多，有時會起到破壞關係的效果。在訪談中發現，「如果對方幾次不回我，那就會影響到我對他的看法。」（受訪者B）

二、是增加還是減少了衝突與誤解？

人與人還會在交流中產生誤解、差異、衝突。這些交流的負面產物需要通過「對話」來解決。而微信語音使用從目前看尚不能完成這個任務。

理論上，在「關係訊息」的傳遞中，由於情境資訊的傳遞不完整和延時，僅使用微信語音的話，「交流」和「對話」功能偏弱，容易增加衝突和誤解；在「內容訊息」上也由於微信語音的時間限制，資訊傳遞較為碎片化或是語意相對單一，容易造成資訊的遺漏以及誤解等情況。在訪談中也證實了這一點。

> 「有時必須連發幾條補充解釋，」或者「覺得對方可能沒太明白自己的意思的時候，一著急乾脆就打電話了。」（受訪者C）

> 「道歉的話還是文字比較好吧，顯得比較正式，而且也避免了尷尬。」（受訪者D）

如果本來就有誤解，微信語音比文字更適合解釋。但這更適合非常熟悉的人（比如戀人）之間。「語音可以用道歉、柔和的語氣」，受訪者之一說，但是，「如果真有矛盾需要解釋，還是電話或是見面解釋比較好。」（受訪者F）

三、對關係與權力的重構是否形成了挑戰？

首先，**微信語音使用是一種技術賦權**。尼格龐洛蒂認為，數位技術的發展使個人抬頭，麥克盧漢認為「媒介是人的延伸」，萊文森認為，數位化新

媒體具有賦權的重要作用，而梅羅維茨則認為新媒體的使用「將許多不同的人包括到共同的場景中，打破人口中不同群體資訊系統的分離」（約書亞‧梅羅維茨，2002）。

其次，**運用這種技術賦權，微信語音使用對關係與權力的重構形成了挑戰**。在西方有關關係的理論中，霍爾的高情境文化與低情境文化理論和霍夫斯泰德的文化差異論最為被人認同。霍爾將世界文化分成高語境文化，和低語境文化，高語境文化語言的特徵是，在溝通過程中，只有很少的資訊是經過編碼後被清晰的傳遞出去的，高語境文化語言社會重視的，是人際交往和溝通過程中的情境，而非內容本身，人們注重建立社會信任，高度評價友誼和關係，而低語境文化語言的特徵正好相反。在溝通過程中，絕大部分的資訊有清晰的編碼表達，低語境文化語言的社會重視的是人際交往和溝通中的內容，而非情境。簡而言之，高語境文化的人，是群體文化，交際時注重人際關係，強調我們的觀念，突出群體取向，低語境文化的人強調我的觀念，突出個體取向，看重交際內容。這也是中西文化的不同。

霍夫斯泰德的文化價值維度理論中提出了區分世界文化的四個維度，即權力距離、迷茫感回避、個體主義與集體主義、社會男性化程度。其中認為中國是集體主義、較高權力距離國家，即在人際交往中平等意識較弱。

在訪談中發現，微信語音使用中，老師不太喜歡學生直接給自己發送語音資訊，甚至明確要求同學用文字給自己發送資訊，因為「學生給我發語音資訊我覺得不夠禮貌」（受訪者A）。這個發現在其他研究中得到印證，「很多同學的長輩和老師對語音對講這類功能並不喜歡甚至比較反感，原因在於長輩們認為年輕人在與他們進行溝通時，直接發送語音資訊顯得隨意，是不夠尊重的表現。」（劉桐，2013）吳煒華、龍慧蕊的研究也佐證了這一點：「有受訪青年總結自己的生活經驗後認為，在微信上他們和父母之間更像朋友，而不用顧忌長幼有序。」（吳煒華、龍慧蕊，2016）

由於其偏於內容訊息而弱於關係訊息的特點，決定了微信語音使用更符合霍爾所說的「低語境文化」，即更注重內容的表達，其背後是一種個體價值取向，結合微信語音使用者多為80後、90後的現象來看，可以認為微信語音使用契合了目前中國社會年輕一代日益突出的個人主義傾向，較高的權力距離正在受到挑戰。

以上的考量和結論均是只針對微信語音的使用上。但是在現實生活中，沒有誰會只使用單一的溝通資訊，微信的其他功能補充了許多在交流過程中

的要素，比如文字資訊、圖片、表情、視頻通話和小視頻功能等，從而加強了微信給用戶帶來的社會臨場感。同時在調查中已經發現，重要的事情人們仍然會使用電話或是見面，因此，微信語音使用從總體來說並不能帶來人際關係的實質性改變，只不過跨越了傳統的物理時空的限制，讓對話在技術上降低了成本，使得溝通更爲便利和個人化。

　　本文的研究缺陷：在研究方法上，主要是以質性研究爲主，但是樣本較少，訪談內容不夠細化，有一些問題尚未深入展開討論。

參考文獻

貨源網（2016）。微信用戶數量統計公布 活躍用戶已達到5.49億_53。取自 https://www.53shop.com/pp_news44882.html

中國產業信息網（2017）。中國微信用戶數量、智能手機流量紅利及移動互聯網市場增量、存量分析【圖】。取自http://www.chyxx.com/industry/201710/574575.html

尹毅夫等譯（1996）。霍夫斯泰德‧《跨越合作的障礙——多元文化與管理》。北京：科學出版社，180。

方興東、石現升、張笑容等（2013）。微信傳播機制與治理問題研究。《現代傳播》，203(6)，124-127。

王亦高、董驍（2017）。微信語音或文字發送形式對人際傳播的影響——以大學生微信使用偏好爲例。《東南傳播》，(1)，79-81。

王怡紅（2003）。《人與人的相遇——人際傳播論》[M]。北京：人民出版社，154-161。

王怡紅（2008）。中國大陸人際傳播研究與問題探討（1978-2008），《新聞與傳播研究》，15(15)，2-15。

伍曉明譯（2007）。特雷‧伊格爾頓，《20世紀西方文學理論》，北京：北京大學出版社，P. 95。

全世界有多少人在用微信？2017微信使用者數量官方資料統計_53。貨源網 https://www.53shop.com/pp_news75878.html

吳煒華、龍慧蕊（2016）。傳播情境的重構與技術賦權——遠距家庭微信的使用與資訊互動，《當代傳播》，(5)，95-98。

肖志軍譯（2002）。約書亞‧梅羅維茨著，《消失的地域：電子媒介對社會

的影響》。北京：清華大學出版社。

胡春陽、周勁（2015）。經由微信的人際傳播研究。《新聞大學》，137(5)，115-124。

孫藜（2014）。We Chat：電子書寫式言談與熟人圈的公共性重構──從「微信」出發的一種互聯網文化分析。《國際新聞界》，(5)，6-20。

殷曉蓉、忻劍飛（2008）。當代美國人際傳播學的發展與趨勢。《杭州師範大學學報》（社會科學版），(02)，12-19。

馬文昭（2016）。微傳播時代語音即時消息對口語傳播效果的影響──以微信語音資訊為例。《傳播與版權》，(4)，96-97。

張岩、李曉媛（2015）。從傳播學角度解讀微信語音對人類全息化交往的重新回歸。《出版廣角》，(3)，86-88。

陸曉陽（2017）。論微信對人際關係的影響。《新聞世界》，238(1)，64-68。

趙青（2013）。語音社交網路的群體性傳播效果調查報告──以「微信」為例。《中國傳媒科技》，(6)，155-156。

趙紅勳、李林容（2015）。微信的傳播特徵及意義──近兩年我國微信研究綜述。《現代視聽》，(1)，11-17。

劉桐（2013）。〈微信對大學生人際溝通的影響研究〉，北京郵電大學碩士論文，66。

劉珠玲（2013）。微信的使用對大學生人際關係的影響研究──以西南大學為例，54。

聶磊（2013）。微信朋友圈──社會網路視角下的虛擬社群，《新聞記者》，5，71-75。

騰訊2017年Q1財報：微信活躍用戶數同比增長23%，QQ下降2%｜新京報財訊_網易新聞http://news.163.com/17/0517/21/CKLTRK6M00018AOR.html

7.
特定社群媒體中口語傳播應用模式探究——以「口語傳播學」公眾號為例

姜燕　山東師範大學新聞與傳媒學院教授

摘要

科技發展帶來新的語言傳播語體形式，由文本向口語語體轉換，滿足融媒體時代多種應用需求。作為有機組織的社群媒體，其資訊溝通流與命令指示鏈更具發散性，動搖了原有的社會資訊傳遞控制方式。在制定社區型傳媒終端的推廣策略中，需要在一個即時啟動的滾屏閱讀語境中建立個性化的新型口語傳播應用模式。

特定社群影響下的「社群語文形態」分別表現為俯就式話題趨向、「頂層語言」的下移、口語語體的文本滲透三個方面。社群媒體口語傳播語體特徵，包括「一維」到「多維」的傳播拓展、複式互動的新型語詞建構和梯形結構與分行制。隨著社群媒體的蔓延，直播時代的來臨，意味著口語傳播樣式的續變與新型語文體式的構建。

關鍵字：社群、俯就式、頂層語言、一維、複式互動

引言

　　某一特定時代的語體系統有相對的穩定性，同時又具有開放性，以不斷充實和完善語體系統。這種開放性的吸納，表現為在某個相同領域出現多種功能相同或相似的體式並顯現出共同的語言特徵。

　　當今是一個充滿了創造和創新的時代，憑藉高度發展的科技，電子產品的廣泛運用，傳播方式、手段的發展變化等，現代的語言運用領域中，新語文體式的創立屢見不鮮（李熙宗，民98），如網路語言體式、媒體螢幕語言體式等，都是為了適應一定傳播目的而產生的，並因為在語言運用上顯示出新的特色而日益擴大影響。

　　以這種共同具有的有著獨特性語言特點系列為紐帶形成的某種語言集合，表現出的一個重要特點就是口語的特徵。特定社群口語傳播的應用模式，是在網路促發下，傳播由文本向口語語體轉換，漸漸形成一種新的傳播語體形式，來滿足融媒體時代多種應用需求的模式。

壹、口語傳播新模式及社群媒體的特定依託

　　「群體是一種自我調整的技巧，是用於任何分散式的活系統，無論是有機的還是人造的。」（凱文‧凱利，2010）人的數位化，一方面是人自身愈來愈多地以可量化的資訊形式向外部世界呈現自身，如個體即時地把日常生活的細節體驗、興趣愛好、心情狀態等發布到社交網路上，使得原本幽微莫測的人類精神世界，通過隨時的資訊表達與儲存與世界聯通，這種形式叫分享。另一方面是思想、觀點、技術通過新型傳播樣式進行扇形擴散，這種形式叫傳播。社群媒體（community media）是一種有機組織，在美國現代新聞業中，由於身處最基層而被稱作「小微」，它發揮著聯通精英思潮和基層民意的橋梁作用。資訊溝通流與命令指示鏈更具發散性，沿循眾多軌道，而不是只是自上而下的單向垂直模式。

　　社群是一個社會群體中的人，基於共同的使命和願景（內容、興趣、目標等）而形成的組織。「口語傳播學」[1]這個自媒體學術公眾號，相關群體

---

[1]　「口語傳播學」公眾號二維碼：

的構成是社會中位置不同的人群，圍繞「口語傳播」這個興趣（目標）所形成的群體。社群圍繞使命和願景生產內容，通過每期內容吸引使用者，再通過內容來篩選使用者組成一個有組織的群體，社群再源源不斷地產出優質的專業化內容和可參與的大眾化內容。「口語傳播學」公眾號以姜燕《漢語口語美學》、《即興口語表達》、《問答術》和《論辯術》等著作為理論依託和核心內容來源，輔以口語傳播新模式。資訊、意見、觀念、知識、思想的自給自足，基於個性特徵、個人偏好的多元社會歸屬，這些動搖了已有的社會資訊傳遞控制方式。在社群媒體作用下，在有著共同興趣的群體之間，資訊發送者與資訊接受者有著彼此共同感興趣的東西、相互信任，提高了接受者對資訊的可信度，資訊的編碼與解碼相對吻合。

網路資訊傳播的生態圖景是：一個特定的平台或空間所提供的技術，支援所有人以自己為中心，以所有人或特定的人為對象，進行資訊發布與接收。與廣播電視相比，社群媒體受眾的選擇具有較強的主動性，在這種主動性中突顯出目的性，目的性使得社群媒體傳播在口語表達上更傾向於接近組織傳播的需求，「在某些既定條件下，並且只有在這些條件下，一群人會表現出一些新的特點，他非常不同於組成這一群體的個人所具有的特點。」（古斯塔夫‧勒龐，1985）群體性作為受眾特徵與表達方式的綜合結果而存在。勒龐認為群體並不是聚集在一起的人，而這裡說到的條件恰恰是社群媒體在接受資訊時表現出的目的性。

媒體是人與人之間傳遞資訊、交換內容的載體，社群內部的交換是所有群成員對所有群成員的，美國《連線》雜誌對新媒體的定義是「所有人對所有人的傳播」，每個人都可以成為中心，也就意味著「中心」不復存在，「去中心化」格局成為社群媒體資訊傳播的常態。傳播形式是會隨著人與人之間交換資訊方式的變化而變化的。在「一對一」資訊交換時代有電話電報媒體；在「一對多」資訊交換時代有廣播電視，主持人和播音員對大眾傳播語言中的資訊；如今的「多對多」資訊交換時代，一切的發生源自互聯網媒體。社群是典型的「多對多」資訊交換，網路是較為直觀的傳播環境。伴隨著社群的產生而產生的社群媒體，是媒體隨著人類資訊交換形式的變化而自然演變出來的結果。

新媒體的粉絲是用來載舟的水，都是流動的，把容易流失的粉絲裝在一個社群裡，給他們定一個共同的愛好，又叫同好。絕大部分社群定一個同好就是圍繞著某個方向的主題做分享。可以通過發消息發連結，讀者點開閱讀

並轉發，這就使每個傳播內容獲得重複的被感興趣的人看到的機會。

網路傳播中高度互動的技術特點，使得形成群體的難度大幅降低。只要在傳播中突顯具有表徵功能的細節、引人感動的情感、憂慮氣憤的情緒都能輕易促成社群媒體的形成。這種社群媒體的特徵對網路中的語體樣式產生了影響，要求必須適應受眾的情緒和心理特徵。抓住一切機會滲透，迎合讀者（聽眾）的心理需求，資訊傳播的目的才得以實現。社群媒體中，傳播主體和受體的相互融合，要求傳播者從整體上掌控受眾的群體性特徵。

貳、特定社群影響下的口語傳播表現形態

作為以學術思想傳播為目的的社群媒體，找尋一種合適的話語形態和應用模式，可以有助於啟動普通人的認知需求和潛力，拓展完善群體的相關知識結構，也提升內容傳播的整體水準。

制定社區型傳媒終端的推廣策略，一個重要內容是建立口語傳播應用模式。口語傳播屬於個性化的傳播方式。語體學名詞「社會語文形態」主要顯現領域是社會精英語文、媒體語文、公務語文和教育語文等，這裡拓展出一個「社群語文形態」：特定社群在特定時間和空間內，由話題趨向、語篇表達主項、風格傾向和主要語體的社會參與度等方面所呈現出來的總體語文態勢，也就是口語傳播在社群中的使用模式。

語篇表達主項是特定時期，言語生活中人們用於言談所使用的主要表達方式。通常有敘述、說明、描寫、議論和抒情，但實際還有一種「對話」。社群媒體中的口語傳播應用模式，對應的就是這樣一種「對話」的語篇表達。口語有「原生口語」和「次生口語」之分，原生口語指的是自然的原生態的口語（姜燕，民102）。在網路媒介中，口語具有向原生口語回歸的趨勢，社群媒體特有的文字表達受口語影響，顯現了許多口語的特徵。當一個學術概念或經營理論需要借助社群媒體的方式傳遞時，需要做出「俯就」的姿態，將語言表達碎片的特徵由高往低走。舉一個簡單的例子，「好」這個字的意義是很明確的，但在互聯網的空間中，傳播者之間在微妙的用字上就出現了不同的口語傳播涵義：

好——好的——好唻——好噠（意願性依次增強）

好（中性）——好的（中性）——好唻（男性）——好噠（女性）（表現出性別感）

例子	好	好的	好唻	好噠
意願	一般意願	意願稍強	意願強	意願強
性別	中性	中性	偏於男性	偏於女性
語體	書面	中性	偏於男性口語	偏於女性口語

由此可見，「社群語文形態」並非以離散微觀形式存在，而是以宏觀整體形式存在於社會意識之中。在社群媒體傳播中，各種資訊傳播手段的多元造成了語體的融合，語體的融合又促使傳播時的表達更加符合語體的社會參與度。

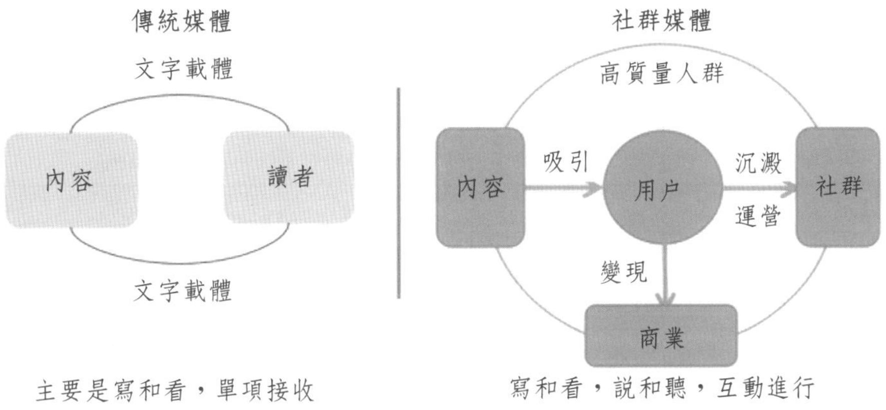

社群媒體影響下的口語傳播是一個語言的參與活動，而非一個專業行爲。除了更適合口語傳播的新詞、新語、短句、多行制等，還有一些其他形式可以作爲新媒體傳播的樣式，那就是文本、圖片、視頻、音訊以及這四項的排列組合。可在平台上實現和特定群體的文字、圖片、語音、視頻的全方位溝通、互動，形成一種主流的線上線下互動傳播方式。特定社群影響下的口語傳播表現形態有三方面體現：

一、俯就式話題趨向

話題趨向是相對於言語社群中人們所論的主要內容而言，指言語生活中特定時期的言談中心。它常伴隨著社會主要事件展開，構成一個時期社群語文形態的主導性因素。不同的話題有相應的表達形式、風格表現以及語文呈

現結構等。

這種趨向表現為內容為先。所有的特定社群影響下的口語傳播都是圍繞用戶出發，要對用戶有價值。因此稱「俯就式」話題趨向，言談中密切地圍繞用戶需求來設置，因此向用戶「俯就」。

在選題上表現為從主流性話題到從眾性話題，從話題的面面俱到走向縮小切入點，簡言之，就是抓住用戶的「痛點」。

下面以「口語傳播學」推送一年來話題統計為例：

文章類型	篇數	閱讀量	閱讀量所占百分比
熱詞分析類	2	2,350	5%
演講技巧類	11	7,244	15.30%
口語表達類	12	7,508	15.84%
語言障礙分析	9	5,733	12.10%
影視語言分析	8	5,589	11.80%
藝考語言分析	5	10,701	22.60%
面試語言分析	5	1,554	3.30%
其他	11	6,694	14.10%
總數	63	47,373	1%

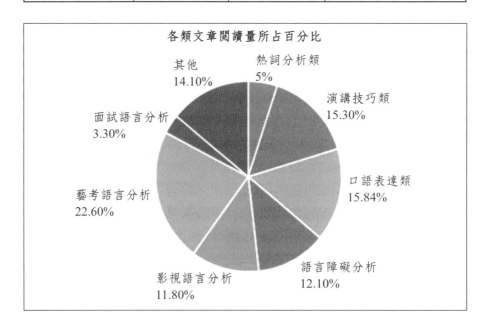

各類文章閱讀量所占百分比

其他 14.10%
熱詞分析類 5%
演講技巧類 15.30%
面試語言分析 3.30%
口語表達類 15.84%
藝考語言分析 22.60%
語言障礙分析 12.10%
影視語言分析 11.80%

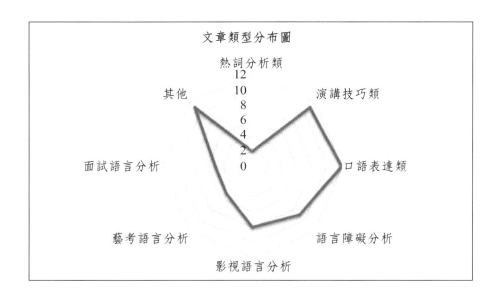

文章類型分布圖

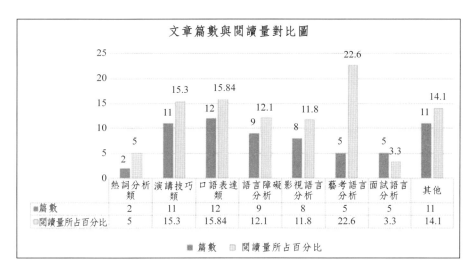

文章篇數與閱讀量對比圖

	熱詞分析類	演講技巧類	口語表達類	語言障礙分析	影視語言分析	藝考語言分析	面試語言分析	其他
■篇數	2	11	12	9	8	5	5	11
□閱讀量所占百分比	5	15.3	15.84	12.1	11.8	22.6	3.3	14.1

■ 篇數　　□ 閱讀量所占百分比

　　由統計可以看出，這個群體讀者趨向於口語傳播內容的實際應用，閱讀和點讚量都不是以學術水準和寫作水準來判定的，而主要是靠內容。在提供的全部內容中，有關藝考語言的最受歡迎占22.60%，其次是口語表達15.84%和演講技巧15.30%。由此可見對內容的要求非常細化。

　　從讀者的角度看，由於傳播的即時性，社群媒體中的「讀者」更傾向於「聽眾」：從單向性到互動性。傳統媒體閱讀，讀者是單向接受的，但社群媒體下的讀者同時也是聽眾，源於社群媒體傳播已經變為「對話」式，讀者

具有了接受的即時性和公眾權威性。

從傳播特徵上看，社群媒體的出現使得新型傳播實現了從傳播方式的共性化到社群媒體傳播的個性化。

新媒體傳播中標題的使用也具有口語傳播的特徵。從傳統的畫龍點睛，到現在的新名詞「標題黨」，新的傳播方式是吸引人為上。從語言的傳播體式來講，從原來的「人民日報」體、「知音」體，再到現在的「微信體」，呈現為從書面傳播過渡為口語傳播樣式的趨向。「題目」原意是「額頭和眼睛」，題即額頭，目就是眼睛，而網路上的題目是「誘食劑」，指飼養動物時用於改善飼料適口性、增進食欲的添加劑，由刺激味覺成分和輔助製劑組成的，因動物的生活環境、生理特點、感受器官及味道的傳播介質不同而有所區別，含有香味成分或開胃型成分如味精、糖精、馬錢子、檳榔、茴香、氨基酸、糖蜜等。今天的口語傳播語言模式，就是加了「誘食劑」的話題。以「口語傳播學」幾期的原標題和推出標題為例，看看這些「開胃型」成分分別是什麼：

	原標題	推出標題	修改原理
第15期	言語缺失的規避	說話卡殼如何拯救？	實用性
第27期	藝考中的語誤及其規避	藝考寫真：點評即興評述中的爆笑語誤	以實代虛
第43期	做有特色的主題演講	我和我的376名孩子	數字吸引力
第54期	變單一為多重對話語脈提問	最牛的提問撩最好的妹子	公眾好奇心
第56期	即興表達中的資訊超載	你上課為什麼會走神？	以問代說
第57期	影視對白的語言特徵	對白好了，電影才紅	簡潔通俗
第61期	口語傳播學一週年慶專版	口語傳播學1歲啦，帶你認識最美小編	形象性
第64期	提高電競解說的語言能力	LPL雖然戰敗，但為電競解說打call！	新詞運用

從表格中可以看出，按照社群傳播需求推出的標題，表現日常生活、具有實體意義的詞語較多，而表現抽象概念的詞語用得較少。需要表達比較複雜的抽象概念時，換用實體詞表示出來，這是社群語文形態的表現之一。

二、「頂層語言」的下移

「頂層」原指緊貼礦床的最上面的岩石，借用來命名的「頂層語言」指自高端開始的一種主體語言，也指主流話語階層的一種語言應用模式。每個時代都有標準語，先秦文獻明確記載那時是「雅言」，歷來「雅」高於「俗」；明代成爲「官話」，歷來「官」也高於「民」；後來成爲「國語」，內地稱爲普通話。對於學術傳播的理論語言來說，頂層語言是書面語體，然而在社群語文形態中，出現「頂層語言」的下移，口語語體的加工形式後的語體，一般用語活潑舒展、詞彙量豐富。下圖就是內容傳播環節：

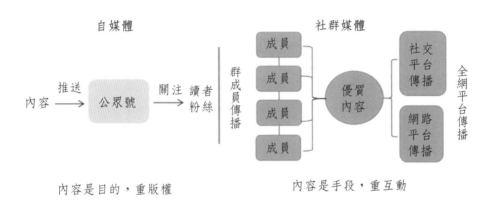

洪堡特（1836）提出過一個「高低語體對立」的命題，認爲語言與精神相互依賴，二者結合的結果使其逐漸由「整個民族的財富轉化爲個人的屬物」，落入社會精英之手後，精英們的話語便與大眾的言語對立起來，其結果是言語社群獲得了雙重語體。所謂高雅語體，即語文精英們所鍾情的語文體式，俚俗語體是大眾日常話語所表現出來的語文形態，但這些「低語體」足以構成和高雅語體相抗衡的情勢。一些學術理論往往會受書面句式的影響，傳播時顯得氛圍肅穆，但在「小微」傳播時，也要放低身價，採用大眾喜歡的語體樣式。

在網路空間中，語料庫內部元素不穩定，許多舊的用詞不斷被新詞取代。在〈爲電競解說打call〉這篇中，文末用語是這樣的：

最後希望在全民LOL的氛圍裡面，繼續給LPL的小夥子們加油，繼續給電競解說打call，祝大家大吉大利，今晚吃雞！

再如這篇文章中開頭部分的用語，也是十分新鮮和年輕化：

近年來出現言說體式的流行，包括「咆哮體」、「高鐵體」、「回音體」等，均歸入口語體，未來「直播體」、「彈幕體」會逐漸彌漫。言說體式的群體模仿在微信公眾號傳播中也十分普遍。

社群語文形態還表現出互動特性，這是〈LPL雖然戰敗，但為電競解說打call！〉這期中的一段：

文中說到電競解說人員的語言功底，提供了一段比賽團戰爆發時的電競解說詞，原解說者用時27秒，讓讀者們試試，公眾號推出後，後台收到了好幾個解說語音，都比27秒時間短，以24秒爲多，最短的只用了20秒。但聽眾回饋，20秒的因圖快而導致太「平」，缺少團戰爆發時解說的鼓動性，所以以24秒爲佳。這就是線上線下的良好互動，將難以闡述清楚的技術和理論瞬間表達明白。

至於社群媒體中的網路直播更是如此，主播會第一時間看到觀眾的評論，也就是我們所說的「彈幕」，會對口語傳播者的心態造成很大的影響。直播時代的社群語言傳播第一時間會得到互動，十分接近口語傳播現實。

社會存在是一個大語境（文化語境），人們的每一次言語交際，又都處於大語境背景下的相對具體的小語境（情景語境）中。在萬物互聯的時代，任何人都可能成爲裝有感測器的資訊終端，這樣的傳播生態意味著彌漫式的傳播格局。

三、口語語體的文本滲透

口語語體是語言的自然表現形態，生動靈活，富於變化。這種形式逐漸滲透到公眾號傳播中。

口語語體的表現之一爲多用短句。短句比長句更適合口語傳播。傳播效果好的標誌之一，就是讓資訊在一個單位時間內盡可能多地通過接受通道，讓聽眾在盡可能短的時間內記住大量的有效資訊。對於傳播者來說，短句和單句比長句和複句更易使用。社群媒體語言都是短平快的，長句化成短句可以有許多方法，如添補主語、重複謂語、增加停頓等。

句子的長短是以用詞的多少和結構的繁簡情況來確定的：

長句：唱歌對於提升語言表達的發聲技巧來說是至關重要的，可以通過練習唱歌幫助提升語言的發聲。

短句：想說得好聽嗎？先唱吧！

第二段話是口語短句，可以從容停頓，從容獲取意義。第57期「影視對白的語言特徵」這篇，最終推出題目爲「對白好了，電影才紅」，就是口語傳播規律的作用。社群媒體傳播中的長句不如短句便於接受。長句的定語、狀語多，聯合成分多，或某些成分結構複雜，內容含量大，不適合滾屏傳播。

如何判斷口語傳播中的句子長短呢？有一個簡單的掌控方法是：從上一

個標點到下一個標點之間算一個小句，小句的平均字數不超過12個字。

用於說理的句子一般多用長句，對話多用短句。長句多是由於定語、狀語等附加成分長而多，或者並列成分多，或者結構層次繁複；短句源於附加成分少而短，結構簡單。把某些複雜的結構用來修飾、限制其他成分，就成為長句，把這些複雜的結構拆開，用來表達相對完整的意思，就成為短句。由一個複句形式來充當句子成分就成長句，把充當句子成分的複句形式拆開來就成短句。

口語語體的表現之二是多單句少複句。少複句是漢民族思維方式的直接反映，複句間關係不是靠形式上的標誌。用意合構成的複句經常表現為一種岐義的結構，需要放到更大的語言環境中才能理解。比如「你不去，我去」這句話，即可理解為因果關係，也可理解為假設關係：

因果關係：因為你不去，所以我就去。（既然你不去，那麼我就去。）

假設關係：如果你不去，那麼我就去。

口語：你不去，我去。

這種表達在網路世界中恰好表現為高語境口語傳播的特點。這種語言傳播現象，在互聯網＋時代無疑更會強化漢民族的整體觀。

由於口語是思維的直接反應，人的思維是呈散點輻射的，即多維的，而口語是單向、一維的，這就容易造成表達者以平面鋪陳的方式來表達思維，造成聽的人難以抓住重點，被一些想到哪說到哪的表達拖得暈頭轉向。

口語語體的表現之三是變式句增多。從漢語語序的角度分為常式句和變式句，一般句式語序是主──謂，動──賓，裝飾語──中心語，偏句──正句，這樣排列的就是常式句，變式句指句子成分打破一般次序，排列次序較特殊的句子，如主謂倒裝、定語後置、狀語後置、賓語前置等。為了在修辭上突出強調某一個句法成分所承載的語義，就把這個成分從原有的句法位置調動到其他位置上，可以收到常式句無法取得的表達效果。快手直播上傳出的流行語「扎心了老鐵」就是以變式句形式出現的。

口語語體表現之四在於「重複」。傳統敘事中的「三疊式」結構，是古代口頭故事創作演變來的敘事形式，是描寫人物、事件時前後三次重疊變化的表現手法，「三疊」中的每一「疊」形式相似而內容層層遞進，一層比一層精彩。這種模式的形成跟口語的特徵有密切關係，口語傳播中情節的重複既可以幫助記憶，也可以理清語脈。口語傳播帶有明顯的套路性，中國傳統敘事中以「三」為標誌的情節安排方式特別多，《西遊記》中「三打白

骨精」、《七俠五義》中「御貓三戲錦毛鼠」、《三國演義》中「三顧茅廬」、「三氣周瑜」，《水滸傳》有「三打祝家莊」，《紅樓夢》有「劉姥姥三進榮國府」等。在情節安排時把內容相同、相似、相關的人物和事件設置在特定的時空領域內，巧妙地組合成三次交錯與回環。

社群媒體中的數量巨大的轉發評論點讚，就起到了這樣「重複」的作用。在網路口語中，「重複」與其說是傳播者有意選擇的一種修辭方式，不如說是一種自發的語言現象。（王振宇，民104）

參、社群媒體口語傳播語體樣式特徵

一個好的社群媒體除了高度專業化之外，還要充滿趣味，也就是內容有料，表達有趣；能滿足情感需求，分享技術乾貨，給讀者（聽眾）帶來實惠，提供幫助；還要引發共鳴。

在社群媒體環境中，口語傳播形成了獨特的語體和修辭特徵。電腦與手機閱讀傳播出現愈來愈明顯的口語化特點：

一、「一維」到「多維」的傳播拓展

口語傳播是一維的。即單向、不可逆的，書面傳播，包括微信傳播都是二維的，是平面的。隨著互聯網的發展，交流方式的多元化、「直播」的盛行，這種社群媒體傳播向「多維」發展。

在大眾傳播中，口語傳播主要還是「一對多」的形式，但網路媒介的資訊傳播是非線性的，這使得口語傳播擺脫了廣播電視媒體的時間限制，社群媒體手中對口語資訊的接受不再僅僅是同時性的，還能在相繼的時間中展開。口語傳播在廣播電視中占據的時間資源，在網路空間中被轉化為空間資源，這使得聽眾手中擁有了更為自主的選擇權。

學術研究和傳播是需要很多時間的，特別需要整塊的時間，但是快節奏的社會和互聯網造就的話語空間，使得對口語傳播的時間限制降低了。可以把整塊的學術理論拆分成碎片，使得學術理論通常所依賴的主流話語形式，得以在社群媒體傳播中以網路空間的形式存在，打破了時間限制，使學術傳播逐漸大眾化、普及化。在一群人對共同的目標有新鮮感的時候，趁還沒有流失，把他們聚起來，這就是社群的好處。社群文章發布後，他們進行推薦、評價和轉發，由此生出更大的閱讀和評價、參與群體。口語傳播理論可

以在自媒體傳播時，借助音訊和視頻的同步插入，得到更大眾化的接受和更全方位的展示。

在口語傳播中動態語境往往與文本話語產生矛盾，產生冗長又資訊不明的語言，解決方法是捨棄文本意識，提煉語點，用短句子。訴諸於社群媒體的表達也是如此。

語言表達的樣式，在生活中經常是跟著思維飄到哪算哪，不考慮聽者的跟隨能力。社群媒體傳播的說話方式應當是和書面表達有區別，進行口語表達時先將最重要的話概括出來，放在最前面，先讓聽的人有個「抓手」，有一個總的印象，往上掛修飾語，願意掛多少就掛多少（如圖）。

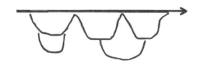

所以，符合口語表達規律的表述應當是這樣的：

只聽得一陣靴子腳響
進來了一個十七八歲的少年
面目清秀
身材俊俏
輕裘寶帶
美服華冠

這正是《紅樓夢》中的語言使用。如果按照文本語言的傳遞樣式，應該是這樣的：

只聽得一陣靴子腳響，進來了一個十七八歲的面目清秀，身材俊俏，輕裘寶帶，美服華冠的少年。

對照一下，顯然第二個表達有一種拘謹、停滯的感覺，還是前面的短句傳播方式接受起來更舒服快捷。短句表達由於把要點放在前面，聽的人更容易把握要領。口語句子的把握，簡單說來就是每句話平均不超過12個字，先說主句，再一層一層往上掛修飾語，最後加個總結句。

二、重組的複式語料庫構建

「複式」原是建築學上的一個概念，借用來表達一種高跨度和多層級的傳播方式，以口語傳播理論傳授爲基點，進行複式建構。在表達形式上，體現爲複式表達：追求時尙、簡潔、形象、以實代虛。

「複式互動」形式是「口語傳播學」理論傳授的方式。一個傳播內容、理論概念，通過寄於熱點話題、分析影視劇，寫成適於速食傳播的公衆號推送，根據閱讀和回饋情況，進行評價和自我評價，從而總結傳播規律；進行圖文和視頻音訊錄製及推送，也借機提高了藝術欣賞能力和技術水準。「複式」語料庫的構建表現在社群媒體影響下，語料庫中語言格的構建中，出現語言格的更新，語言格間界限的淡化，口語語體影響下，語詞的提取呈現跨度大、拼接怪異和跳躍的風格：

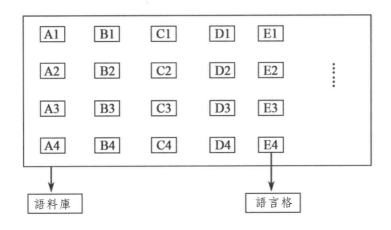

每人大腦中都有個語料庫，其中布滿了一個個的語言格，需要時取用。這些語言格的大小和位置都不很穩定，處在不斷變化和漂移的過程中。語言清晰的人，語言格放置就比較規範和穩定，而且邊界清晰。假如擁有這個語料庫的人是一位網路工程師，那麼A有可能是與專業有關的網路名詞，B可能是股票術語，C可能是旅行常識，D可能是飲食烹飪，E可能是體育……總之，這類語料分占了不同的語言格（姜燕，民102）。在社群媒體的傳播中，舊的語言格不斷被新的語言格所取代，更新爲新型的語體詞彙，用法上也不斷創新。

三、梯形結構與分行制排列

　　都知道形式對接受的重要性，變長句為短句，「分行」就有化腐朽為神奇的魔力，有個著名的例子是美國詩人威廉‧卡洛斯‧威廉斯的一首短詩，題為「便條」：

便條	This is Just to Sa
我吃了	I have eate
放在	the plums
冰箱裡的	that were in
梅子	the icebox
它們	and which
大概是你	you were Probably
留著	saving
早餐吃的	for breakfast
請原諒	Forgive me
它們太可口了	the were dilicious
那麼甜	so sweet
又那麼涼	and so cold

　　如果去掉這首詩的文本標記「分行」，它就真成了一張「便條」。

便條

*我吃了放在冰箱裡的梅子。它們大概是你留著早餐吃的。請原諒，
它們太可口了，那麼甜，又那麼涼。*

　　當然，判斷它是不是一首詩的標準並不僅僅在於語言形式，但是「文學的語言富有獨特表現力，例如『那麼甜』與『那麼涼』。」（董慶炳，民97）這就相當於優質的「內容」，加上獨特的形式，才能受讀者（聽眾）青睞。

　　滾屏閱讀造就了類似分行詩的這種獨特的表達樣態，造就了與口語表達習慣相似的閱讀方式。在形式編排上，表現為梯形結構和詩形文字，從敘述

描寫到對話語體的回歸。 在「口語傳播學」一週年專版中，最後一段文字的編排就體現著這種特徵：

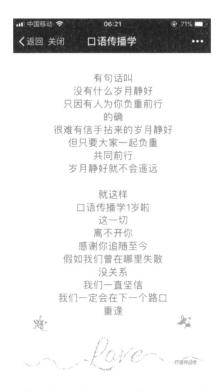

口語中是以停頓來代替標點的，這裡的以分行來代替標點停頓就體現了口語的語體樣式特徵。

肆、新常態下口語傳播應用模式的前景

語體的交叉滲透之所以作爲一種語言表達現象存在，是因爲它具有實在的語用價值，並且充分體現著新時期人們的語言價值取向。語體的交叉滲透作爲一種能不斷產生新的表達手段的語言創新圖景，被人們愈來愈多地採用。

在互聯網飛速發展的新形勢下，手機APP等各種軟體的進一步開發利用，各種線上互動平台等新興評量形式的出現，使得新型語體傳播形式也走向多元化和多樣性。社群媒體語言特徵是書面和口語的中和，雅典和通俗的界限。官方媒體在自媒體霸屏環境中也採取了放低姿態傾聽民聲、強化互聯

網思維、以清新個性的口語化方式詮釋主流觀念等應對措施。

　　基於這些特色優勢，作爲「接地氣」積澱最爲深厚、最貼近基層民衆的「社群媒體」在增強社會凝聚力和社群歸屬感上擁有巨大潛能，而就尚處於年輕階段的自媒體學術公衆號來說，一個肩膀扛著社會責任，一個肩膀扛著情懷，就夠了。「變」與「不變」，九九歸一。

參考文獻

李熙宗（2013）。〈語體與語文體式的關係及其實踐功用〉。袁暉、路越、鄧春（主編）《語體風格研究和語言運用（23）》。北京：北京師範大學出版集團，合肥：安徽大學出版社。

秦琍琍、李佩雯、蔡鴻濱（2010）。《口語傳播》。台灣：威仕曼文化事業股份有限公司。

王振宇（2015）。《大衆媒介口語創作》。北京：中國傳媒大學出版社。

姜燕（2013）。《漢語口語美學》。濟南：山東人民出版社。

姜燕（2013）。《即興口語表達》。濟南：山東人民出版社。

童慶炳（2008）。《文學理論教程》。北京：高等教育出版社。

王月娥（2017）。〈教你用唱歌提升語言發聲技巧〉。取自：http://mp.weixin.qq.com/s/qFLI1Tg0Eo0J9NdyJyo1Jg

凱文・凱利（2010）。《失控——全人類的最終命運和結局》。（東西文庫譯）。北京：新星出版社。（原著出版年：1994年）

洪堡特（2004）。《論人類語言結構的差異及其對人類精神發展的影響》。（姚小平譯）。北京：商務印書館。（原著出版年：1840年）

古斯塔夫・勒龐（2005）。《烏合之衆》。（馮克利譯）。北京：中央編譯出版社。（原著出版年：1895年）

8.
聚焦、攻擊、對話：關於社群媒體訊息再生產的探索[1]

夏春祥　世新大學口語傳播學系教授

鍾硯　世新大學口語傳播學系碩士

摘要

　　自從2011年，被描繪為「埃及之春」的社會運動，透過新媒介形成後，**社群媒體**的積極作用就一直為人注意。這些包括了facebook、google、youtube、twitter、WikiLeaks、Wikipedia、baidu、wechat、weibo、line等的相關討論，就不斷地進入我們學術關照的範圍之內。本文探討在**媒介生態**及民主政治之間，新媒體的作用為何？而以主要發軔於2013年的多元成家，以至於演變為近來**婚姻平權**的發展作為考察案例。結論指出，當代智慧型手機的技術特質常使得過往的公共討論，得以進入到每個人都是參與者的具體情境；在這些整合性平台中的發言，就是訊息的再生產，也是每一次電子口語的實踐。在這種變遷基礎上，本文提出一種治理模式加以回應，畢竟在社群媒體

---

[1]　本文乃第一作者科技部專題計畫《螢幕影像、智慧手機與媒介生態：論傳播思想史中的二度口語》（MOST106-2410-H-128-018-MY2）的部分研究成果，第二作者則為本計畫之研究助理；研究歷程中，感謝諮詢者與評審間的交流與建議，更感謝我們已逝的同仁沈錦惠老師（1956-2015）過往長期的參與討論與啟發，謹以此文表達對她的緬懷，以紀念她在21世紀初為電子口語探索做出的貢獻，唯本文責任仍由兩位作者負責。倘若有任何建議與意見，也歡迎與作者聯繫，chhsia@mail.shu.edu.tw。

截圖與轉發之間，形成了多元社會中的不同意見者得以持續對話、交換意見。這種看似挑釁衝突的交鋒，其實也是一種不斷聚焦差異、可以反覆辯證的民主體現。

關鍵字：社群媒體、媒介生態、婚姻平權、電子口語、治理模式、截圖與轉發

壹、新興世紀的劇變世界

世紀之交，各種巨大的社會變遷持續發展著，而從20世紀後半葉就已展開的快速人口增長，在進入千禧年之後雖有放緩，卻也隨著局勢的變化形塑出新世紀更為動盪的全球生存環境。（涂肇慶，2009）2007至2008年之間，主要發生在美國、由次級房貸所引發的全球金融危機更加劇了各個地區的經濟困難，從新大陸北邊的美、加等國到拉丁美洲，涵蓋區域自然也從歐、亞到非洲。其中，處於開發中地區的阿拉伯世界由於各國領導人長期執政，民眾生活又多在一般水平之下，相當困苦，且在生活周遭又存在著特權橫行的發展不均，因此醞釀出新一波革命爆發的環境與條件。（陳婉容，2014；林佳禾，2017）

2010年12月，先是一位年輕人在突尼西亞的自焚事件，帶來了被西方稱為「茉莉花革命」的社會運動，結果造成已執政20年的總統班‧阿里（Zine El Abidine Ben Ali）在2011年下台。（林佳禾，2017）緊接著在埃及，從2011年1月底開始的街頭示威、遊行集會與罷工，又促成了後來被美國外交雜誌描述為「阿拉伯之春」運動的埃及版本（Massad, 2012），以及連串在利比亞、葉門、敘利亞和巴林等地，如火如荼展開的活動。（陳婉容，2014）

這樣的轉型終究改變了我們現在生活的全球面貌，這包括了後來歐洲各國的移民危機、難民問題，以及衝擊和重塑原有政治格局、世界各國極右力量的蓬勃發展。當時，當地群眾樂觀地期盼著「一個新中東即將誕生」。（Massad, 2012）只是，後來發展不如預期。2015年9月，一位3歲敘利亞難民兒童因偷渡而溺死在土耳其海灘，震驚世界，也改變了歐洲多國的移民政策。針對此一事件，評論者寫道：

> 當3歲的敘利亞難民「艾倫科迪」陳屍在土耳其沙灘上前，他的死亡命運早在他出生前，就已被一個名為穆罕默德‧布瓦吉吉的26歲年輕人所寫下。……
>
> 布瓦吉吉的死，博得了突尼西亞普羅大眾的同情，激發了當地人長期以來對失業率高漲、物價上漲及政府腐敗的怒火，一場轟轟烈烈的衝突事件，蔓延到全國。這把野火持續延燒到北非幾個專制國家和中東的阿拉伯世界，掀起該些國家的強烈抗爭熱潮，並推翻了幾

個長年執政的政府，史稱「阿拉伯之春」。

……但沒人預料到情勢會如此逆轉：動盪不斷、暴力慘烈、自由喪失、民主崩潰。……

如今，若要用「內戰」來形容敘利亞當前的處境，恐怕都太過輕描淡寫。聯合國統計，2011年3月內戰以來，共有超過22萬名的敘利亞人被殺害，受傷的人數接近100萬；400多萬像「艾倫科迪」這樣的敘利亞人成為難民，流落在約旦、土耳其、埃及、黎巴嫩、歐洲等國家；敘利亞國內無家可歸的人口高達近800萬；即便「有家可歸」的敘利亞人，也有75%的人生活在貧困線以下。

敘利亞糟透了！（林琮盛，2015）

敘利亞如此，大量的難民紛紛出走，甚至在今年（2018）4月，更引發了英、美、法等國，對敘利亞阿薩德政府「使用化武」的大聲制裁；而突尼西亞、埃及等國，雖未產生躲避戰亂的逃難潮，但失業率高、外債問題嚴重、宗教勢力極端化，以及世俗政黨與軍隊力量的糾纏不清，都使得執政者一個換過一個，但整體的社會卻每況愈下。簡單來說，過往「以民主之名」帶來的熱切期盼，讓專制政權瓦解或垮台，進而進入民主轉型的過程之中，然而取而代之的，不是幸福、平穩的美好生活，反倒是社會成員與派系之間的持續爭吵與爭議不已，以至於經濟困頓、社會不安。

貳、社群媒體的文獻回顧

而在上述發生於北非、中東地區（MENA, Middle East and North Africa）「阿拉伯之春」的這些運動（突尼西亞─埃及─利比亞─葉門─敘利亞─巴林）中，不斷為人傳誦的便是新媒介（new media）在媒介生態（media ecology）中的角色，特別是臉書、推特、Youtube等社群媒體（social media），在每次大規模示威與抗議活動中產生的動員力量。（林佩瑜，2016）

在名為〈從革命到民主鞏固中的社群媒體使用〉的文章中，阿拉伯聯合大公國扎耶德大學（Zayed University）人文社會學系副教授卡蘿拉克（Magdalena Karolak, 2017）便指出，低於25歲以下、在衛星電視與社群媒體使用中長大的新世代是這一運動得以迅速擴大的重要代理機制與行動者，而資訊傳播科技（information and communication technologies, ICT）的普及，則是這

場宣稱為「民主運動」會有骨牌效應（a domino effect）的關鍵背景。

　　也就是說，新興世紀的劇變世界與傳播科技的關聯很值得我們關注，而熟悉這些新興媒體工具的年輕世代，則再次成為社會變革的動力來源，只不過這一次他們所憑藉的便是克服空間距離，也解決反應延宕與落差等時間困擾的智慧型手機（smart phone），以及相關的應用程式（application）等；在網際網路（internet, interconnection of networks）的背景下，這些都成了社群媒體的重要內涵與實質基礎。

　　基本上，學術上的社群媒體一詞最早出現於2008與2009年間，被用來描述健康傳播、新聞、公關廣告與博物館等領域的數位變遷與科技應用（Bahnisch, 2008）；在此之前，相關詞彙多半使用線上社會網絡（online social networks）、數位媒介（digital media），以至於直接、明瞭的部落格（blogs）等。當然，從工具特質來說，社群媒體的形式早在上20世紀末的1990年代便已發展出來，起初是以同儕交誼（Classmates）與撰寫線上日記（Open Diary）等方式存在但並不普及；那時候，人們經常造訪BBS、MSN、Yahoo！、Microsoft等網站。但隨之而來的是網路經濟的危機泡沫，直到Web 2.0的觀念在2005年左右被提出以致普及之後，一種允許他人重新組合、且自動將個人資料與服務提供出來的形式，透過參與架構創造出網絡效應的相關活動才不斷湧現。（Fuchs, 2017）在這個階段，人們經常接觸的網站已轉變成是Facebook、Tiwtter、LinkedIn、Youtube、Line等等，而中國大陸的百度（Baidu）、QQ、微信、微博等等，也同時為人們所熟悉。

　　只是我們需要釐清的是在谷歌、臉書等研究中，研究者多關注社群媒體的動員效果，但在微信、微博等的研究中，研究者較不觸及這個面向，反而多是強調他們在權力集中社會裡的文化價值，例如促成年老世代對於社群媒體的使用，以及在愈來愈多城市爭議中社群媒體監督角色的探索（Zeng & Huang, 2015; Guo, 2017; Zhao, 2017）。

　　在此，我們作為生產者又作為消費者的雙元性產用者（prosumers）的生活狀態愈來愈明顯，生產者與消費者間的界線不再涇渭分明。（Kaplan & Haenlein, 2010; Allen, 2012）如此一來，在創造社會關係同時，也會促成社會中某種文化的形成；學者將之描述為「一種基於生產性使用的民主模式」（a produsage-based democratic model, Bruns, 2008:372），而這種由技術演變堆疊出來的嶄新特質值得我們注意。

參、社群媒體的兩種模式

當然，在這樣的背景下，個人以至於不同於主流文化的聲音與差異，很容易成爲我們生活世界中的社會事實（social fact），繼而召喚著特定的支持者形成有組織群體，只是這往往也會構成特定國家對於部分地區或全國網絡進行封鎖，以使其強力動員功能被限制的發展；所有執政者都急於掌握這樣的權力，以尋求政治統治的穩定，本文將此種動員潛能稱爲**社群媒體的劇變模式或革命模式**（the revolution model），亦即是透過一種串流直播（livestream）的方式，讓訊息交流與擴散變得更爲即時，從而打破舊有既存傳遞訊息與回應挑戰的習慣性模式，促成了眞實社會中互動關係與文化結構的轉變。

這類論述的典型可在前面提過的案例中得到驗證，例如埃及臉書上一個名叫「We are all Khaled Said」的頁面[2]，便成功地引起整個社會對事件發展的關注；這雖然孕育於2010年的6月，但間接促成了前述所謂「阿拉伯之春」運動的開展，以及2011年2月穆巴拉克的下台。只是在5年之後，當時曾匿名建立臉書專頁，並引發埃及革命的青年，在一次與民衆分享的TED TALK中指出：

> 「我曾說過，想要解放社會的話，你需要的，其實只是網路。」戈寧說道，「我錯了。」戈寧（Wael Ghonim）是Google中東及北非地區行銷經理，更是阿拉伯之春的重要推手。在2011年底，他甚至被美國《時代》雜誌評選爲「全球最有影響力的100人」之一。……今天，我相信，「想要解放社會的話，我們首先要做的，就是解放網路。」（郭慧，2016）

在這當中，戈寧提出了與此前有別的最新想法；只是，什麼是所謂的「解放網路」呢？這種簡化的口號是否又是一次天眞的樂觀主義論調呢？畢竟，以科技作爲基礎的網路技術，並非是生活裡中立的形式，它隱藏了太多

---

[2] Khaled Mohamed Saeed（1982-2010），爲一位埃及青年也是商人，據報導他在偶然情況下獲得警方私呑破獲毒品與現金的影片，並將之轉寄，而遭警方報復，最後被活活毆打致死。關注者爲他成立臉書，粉絲人數約爲8萬。

似是而非、如假似眞的迷思，更何況觸動變遷的理想一旦落實，反而是產生了眞實而又醜陋的動盪世界。

　　這位事件親歷者在影片中指出，我們不知道如何應對謠言是這波變遷的危機；問題是網路在推倒舊有的既得利益者時，也同時創造了大部分非常有力、傳遞快速的謠言。他所參與的這個運動在2011年的2月推倒了獨裁者之後，2012年5月23日這天，迎接5千年以來首次總統民選的投票日，並經過2012年6月17日第二輪投票過後，選出穆斯林兄弟會的成員，成爲埃及第一位民選總統。爾後，在連續三天的公衆抗議之後，於2013年7月3日又爲軍人把持的力量所推翻。結局只讓當初設立網頁的青年爲之心碎，也變得沉默。他因而說道，「這個讓我們團結在一起，推翻獨裁者的工具，最終也將我們撕裂。」（郭慧，2016）

　　在這性質上，本文想藉由另一個更爲清楚的案例來加以闡述。2011年8月4日，一位在機場工作、有著英國與西印度血統的年輕人，在英國北倫敦的托登罕（Tottenham）被倫敦警方槍殺身亡[3]，後來在當局尋求更多目擊證人的呼籲下，從8月6日一開始是在警局前面要求正義的和平抗議活動，到後來引起了各地區一連串混亂的騷動（8月6日到11日），範圍包括了倫敦各區以及英國其他城市。研究者引述當時的報紙評論（英國《每日快報》）：

　　……暴徒與打劫者被認爲已經用黑莓機發送訊息給其他的麻煩製造者，鼓動他們前往騷亂現場，並且煽動更大的暴力。科技作家麥克·布察（Mike Butcher）說該項服務尚未被（政府）切斷，眞是令人感到不可思議。……（Fuchs, 2017:322）

　　在這個案例上，英國西敏斯特大學傳播學者福克斯（Christian Fuchs）因而寫道：「……我們才被告知突尼西亞和埃及發生了『推特革命』與『臉書革命』，現在我們聽到的則是英國的『推特暴民』、『臉書暴民』和『黑莓機暴民』。」（Fuchs, 2017:323）在此，社群媒體與社會文化之間關係的另一種類型有需要加以揭示出來，畢竟新興媒介的速度感，同樣有利於相同立場者的集結與動員，尤其是影像畫面的直接眞實，讓那種可以短暫壓抑理

智的情緒感受瞬間增強，繼而造成社會秩序的迅速崩解，本文將此稱為**社群媒體的騷動或混亂模式**（the turmoil model），用以突顯長期穩定秩序突然之間陷入混亂失序，而這如同革命模式一樣，形塑出一個結構變化，只是這種類似將社會秩序懸置的嘉年華狀態，對整體社會的和諧與穩定來說，卻是一種恐怖的夢魘與不安的躁動。

從這裡看來，這兩種模式都是新興科技容易帶給我們的生活感受，而且是在表象上，很容易被觀察到的真實情況。畢竟，新興科技帶來的新奇感受與民主潛力都有可能，誠如「一種基於生產性使用的民主模式」所揭示出來的，但我們絕不可忘記新穎科技的社會意義與文化價值，仍在新興的媒介生態下有待我們依變動脈絡來形塑。（夏春祥，2015）若只是在兩者中選擇一條路，無非就只是戈寧不同時期對待新興媒介的心情變化而已，重要的是：到底是什麼樣的社會條件，讓一件事情既是備受讚譽的革命劇變，但又隨即可以變成是被詛咒不已的騷動混亂呢？

肆、社群媒體的民主探詢

本文醞釀於這樣的討論中，試圖探索兩個問題：第一是關於社群媒體的觀念理解模式，究竟還有何種可能？第二個則是觀念上的釐清又該如何落實，藉以改變我們生活周遭的真實社會呢？

在此，本文延續著這個討論脈絡的理路，將台灣社會中從多元成家到同性婚姻合法化的敏感議題，作為我們考察民主社會言論交鋒的具體案例，藉以進一步揭示前述戈寧所說「解放網路」的具體內涵究竟為何？

當然，社群媒體的討論既是一個全球化的趨勢，卻也有其本土化的面向，尤其是在台灣社會的發展過程中，作為變遷機制的新興媒體在新世紀常成為一種陷於舉步維艱時的輕盈希望，這在2014年3月18日的學生運動中便相當明顯（陳怡秀、游婉琪，2014；陳維茜，2015），記者因而寫道：

> 網路新媒體讓這場學運，能主動掌握發言權，不再仰賴媒體的曝光，或是受限於版面篇幅，自己就是發布新聞的第一手來源，還反向讓主流媒體跟進報導。同時不再擔憂媒體曲解原意，直播機制還原現場，無限制的網路空間可放上完整宣言。這些在網路上發言的聲量，不僅讓議題熱度持續加溫，進一步引發正反意見的辯論，讓

多元觀點在其中流竄，所以大眾不再滿足於傳統媒體的單一觀點與選擇性報導。（陳怡如，2014）

在台灣社會中，這樣的論述已清楚揭示出新興社群媒體可以展現的力量，只是這種發展於社會運動期間的效用，其在平時的日常生活間又是個怎樣的面貌呢？也就是說，在非社會運動期間，一般與民眾生活有關的日常議題，在新興社群媒體之間的面貌又是什麼呢？

在一篇名為〈私有熱情與集體共識：多元成家議題生命史之研究〉的文獻中，研究者們便指出在大眾媒體上形成公共關注，有助於敏感議題為普遍民眾所認識，繼而降低其爭議性質，尤其是傳統媒體的數位演化與社群媒體的日益普遍，更讓一種已因文字、印刷而消逝的原初社會口語性（primary orality）得以復興，只是時過境遷，性質已因電子科技而有不同，今日智慧型手機體現下的各種口語行動，其所召喚的私有熱情蓬勃發展因而促成了一個新世界的到來。（鍾硯、夏春祥，2014）

這種新興的口語文化，美國文學家、宗教研究者Walter Ong（1912-200）將之稱為次級口語性（secondary orality, Ong, 1977），而這也是一種「圖像思考者」（the image thinker, Havelock,1963）的再復興，畢竟它為整個生活世界帶來相當特殊的視覺動感（visual mobility）；已逝的傳播學者沈錦惠也據此來討論電子媒介下的口語意識，並將之描述為電子口語（electric orality）（沈錦惠，2009）。而在前面提問的脈絡下，本文也就從媒介生態學出發，關注該以什麼樣的概念來理解社群媒體所醞釀出來的新興口語文化。

伍、案例分析：論戰在挺同與反同之間

在前面的文獻回顧中，我們討論在阿拉伯世界中的突尼西亞與埃及，推特、臉書等社群媒體，到底扮演什麼樣的角色？只是，這些文獻中也指出：社群媒體在阿拉伯社會中的顯著性，其實就來自於西方世界，個人不斷發推文與轉發推文的結果。也就是說，我們在使用社群媒體時的截圖與轉發等訊息再生產機制時，其實就是我們參與世界的方式，它具有引導社會變遷與確認社會真實的功能。

一個很明顯的情況，20世紀以來的智慧型手機，已使得原先相當便利

的電腦功能，更加地與日常生活相結合。我們在主流媒體的電子網頁上，閱讀到相關的事件與新聞，我們立刻可以轉發的方式來表達我們對於事件的參與，繼而在贊同與一連串評論的回文中，一步步發展出我們的完整看法。

當然這種轉發，已經不再是消費者對於生產者的接收，而是在一種訊息再生產的過程中，作為消費者的資訊閱聽人，轉化成為生產訊息的製造者；而幾乎是在這種雙元性產用者的狀態，確認出你我生活周遭間具有外在強制影響力的社會事實。然而，從一種更為積極主動的立場來說，消費者往往可以針對客觀存在的訊息與引起的討論，進行截圖與加工回應的再製作。如此一來，原本充滿了嚴肅性的身分認同議題，瞬間轉化成為生活世界中的話語舞台或語言戰場。也就是說，看似中立的技術形式，其實在不知不覺中，便複製了某種社會秩序的觀點。底下，我們將以這幾年較為人熟知的婚姻平權案例來進行考察，看看轉發與截圖，是刻板印象的極端強化？還是它具有將混沌話語轉變成為對話可能實質基礎的文化功用呢？

一、案例闡述

基本上，與同性戀議題息息相關的多元成家草案早在2008年便開始由法律專業人士著手進行籌備與推動。到了2009年底，更以組織化的方式運作，由婦女新知、同志諮詢熱線協會等團體所組成的「台灣伴侶權益推動聯盟」草擬內容，並於2011年推出第一波民法修正草案；在草案推動期間，伴侶盟也出版了關於28個同志朋友自成家庭的生命故事[4]。這套多元成家草案，包含「婚姻平權」、「伴侶制度」以及「家屬制度」之三項成家制度，並於2012年9月起，展開為期一年的連署行動。而原本隸屬於多元成家其中一部分的婚姻平權（同性婚姻）草案獲得了立委提案，於2013年10月25日一讀通過。這些一波又一波的努力，都是作為利益團體的伴侶盟所做的嘗試，其目的是讓更多人了解他們的處境，以凝聚更多人對同志議題的認識與接受。

但是在2013年11月4日以前，上述的努力只有偶見且零星的新聞報導，不見社會大眾對此議題賦予公共關注，遑論對它的接受以及所謂的認同問題；也就是說，利益團體立意良善的出發點，並未獲得主流社會大眾的回應

4　請參見《我的違章家庭—28個多元成家故事》，婦女新知基金會、台灣伴侶權益推動聯盟聯合策劃主編，2011年12月1日，女書文化出版。

與共鳴。整個社會氛圍的突然改變是作為藝人的郭采潔，2013年11月在社群媒體上針對此議題作出簡短發言：

> 一到北京，就一直忙著連署的事，一邊扼腕自己把手機裡電話聯
> 絡人刪的太精簡，一邊詫異這麼大的修法身邊只有寥寥幾人略知
> 一二……擔憂啊（手機上傳）

在此之後，社群媒體上先是正、反聲音紛紛表述，然後大眾媒體也開始針對這樣的衝突不斷報導，並引發討論。自此，多元成家才開始在台灣社會受到關注繼而被議題化，而原先作為禁忌的詞彙，也開始洗掉那層陰影，並成為不同立場者的表述工具。（鍾硯、夏春祥，2014）

只是，禁忌成為議題之後，引發的卻是更大規模的衝突，不同立場的團體紛紛組成、也開始浮上檯面號召進一步的行動。在這段期間內，贊成或反對者常常以社會運動的形式，來訴求民意的關注。贊成者以基本人權的訴求要求修正民法，反對者卻以議題敏感需要公投表決才能作為未來行動的參考依據。共識當然沒有形成，但是2018年的社會文化條件，卻與2013年、2012年，以至於2008年截然有別。尤其是在2017年5月24日司法院大法官作出釋字第748號解釋，認為我國現行法律未保障同婚已屬違憲，並說明：

> 公布之日起2年內，依本解釋意旨完成相關法律之修正或制定。至
> 以何種形式（例如修正婚姻章、於民法親屬編另立專章、制定特別
> 法或其他形式），使相同性別二人，得為經營共同生活之目的，成
> 立具有親密性及排他性之永久結合關係，達成婚姻自由之平等保
> 護，屬立法形成之範圍[5]。

這一發展更讓兩造之間的緊張與衝突推到一個高點，尤其是反對者開始尋求更多立法委員的支持。2018年4月17日，中央選舉委員會宣布幾項由反對同志多元成家法案的下一代幸福聯盟提出的公投案皆合於規定，審核通過。

---

[5] 請參見〈同性婚釋憲案「違憲」大法官解釋全文在這！〉，《東森新聞雲》，
2017年5月24日。網址：https://www.ettoday.net/news/20170524/931090.htm

「你是否同意以民法婚姻規定以外之其他形式來保障同性別二人經營永久共同生活的權益？」

「你是否同意在國民教育階段內（國中及國小），教育部及各級學校不應對學生實施性別平等教育法施行細則所定之同志教育？」

「你是否同意民法婚姻規定應限定在一男一女的結合？」

當然，衝突並沒有在此得到弭平，反同派關於「婚姻定義公投」、「適齡性平教育公投」、「婚姻以外形式保障同性二人權益公投」的公投提案也「激怒」挺同派，於是以「公投對抗公投」，變成了下一波行動的參考方針。在此，民主政治的發展變成一群人對抗一群人的全面戰爭，而各安其位的文化共識卻成為遙遠的彼岸，難以靠近。

二、分析開展

而從2013年11月4日，郭采潔的社群媒體發言引起大眾媒體的關注以至於後續社群媒體上更多的討論以來，到2017年5月24日的大法官釋憲，以及2018年4月17日的訴諸公投，多元成家以至於婚姻平權草案便一直在喧鬧中，由小而大、由感受變為議題。除了上述描述的共識無法達成之外，本文想記錄的是議題發展過程中，2016年11月11日的一個交鋒片段。如同前面革命模式與動亂模式所揭示的，社群媒體往往在社會變遷的發展過程中，扮演了很關鍵的角色，只是我們的問題更在於：這樣關鍵的角色是什麼？

基本上，在社群媒體中，某個訊息「說得很差」或「蓄意造假」時，我們可以藉由智慧型手機的拍攝或截圖留下證據，這種動作便使各種面向瞬間可以釐清與聚焦，並形塑出意見表達與後續討論的物質基礎。只不過是，這種釐清的設想多半在新科技的速度文化中被掩蓋，「假新聞」（fake news, pseudo news）之所以深具影響便在於這種背景，繼而不管真實與否，只要某個立場者看到了某個訊息覺得「說得很好」時，我們便可以在表達喜、惡的按讚中不斷擴大影響力。只是我們在2016年11月11日的案例中，可以看到在訊息真、假之間社會媒體一種釐清混沌、促成某種對話積累的訊息再生產作用。

「圖1」所刊載的便是社群媒體上贊成同性婚姻議題者（簡稱挺同）的截圖畫面，也是本文相關討論的具體案例；這份反對同性婚姻（簡稱反同）

的紙媒文宣，是由中華世界大同幸福勞動聯盟（簡稱勞動聯盟）所製作，內容包括了「女生廁所出現男人，妳報警不再有人理妳」等九項論述，目的是號召大眾參與2016年11月12日的反同婚遊行。至於挺同者，本文選擇一直以來積極倡議同志權益的社運人士，並且也是社群媒體中的積極意見表達者呂欣潔作為代表[6]。

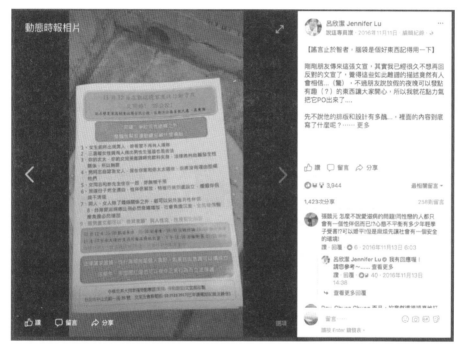

圖1　社群媒體上挺同截圖反同文宣之畫面

資料來源：呂欣潔臉書，2016年11月11日。

　　針對這張紙媒印刷的文宣，挺同人士呂欣潔就於臉書社群媒體上截圖發文，以「謠言止於智者，腦袋是個好東西記得用一下」作為開頭，並於右方文字處加以論述回應：

6　呂欣潔現任婚姻平權大平台總召。此組織是由五個長期著力於性別平權的團體組成，分別是台灣同志諮詢熱線協會、台灣同志家庭權益促進會、婦女新知基金會、台灣同志人權法案遊說聯盟、Queermosa Awards酷摩沙獎。資料來源：http://womany.net/authors/equallovetw

先不說他的排版和設計有多醜……，裡面的內容到底寫了什麼呢？同運爭取同性婚姻之外，整個性解放運動還包藏什麼禍胎？（爲什麼我一直想到備胎XD）

1. 女生廁所出現男人，妳報警不再有人理妳

→我想他的意思應該是說性別友善廁所？其實現在男廁、女廁都還是存在，只是有些地方多了「性別友善廁所」是提供給跨性別朋友以及帶著異性長者或孩童使用。就算婚姻平權通過，你硬要打電話報警，警察還是會理你啊～難道通過同性婚姻，警察大人就不工作了嗎？

2. 三溫暖女性房有人掏出男性生殖器也是合法

→同第一點，警察還是會工作，所以「不管你怎麼樣，報警，警察都會來的！」

3. 你的太太和女兒受邀請喝完飲料失身，法院將判自願發生性關係，所以無罪

→婚姻平權通過只修改民法一點點，刑法和其他的法律一點都沒動啊，而且同性戀和喝飲料失身到底有什麼關聯啊？

4. 男同志自認女人，留在你家和你太太過夜，你將沒有理由拒絕他們

→男同志認爲自己是男人！而且陌生人如果硬要留在你家過夜還是可以趕他出門或報警的好嗎？

5. 女同志和妳先生住在一起，你將無權干預

→基本上我不認爲女同志會想和別人的先生住在一起……

6. 黑道分子完全漂白，性伴侶解放，特種行業到處設立，婚姻伴侶搞不清楚

→同性戀也跟黑道分子有關係了？尤美女版本的婚姻平權草案只修改五條法條，其中有兩條是訂婚和結婚的規範，所以跟同性婚姻相關的條文只有三條，目前立法院中沒有「伴侶法」，也沒有「性解放」法案（到底性解放法案是什麼啦XD）

7. 男人、女人除了婚姻關係之外，都可另外擁有性伴侶

→我想這應該是指通姦除罪化？如台灣通過婚姻平權，在目前的法律規範中還是需要受到通姦罪的規範，依舊必須守性忠貞的義務。就算通姦除罪化，還是可以以民事途徑求償。而根據之前伴

侶盟所提出的伴侶法（從沒進到立院中），伴侶和配偶必須擇其一，不能同時擁有。

8. 台灣愛滋病患比例必然急遽增加，社會負擔沈重，全民健保醫療負擔必然增加

→愛滋病的傳染途徑為體液、血液、母子垂直傳染，跟「性傾向一點關係都沒有」，異性戀和同性戀一樣都有可能感染愛滋病，男性和女性也都有可能，安全的性行為才是預防愛滋病的唯一良方（啾咪）

9. 童男童女都可以「依其意願」與人性交，性侵犯全無罪

→我想這，他應該是說去年由民陣和貧窮同志參政團所提出的「廢刑法227」遊行訴求，但這件事情從頭到尾都沒有進入實質的法條修改，團體間也沒有共識，並且刑法221條與性侵相關的法條永遠都在啊～～～

　　這則臉書貼文引起網友256則的留言回應、1416次的分享，以及3932筆的讚數（2018年5月16日上網）。以上述發言中的第一點為例，反同人士希望觀看者設想的情境是，相對弱勢的生理性別女性，在進到女廁撞見生理性別為男性者時，會對自身安全感到威脅。這種訴諸恐懼經驗的論述開展，提及報警不再有人理妳，其實真正意圖在於突顯當如廁時不分生理性別，而讓各種情況理所當然時，警察當然無法有效處理。而呂欣潔的論述明顯是以將前提條件標明的方式化解恐懼氛圍，譬如會造成這種困擾的是性別友善廁所，而它是與男廁、女廁同時存在的。只不過，其論述也僅止於此，沒有引進更多闡釋。

　　其後，各種不同立場與意見的閱聽眾紛紛發言，形成了各種論述討論交流的過程，甚至是相互理解的對話歷程。後續分析的開展將透過臉書篩選出的「最相關留言」進行檢視（請參見表1），藉以探索呂欣潔這一篇主貼文過後，後續引發網友們相對聚焦的某個討論之一。

表1　最相關四十則留言一覽表

代碼	編號	帳號
A	01	張*元

續表

代碼	編號	帳號
B	02	呂欣潔 Jennifer *
C	03	Alan H*
A	04	張*元
D	05	Jia C*
D	06	Jia C*
E	07	林*楹
A	08	張*元
A	09	張*元
A	10	張*元
A	11	張*元
E	12	林*楹
A	13	張*元
A	14	張*元
A	15	張*元
A	16	張*元
E	17	林*楹
A	18	張*元
F	19	金*拐
D	20	Jia C*
D	21	Jia C*
F	22	金*拐
G	23	少*蘇
H	24	藍*子
I	25	黃*熊
J	26	彭*蓁
I	27	黃*熊
K	28	Alan H*
L	29	杏*

代碼	編號	帳號
M	30	米*琳
N	31	紀*
O	32	Wan Ting S*
P	33	葉*哲
Q	34	梅*實
R	35	游*祥
S	36	玄*
T	37	謝*衡
U	38	Teli L*
V	39	Gia-Hao C*
W	40	陳*政

製表人：鍾硯

　　誠如表1所顯示，這則討論串的開端，主要是來自發言者（張*元）的留言回應。他於2016年11月13日（時間6:03）寫道：

怎麼不說愛滋病的問題！同性戀的人都只會有一個性伴侶而已！？
心態不平衡有多少年輕學子受害！？可以婚平！但是麻煩先讓社會
有一個安全的環境！（A/01）

接著在同一天下午（時間14:38），呂欣潔回文寫道：

我有回應喔！請您參考～8.台灣愛滋病患比例必然急遽增加，社會
負擔沈重，全民健保醫療負擔必然增加→愛滋病的傳染途徑為體
液、血液、母子垂直傳染，跟「性傾向一點關係都沒有」，異性戀
和同性戀一樣都有可能感染愛滋病，男性和女性也都有可能，安全
的性行為才是預防愛滋病的唯一良方（啾咪）。（B/02呂欣潔Jen-
nifer Lu）

這兩則發言與呂欣潔本人的截圖發文，構成了後續最相關發言的基礎。其後有近38則對話留言出現。其中，留言者（Alan H*）提及，「簡單說一句不管男人女人，不潔身自愛，染病的機率都很高。這是個人的問題，跟性取向一點關係都沒有」（C/03Alan H*），發言者（張*元）接續回應：

你認為同性戀會潔身自愛！？愛滋病不是從非州的不正常性關係而來的嗎？插屁眼是正常的嗎？愛滋病的擴展大部分不都是同性戀傳播的嗎？在上次同性戀的遊行當中，不是有人跳陰莖舞嗎？脫衣舞嗎？當我們在尊重各個社會團體的時候，希望他們給的回應不是破壞社會風氣！先讓他們把心理建設好了再來談尊重！我不反對婚平專案，也不會仇視同性戀，只是希望當大家在談民主要求民主的時候，也要先看看自己做了什麼。（A/04張*元）

而留言者（Jia C*）緊接著連續2則留言提出：

我想請問……為什麼你擔心會被傳染愛滋病啊？除非你會跟已感染的男同志發生性行為、或是在嘴巴有傷口的狀況下跟對方接吻？還是你會抽他的血，打進自己的血管裡？不然怎麼會被傳染？（D/05Jia C*）

就算同性婚姻法沒有通過，同志族群也還是存在，你害怕的愛滋病也還是存在。所以可以不要阻擋想成家的同志嗎？同志也是人，也跟你一樣會想要成家立業，有穩定的生活。（D/06Jia C*）

　　此則討論串中可以觀察到挺同人士些許的謾罵和言論挑釁。不過，發言者（張*元）又連續以4則留言回應：

說不贏就用這步的嗎？我從頭到尾有說我怕被傳染嗎？你難道都沒在看新聞嗎？是同性戀者的心態問題！當得了愛滋病就強力報復，被傳染的也心生不平、繼續傳染，妳能保證他們不會用別種途徑去散播愛滋病嗎？所以我從頭到尾都是在說心態的問題。麻煩妳談事情對事不對人！妳不針對他們遊行的行為去檢討，反而針對我的人

身做題目！妳這樣的說法會讓我覺得妳跟現在的總統有什麼分別！沒看過屍速列車嗎？有時間就看看吧！順便告訴妳，傳染途徑我都很清楚，我從來都不會擔心我自己得愛滋病！（A/08張*元）

如果妳已經有先入為主的觀念，不講道理的話，那妳也不用回應了！為了少數人不合理的利益，犧牲了大多數人生命財產的安全。這就是妳們這些人用冠冕堂皇的理由，去取得自己想要的利益！（A/09張*元）

唉！妳們有看到我說的重點嗎？我不反對婚平，更不會仇視同性戀！而是針對同性戀者的心態去談。既然你們那麼要幫他們，那是不是可以在這方面去教育他們。不然再來一次遊行繼續在大庭廣眾之下大跳脫衣舞和陰莖舞嗎？（A/10張*元）

小孩子看到會怎麼想？你們知道嗎？還是要叫你們的小孩去參觀然後寫心得報告！？（A/11張*元）

在A/08中，發言者以D/Jia C*的「情緒性發言」（為什麼你擔心會被傳染愛滋病啊？/05）為對象，試圖以辨明的理性來指出一些在平日同性新聞中會出現的集體心態（collective mentality）為論述佐證。而在A/09、A/10、A/11中，發言者則回到真正想表達的意圖（即重點）上，並與發言者E/7,12,17林*楹形成一個對話性的理性積累。這位發言者（林*楹）在此討論串中最後一次發言中寫道：

我不是同性戀，我認識很多同性戀！1.同性戀只會有一個伴侶？異性戀、同性戀都一樣，我認識的都是一個伴侶，我也看過異性戀腳踏好幾條船的，這跟是不是同性戀無關！2.愛滋病問題？同性戀跟異性戀都有人得愛滋，異性戀發生性行為也會散播愛滋，回過頭跟是不是同性戀無關！只要有得病的不防護發生性行為都會散播！3.社會安全環境是靠大家一起維護，跟是不是同性戀有關？社會上有心態問題的人多的是好嗎？跟是不是同性戀一點關係都沒有，這都是兩碼事！（E/17林*楹）

發言者（張*元）緊接著回應道：

你說的是沒錯！但是你認爲看到一群同性戀在一起遊行，而做了那些猥褻違法的行爲。看到的人會認爲他們心態正常？或許只是因爲他們聚在一起才放大了問題！但是重點是希望能導正他們的心態。愛滋病只是一個問題的項目而已。其實我也是有接觸一些同性戀的朋友（做按摩的），他們也都是跟正常人一樣。我只是希望當問題發生了之後，我們的態度是去面對他、改正他。謝謝各位的指教！只希望社會能變得更和諧。快樂！（A/18）

在這則來回中，我們可以看到差異的立場開始聚焦，也就是以同性戀的生活世界與異性戀的生活經驗作對比，開始以同理心的方式互相表達。而此前被視爲是「情緒性發言」留言者（Jia C*）針對回應，繼續以理性分辨、識別的方式寫著：

我了解張先生的意思了，我不是故意針對你的人身做題目，只是看你的留言我誤解你的意思是怕被感染愛滋病。我有看過屍速列車，謝謝。我認同你說的部分同性戀心態、行爲偏差。無論性取向爲何，都有社會邊緣人存在。不過我的身邊沒有行爲偏差的同志，所以可能沒有機會教育到他們。其實我也不是很贊同部分的同志運動，例如廢刑法227、多元成家法案（因爲我覺得當中有很多細節容易被有心人士惡作用）。（D/20 Jia C*）

……我就是你說的檯面下的同志，未曾參加過遊行和派對，只想好好工作和另一半穩定生活。同志是日常生活，不只是曇花一現的活動或議題。（D/21 Jia C*）

Jia C*在20的發言，指出自己的釐清，並將自己的身分闡述在21。這裡可以明顯觀察到不同立場的意見者嘗試發聲，並進行交流的具體案例，也因而可以觀察到相關的發言討論，是將同志議題放到日常生活的脈絡中仔細回應，不再是大眾媒體中的喧囂發言。

這些臉書貼文中實際發生的論述交鋒，是出自於本文希冀指出，在社群

媒體的網路平台上，既可召喚有興趣的閱聽眾進行瀏覽，而平台的便利性，也使得閱聽眾能夠即時又迅速地作出回應或是後續的組織行動。不過，往往也容易在紛雜或各說各話的訊息中失焦或流於謾罵聲。而這也是傳播研究持續在關注臉書社群中活躍的網路言者，是否能打破深化甚或是僵化我群與他者間的認知差異，以促成使用電子網絡的符號行動者，能夠自由連結與意見攻錯的論辯實踐所關心的議題。（沈錦惠，2009；曹開明，2014；黃玲媚、沈錦惠、石開明，2014）

　　呂欣潔的此篇貼文一週過後（2016年11月20日），呂欣潔又針對反同團體相關的言論，以主題貼文「提供大家跟婚權相關正確資訊」進行訊息的社群傳布，並繪製了八張闢謠的圖文（請見圖2）。在圖2左下角中，我們可以看到再生產之訊息，已經被轉發12365次。這個超過1萬次的數字，很明顯地有了大眾傳播的作用。這種廣泛傳布的影響，當然是因為當事人的選擇與製作；在選擇部分，她針對的是在反同中，一些不屬於事實的數字與現象。例如，其就針對「謠言——同志不只要結婚，還要多P合法化」，說明了「真相——此次修改民法，讓同性伴侶能結婚，是和異性戀婚姻一模一樣的！單一配偶制，也必須遵守性忠貞義務。沒有伴侶或人獸交和多P合法的修

圖2　社群媒體上挺同者的訊息再生產

資料來源：呂欣潔臉書，2016年11月20日。

法。」而其圖文，甚至詼諧地強調是以勞動聯盟的文宣配色做設計，認爲此舉將有助於搭起雙方進一步溝通的機會。（東森新聞雲，2016年11月22日）

很明顯的，社群媒體上呂欣潔的發言，是以主動截圖展開溝通行動的。而後以反對者的版面風格與設計爲基礎，產製出她自己的觀點與論述。在時間短暫的瞬間，她將再生產的訊息放到社群媒體平台之後，也迅速得到轉發。在此轉發影響的也許是意見表達的文化氛圍，但是從資訊釐清的角度來說，這種極具針對性的截圖與轉發，其實是種對準焦點的作法，也是未來可以產生對話的重要基礎，更重要的是這種將紙本特定媒介的成果轉化成爲數位電子文本的內容，可說是媒介生態中傳播訊息再中介（remediation）的體現。

在前面的討論中，我們可以發現革命模式或是動亂模式，都不足以貼切的作爲我們對於社群媒體的傳播描述，本文在此提出一種治理模式（the governance model），藉以指出任何「管理／經營」技術在文化發展過程中的意義。基本上，這種常與文化概念構聯、論述的概念（文化治理），指的是在面向未來的過程中，如何以理性發展出更爲貼切、更爲精準的描述，藉以使得不一致的意義有著相類似的情感基礎。（夏春祥，2012；2014）如此一來，我們想提醒的是面對社群媒體，我們更需要文化治理的一種可能，藉以一方面希望政府或相關單位可以正視新科技上所有的數位軌跡（digital traces, digital footprint），以深化管理、經營的物質基礎，另一方面則希望藉由文化脈絡的建立來引導科技變遷的速度與方向。也就是說，今日官方政府與民間的溝通不應該僅侷限在電話或網路留言來互動，而是要延續著新科技的技術特質來發展新的回應方式。治理模式的根本意涵，在於將議題與社群媒體視爲是文化政治場域，亦即透過再現、象徵、表意作用，運作和爭論的權力操作、資源分配，以及認識世界與自我的制度性機制重新建構新世界。（王志弘，2003）

大體來說，轉發與截圖等訊息再生產都是各種新媒體技術特質的功用，也是反映出某種與他人關聯的參與意涵，繼而讓我們將之視爲是一種民主行動，只是從整體社會形塑文化的視角來說，它的行動意義並不完整，更需要從更大社會視野下一種公民共同參與、有意識加以引導的文化建構，而這也是文化治理可以施力之處。在本文的分析案例中，便可看到不同意見的發言者，在社群媒體中相互對話的留言過程，而這樣涓滴的一己之力，卻沒有被相關的社會機制納入，使得這些留言回應也因爲缺乏積極治理，而沒能進一

步產生交互討論，甚或不同面向的對話激盪、關注與反思，這實在是台灣社會在面臨社群媒體蓬勃發展之後，首先可以採取的具體步驟：有意識地經營可以留下精彩發言紀錄、體現相互主體性（inter-subjectivity）的共同空間。

陸、是聚焦還是撕裂：媒介生態中電子口語的討論

　　在前面的文獻回顧中，我們討論在阿拉伯世界中的突尼西亞與埃及，推特、臉書等社群媒體，到底扮演什麼樣的角色。可我們要注意的就是，每一社會中原先存在的數位落差所帶來的影響。在2011年3月，只有0.00158%的埃及人口使用推特（Murthy, 2013）。而社群媒體在阿拉伯的顯著性，其實很多來自於西方世界個人不斷發推文與轉發推文的結果。在這份文獻中，我們可以看到截圖與轉發功能的引導性。此時，埃及也只有兩成五的人可以近用網際網路，而臉書用戶則還不到15%。而且社群媒體的用戶大概都介於15到40歲之間、大學以上學歷、尚未育有子女。而在年齡族群和階級劃分的階層中，採用新興社群媒介者，多半都是青年，因此，網際網路可以弭平數位落差的工具，其實是種迷思。

　　在多元成家案例中，我們討論的就是年輕以至於中壯人口對於性別議題的看法。我們必須要有意識地了解到，工人、農民、老人與更多不使用電腦網路的人群則是排斥在外的。這種以網路虛擬世界就是真實世界的體現看法，其實也是種不對稱的權力體現。在目前關於社群媒體的批評中，同溫層效應（echo chamber，或可譯為回聲室效應）[7]是一個常常聽見的概念，它指的是一種在網路上相同意見、相互取暖的現象，而這種效應總會被認為是，社群媒體上的民主危機，抑或是民主國家的倒退，因為這些座落在各自擁護平台的意見表述，使得意見分立、難以聚焦。而設計來追蹤使用者個人喜好的臉書演算法（Facebook's algorithm）更加速了這樣的發展。這個技術會根據使用者在介面中觀看什麼類型的影片、與哪些對象交談，以及關注哪些感興趣的貼文，而迅速且主動地推薦出一系列相關的訊息。也由於這種「物以

---

[7] 同溫層，原文為氣象學「平流層」之意，亦即「氣流主要為水平方向移動，鮮少為垂直方向流動」的特性。現意指使用者在網頁上，常與個人喜好的訊息作連結，以至於較不易接觸到不同喜好的訊息。參考資料：《經理人》，2016年11月30日。原文網址：https://www.managertoday.com.tw/dictionary/word/437

類聚」的歸納分析方式，逐漸使得另一方的貼文相對減少，因而也間接影響同溫層效應的加深。

社群媒介，當然具有民主化的潛能，他如同麥克風一樣可以讓各種聲音與對話被人們聽見。本文想了解的，並不是什麼意見被聽見，而是想指出在這些被聽見的過程中，社群媒介其實有高度教育的社會功能。因為很多在偏僻鄉村的遙遠個人，可能只有微弱的某些想法萌芽，但是藉由社群媒體上，立場鮮明的論述，他很快地得到了思考的引導。在此，社群媒介當然體現出，媒介素養中的賦權功能，而且是在新興媒體的媒介生態中自我教化。由此來看多元成家以至於婚姻平權的整個發展，毋寧是台灣社會也在體現民主意涵的過程，只是本文不認為醞釀於2011年阿拉伯事件的革命模式，或是英國北倫敦托登罕的動亂模式，是我們在面對社群媒體時該採取的觀看視角，在案例考察與分析探索的結果之後，我們據以提出治理模式的新思考加以回應，期待整體社會也注意到這種在媒介生態上的嶄新變化。

傳播學者沈錦惠早就指出，不管我們喜歡與否，現代科技的變遷，早已將我們帶入了一個新時代。現在我們每個人都有鮮明的主體意識，但如她所言，我們本質上，我們都是被部落鼓聲喚起的電子口語人，（沈錦惠，2009）只是以此來進行是聚焦還是撕裂的討論？關鍵也在於，這都是我們可以選擇的不同可能性。我們想說的是，電子與口語之間不是一種二元的對立，而是在電子環境中，口語特質是要像在文字印刷時代持續被忽略，還是我們要重新找回醞釀在它其中的深層人性，並藉由它來豐富我們的治理模式，繼而創造出一個有著豐裕可能的未來文化。

參考文獻

王志弘（2003）。〈台北市文化治理的性質與轉變，1967-2002〉，《台灣社會研究季刊》，第52期，頁121-186。

呂欣潔（2016）。〈婚姻平權闢謠集〉，取自呂欣潔臉書，2016年11月20日。網址：goo.gl/ XfvTZF

呂欣潔（2016）。〈謠言止於智者，腦袋是個好東西記得用一下〉，取自呂欣潔臉書，2016年11月11日。網址：goo.gl/aUEDzd

沈錦惠（2009）。《電子語藝與公共溝通》。天空數位圖書公司。

沈錦惠（2014）。〈隱喻即視覺化的語藝行動：網路時代談視覺語藝的古典

根源〉，中華傳播學刊，頁123-153。

林佩瑜（2016）。〈星火燎原的秘密？阿拉伯世界社群媒體知多少〉，《洞見國際事務評論網》。網址：http://www.insight-post.tw/editor-pick/eurasia/ 20160224/14519

林佳禾（2017）。〈突尼西亞：尊嚴革命之後的希望與困境〉，《獨立評論@天下》。網址：https://opinion.cw.com.tw/blog/profile/426/article/6432

林琮盛（2015）。〈（中東想想）艾倫科迪死於阿拉伯世界的部落文化〉，《想想》。網址：http://www.thinkingtaiwan.com/content/4604

施伯燁（2014）。〈社群媒體——使用者研究之概念、方法與方法論初探〉，《傳播研究與實踐》，4(2)：207-227。

夏春祥（2012）。〈文化與傳播：關於地方社會經營的幾點思考〉，《彰化文獻》，第17期，頁1-15，彰化市：彰化縣文化局。

夏春祥（2014）。〈文人論政再思考：台灣七零年代《大學雜誌》之研究〉，《大學之道：知識分子與臺灣民主化》，頁71-116，北市：政大圖書館。

夏春祥（2015）。〈傳播的想像：媒介生態學再思考〉，《新聞學研究》，第125期，頁1-31。

涂肇慶（2009）。〈世界人口增長與社會變遷〉，《二十一世紀》，第112期，頁84-89。

曹開明（2014）。〈電子符號行動者的論辯實踐——以論題取徑分析「公民1985行動聯盟」臉書貼文〉，復興崗學報，頁123-153。

郭慧（2016）。〈後悔用臉書發起「阿拉伯之春」？埃及革命推手：社群媒體 讓世界更聳動、更一面倒〉，《商業週刊》。網址：goo.gl/FbYZYG

陳怡如（2014）。〈[記者部落格]學運雖然落幕，新媒體才正要開始〉。《數位時代》。https://www.bnext.com.tw/article/31781/BN-ARTICLE-31781。

陳怡秀、游婉琪（2014）。〈拖鞋撐iPad直播 學生百態〉。《聯合晚報》，3月19日，A3版。

陳婉容（2014）。《茉莉花開：中東革命與民主路》。台北市：圓桌文化。

陳維茜（2015）。《新媒體時代下的社會運動實踐——太陽花學運中Facebook使用者的社會運動參與》，世新大學新聞研究所碩士論文。

黃玲媚、沈錦惠、石開明（2014）。〈網路傳播社會中的「電子符號行動

者」：從台灣國光石化案重構閱聽人之主體性〉，傳播與社會學刊，頁
101-148。

網搜小組（2016）。〈同志結婚6大謠言全破解！網友推爆：應該要做長輩
圖〉，《東森新聞雲》，2016年11月22日。網址：goo.gl/sebZXd。

鍾硯、夏春祥（2014）。〈私有熱情與集體共識：多元成家議題生命史之研
究〉，第六屆數位傳播國際學術研討會，2014年11月21日，嘉義縣：中
正大學。

Allen, M, (2012). What was web 2.0? Versions and the politics of Internet history, *New Media & Society, 15*(2):260-275.

Bahnisch, M. (2008). Political blogging in the 2007 Australian federal election: Beyond citizen journalism and towards civic creativity. *Pacific Journalism Review, 14*(2): 8-14.

Bruns, A. (2008). *Blogs, Wikipedia, Second life, and Beyond: From Production to Produsage*. New York: Peter Lang.

Fuchs, C. (2014). Social media and the public sphere. *Triple C 12*(1): 57-101.

Fuchs, C.著，羅世宏、徐福德譯（2017）。《社群媒體批判理論》。台北
市：五南。

Guo, L. (2017). WeChat as a semipublic alternative sphere: Exploring the use of WeChat among Chinese Older Adults. *International Journal of Communication, 11(2017)*, 408-428.

Havelock , E. (1963). *Preface to Plato*. Cambridge, M. A.: Harvard University Press.

Kaplan, A. M., & Haenlein, M. (2010). Users of the world, unite! The challenges and opportunities of social media. *Business Horizons, 53*: 59-68.

Karolak, M. (2017), 'The use of social media from revolution to democratic consolidation: The Arab Spring and the case of Tunisia', *Journal of Arab & Muslim Media Research,* 10:2: 199-216.

Massad, J.(2012). The 'Arab Spring' and other American seasons, *Al Jazeera*. 29 August. https://www.aljazeera.com/indepth/opinion/2012/08/201282972539153865.html

Murthy, D. (2013). *Twitter: Social Communication in the TwitterAage,* Cambridge: Polity Press.

Ong, W. (1977). *Interfaces of the Word,* Ithaca, N. Y.: Cornell University Press.

Wilson, C, and Alexandra Dunn. (2011). Digital media in the Egyptian revolution: Descrip analysis from the Tahrir data sets. *International Journal of Communication, 5*: 1248-1272.

Zhao, J. (2017). Hong Kong protest: A quantitative and bottom-up account of resistance against Chinese social media (Sina Weibo) censorship. *Journal of media and communication research, 62*: 72-99.

Zeng, F., Huang, Y. (2015). The media and urban contention in China: a co-empowerment model. *Chinese Journal of Communication, 8*(3), . 233-252.

8.
聚焦、攻擊、對話

9.
「母豬、ㄈㄈ尺、甲甲」有完沒完：淺談台灣批踢踢網路論壇之性別歧視文化

李佩雯　世新大學口語傳播學系副教授

摘要

　　台灣著名的BBS網站，批踢踢實業坊，簡稱「批踢踢」（PTT），乃是台灣目前使用人次最多的網路論壇之一。但近年來批踢踢八卦版上的討論與發文卻不乏可見各種性別歧視言論，例如：以厭女或仇拜金女的男性酸民所組成的「母豬教」（「母豬」多指未服膺傳統性別角色之女性），在批踢踢上開闢其網路宣洩空間。本文將檢視此網路性別溝通危機，首先闡釋批踢踢論壇之特質，並於文中探討母豬教作為台灣厭女文化代表之生成背景與原因，其所造成之網路性別霸凌效應，以及對於台灣社會二元對立、性別平等價值發展之負面影響。最後，本文主張以倡議「網路公民權」作為回應網路性別歧視言論之策略。

關鍵字：厭女、母豬、批踢踢、網路霸凌、網路公民權

前言

　　近幾年上課，只要一論及性別平等議題，氣氛便隱隱變得緊張肅殺。看著某些特定同學張大眼盯著我，好像隨時要準備使用他們的防衛性傾聽（defensive listening）來檢視我接下來的發言內容。有幾次，我被男同學當著全班的面「嗆聲」，甚至私底下謠傳我是激進、反男性的女權主義人士，儘管我曾多次強調自己是女性主義者，對抗的是父權體制，不是男性。學生與老師的意見不同不是一件奇怪的事，學習的殿堂鼓勵的也並非一言堂式的言論，對不同理念的理性分析與來往辯論，理當是好事，只是學生發言反駁我的方式往往帶著些許憤怒，好像他們真的遭遇了什麼不公平。曾幾何時，性別平等倡議的言論怎麼反倒變成決裂男性與女性主義者的危險話題？我不禁懷疑，「性別平等教育法」在台灣施行了十多年之後，這些對性別平等理念產生反感的想法究竟從何而來，是否又在某處獲得滋養與落地生根？所謂的「厭女情結」，會不會如恐怖攻擊與美國槍擊暴力犯罪一般，因為對某一特定族群的誤解進而形成仇恨，最終一發不可收拾？性別歧視的仇恨言論又是如何瀰漫在我們生活的周遭，甚至形成一種文化？

　　猶記2011年，埃及茉莉花革命的主要推手戈寧（Whael Ghonim）曾說過，「想要解放社會的話，你需要的，其實只是網路。」但是，經過幾年的沉澱與觀察，戈寧在其第二次TED演講中改口：「社群媒體將我們團結在一起，也將我們撕裂」（郭慧，2016年3月8日）。此般沉痛的反省若置換成台灣的脈絡，不難令人聯想起網路上的匿名黑文與相互對立的口水戰，其中又屬批踢踢（PTT）八卦版論壇最常引起話題討論。台灣著名的BBS網站，批踢踢實業坊，簡稱「批踢踢」（PTT），乃是台灣目前使用人次最多的網路論壇之一。批踢踢自1995年成立至今20餘年，由國立台灣大學電子布告欄系統研究社管理，註冊人數大約150萬人，擁有超過2萬個不同主題的討論看板，每日發表約2萬篇新文章、50萬則推文（黃厚銘，2016）。雖說批踢踢每天的瀏覽人次超過600萬，但是這個全世界少數僅存的BBS網路社群所締造之特殊網路現象及其學術意涵，長久以來並未得到傳播學、社會學研究者足夠的關注。直到野草莓學運、太陽花學運後，開啟網路直播潮流的批踢踢鄉民與「婉君」（取自「網軍」諧音）才終於獲得政府、社會大眾與媒體的重視（黃厚銘，2016年6月28日）。

壹、不只是瞎起鬨：批踢踢滿足了共在、社交、與社群需求

　　批踢踢網站上的註冊用戶，俗稱「鄉民」，在台灣被用來指稱網路上與群眾進行即時互動（例如：同時觀看球賽，即時討論賽事），藉著融入大眾的話題討論而得以宣洩情緒之批踢踢用戶。2010年之後，有些鄉民更是進階發展出自己特有的嘲諷風格，於是第二代以諷刺他人（尤其是高官權貴）為樂的鄉民，又被稱之為「酸民」。近幾年，新一代的批踢踢鄉民、酸民不再只是死守著電腦與鍵盤，他們開始熱衷於網路時事評論、營造群體意識與氛圍，甚至走上街頭參與社會抗爭，因此這批富有行動力的鄉民便被封為「網軍」，諧音「婉君」（黃厚銘，2016）。

　　根據黃厚銘（2016）主編的《婉君妳好嗎？：給覺醒鄉民的PTT進化史》，一般社群網站（例如：臉書）因為採用實名制，使用者多數傾向報喜不報憂，願意百分之百呈現真實的可能性有限，屬於打造自我形象的「個人化」溝通平台；而採用化名制的批踢踢論壇，反倒讓使用者更敢說出真心話，屬於「大眾化、主題式」的溝通平台，較容易引發網路文化風潮。根據鄉民的說法，「速度、量多與多元」正是批踢踢能存活至今的關鍵。批踢踢不僅擁有大眾媒體的優點，讓使用者之間可突破空間與時間的限制進行交流，它同時也克服了大眾媒體的缺點，其資訊傳遞無須再經過組織的層層篩選審查。鄉民們認為，批踢踢的交流重點不在於雙方是否達成共識的「內容層次」，而是擺在交流就等於「人與人之間的連結成立」的溝通行為層面。也就是說，討論的內容並不是鄉民們最在意的，關鍵是大家是否在進行交流、炒熱話題（同上引：45-49）。

　　批踢踢鄉民所熱衷的無理性路過、湊熱鬧亂聊、起鬨，據黃厚銘（2013）所言，突顯出「我們」的重要性與「共在」的盛行。這樣的溝通模式也許並不具有特定的目的，而是以一種單純保持著聯繫，讓自己置身在群體之中的形式，參與一個網路上的群聚。換言之，從早期的資訊交流功能到現今以不同主題的大型版面作為焦點討論的形式，像批踢踢這樣的網路社群，其所提供的陌生群眾交流與溝通本身所構成的同在與共感，即是該社群存在的目的。批踢踢鄉民與成千上萬的人即時互動的那種情緒高昂，在瞎起鬨與湊熱鬧背後所體現對於人類社會與社群的需求，似乎形成了一種平衡個人自由與群體歸屬安全感的虛擬社區。而批踢踢的使用文化也正好回應了人

們過去在鄉間節慶時所體驗的人際情緒共感與集體亢奮之情，黃厚銘（同上引：20）稱其爲「流動的群聚」（mo-bility），並以此「來彰顯這種流動、彈性、試圖在個人與社會、自由與安全、隔離與連結的愛恨交織間求取平衡的人際關係之興起」。黃厚銘（2016年6月28日）認爲：

> PTT鄉民文化是後現代精神的反映，而呈現出個人與社會的愛恨交織。鄉民不是別人，就是當下的一般人。他們既想突出自我，又想與大多數人情緒共感。也如同Simmel筆下的時尚（fashion）一樣，既想引領風騷、突顯個性，但這樣的個性又需要潮流趨勢展現的集體性來支持。這心態解釋了在PTT中層出不窮、時有所見的亂板、樓蓋歪、接龍等有如腦力激盪的行爲，和PTT鄉民所共有的語言遊戲。包括魯蛇、婉君、鄉民等需要以鄉民百科的方式建立辭典的諸多詞彙，即具現了前述引領風騷的創作動機與團結內部並區隔外人的意圖，這兩股力量的交織。

批踢踢的確成爲了網路鄉民在虛擬世界中一個重要的現實建構社群，也是鄉民們日常生活的重要出口。年輕世代甚至會跳過新聞報導，直接從批踢踢上涉獵全世界重大新聞事件的各種觀點。

爲《婉君妳好嗎》撰寫推薦序的蘇碩斌指出，批踢踢這種「多對多」的橫向傳播模式，不僅建立起推文起鬨的喧嘩文化，同時善用了人類可以任意賦予符號意義的特色，爲世界的事物重下定義，許多曾經火紅的網路用語都出於批踢踢鄉民之手（例如：以天龍人稱呼台北人），可謂語言的實驗基地（黃厚銘，2016：5）。而多對多的傳播模式也使得鄉民得以在虛擬的公共空間討論各種主題，一旦聚集了很多人談論同一件事，便會造成洗版，甚至登上熱門版的效果。批踢踢就像是個培養鄉民共同笑點的場所，因爲這些共同的笑點、默契和記憶，鄉民也逐漸塑造出彼此共享的認同（同上引：144）。但，筆者憂慮的是，某些政治不正確與缺乏道德約束的酸民笑話與嘴砲，似乎默許了貶抑女性的歧視性話語，讓這些可能造成傷害的語言成爲了一種公認的幽默與取樂方式。所謂不必太認眞看待的反串、反諷、誇大其詞，會不會背後隱藏著的是嚴肅的集體偏見與針對女性的歧視（同上引：161-162）？哈佛大學教授Sunstein所提出的「群體極化定律」，剛好可用來描述這種網路群體現象。隨著鄉民們大量地進行討論，集體的意見會朝著某

個特定方向或立場偏倒，酸民文化當然也助長了這類現象。之前在網路上經常出現的說法：「馬路三寶」（女人、老人、老女人），就是最佳例證。因為男性鄉民在八卦版上諷刺女性不會開車，女性是路痴，於是這樣的刻板印象在頻繁的討論之下，也慢慢地讓人信以為真（同上引：240-241）。

　　總括來說，筆者在肯定批踢踢滿足鄉民這等流動群聚需求的同時，也不免質疑，有時鄉民們未經查證、不必以真名示人的湊熱鬧、七嘴八舌，會不會反而是形成偏見、歧視的源頭？鄉民確實能對權貴政要提出犀利的評論，但也可能成為誤用鄉民正義、及錯置風向的網路法官。當非主流中的主流（網民）因為過度情緒性（大家一起來喊燒）而誤解了女性主義、性別平等的意義，那麼那些共感、同在會不會反而變成一個不斷朝一方傾斜，同時強化仇恨的無底樹洞？

貳、厭女文化的代表：母豬教

　　批踢踢八卦板上不難見到針對某些性別族群政治不正確的鄉民討論，諸如本文標題所示：母豬（具非傳統女性角色特質的女性）、ㄈㄈ尺（CCR, cross culture romance）、甲甲（男同志，取其諧音gay）。本文將聚焦於2016年底引發鄉民激烈討論的「母豬教」話題，來進行批踢踢厭女文化之初探。

　　厭女（misogyny）一詞近來廣受網路媒體關注，其定義可回溯到An-dermahr, Lovell, & Wolkowitz（1997）所述——對於女性的害怕或憎恨（the fear or hatred of women）。但台灣批踢踢論壇上所呈現的厭女文化卻不盡然與上述定義雷同。厭女情結很容易被誤解成是憎恨、厭惡女性，以至於在網路討論時容易出現「加害者全是男性、受害者一定是女性」的錯誤觀念。實際上，厭女的核心所欲突顯的是「陽剛崇拜與陰柔厭斥」。換言之，厭女思想所欲傳遞的是女性應該符合父權男性心中的性別價值，女人不該愛錢，不該有太多交往對象（尤其不該交往外籍人士），倘若沒有服膺這些傳統價值就不算是個「好女人」，應該受社會大眾所譴責。由於網路具備匿名性並且大都無法可治，於是網路論壇上的厭女式發言更加肆無忌憚，逐漸形成一套網路厭女文化（鄭育婷、江品萱、蔡祁珊，2017）。

　　據鄭育婷等（2017：92-93）所歸納，批踢踢上出現之厭女行徑可分為三種：(1)「醜」女，攻擊者以醜化女性為主要意圖，透過網路上其他相似經驗網友的附和與認可，來性別化某些女性的行為，讓人產生一種「只要是

這種性別的人，就有很多這樣的人」的感受，例如：拜金女或ㄈㄈ尺的標籤，讓人產生女性就是愛錢、感情生活不檢點的觀感。(2)「醜」女，其主要的作法是強化傳統性別刻板印象，並認定其為女性負面的特質，加以嘲笑調侃。例如前述的馬路有三寶，老人、女人、老女人，試圖深化女性不宜開車駕駛的錯誤觀念。(3)「仇」女，筆者認為此一現象目前對女性最具殺傷力，凡是不符合傳統父權體制性別文化腳本的行為，都以仇恨的語言論斷之。例如：已過適婚年齡卻仍單身的女性被貶抑為剩女、敗犬，或是只要超出父權腳本的女性都不會是好妻子或好媳婦。另外，像是曾在批踢踢表特版（Beauty）上張貼美麗照片的女性，也多被回報性意涵的字眼（例如：想上、想揉等），以反動其反傳統、表揚自己外貌的行為。

　　自2015年底，批踢踢八卦板上引起熱議的「母豬教」（後續引發「苗蘇」之戰，即社會民主黨代表苗博雅與網路紅人蘇美之網路筆戰），似乎充分展現了上述的三種厭女行徑。根據余貞誼（2016）的資料蒐集與分析，批踢踢八卦板上從2015年底到2016年之間有關「母豬」的相關推文和回文，出現龐雜而矛盾的不同定義，可謂「一個母豬各自表述」。而最初提出母豬一詞的母豬教教主Obov曾經煞有其事的回應「母豬母豬，夜裡哭哭」作為其教義核心。母豬雖說定義不明，但歸納而言，似乎還是有以下共通點：有公主病的女性、醜或胖的女性、展現情慾的女性、跟外國人交往的女性、大齡單身的女性、拜金的女性、崇尚女性主義的女性等。母豬教徒們雖然不斷以「不是仇女而是仇母豬」作為反駁，但究其行徑與其口中所謂的母豬，其實指的正是非傳統父權主義腳本下依附男性的女性，所以不難發現其厭女之實（Audrey Ko，2016年6月6日）。

　　令筆者匪夷所思的是，性別平等作為一種多數國家認同並共同追求的民主價值，美國前總統歐巴馬與加拿大總理杜魯甚至都曾公開表明自己為女性主義者，那麼為什麼這麼多台灣男性卻會認同上述所提之厭女觀點？

參、母豬教生成的背景與原因

　　上野千鶴子（2015）在其著作《厭女：日本的女性厭惡》中指出，厭女不只是單純的討厭女人，而是男人在成為性主體的過程中，必須不斷將女性客體化、他者化，以此來證明男性自身的存在價值與優越性。母豬教徒們將女性區分為「好女人」和「壞母豬」，恰好顯現了自己無法用過去的守舊傳

統宰制女人的終極焦慮。當母豬教徒發現自己不再掌握關係裡的主導權，這樣的焦慮讓他們產生了毀滅性的念頭：要翻轉社會太難，但是要將恨意瞄準那些追不到、慾望不到、情慾不羈的女人時，也許比較容易（Audrey Ko，2016年6月6日）。

從男性的角度來分析，劉揚銘（2016年11月21日）認為，這些男性之所以仇視所謂的母豬，可從三個背景來說明：(1)對婚姻的傳統觀點；(2)不景氣的經濟因素，以及(3)青年男女交往關係的轉變。換言之，在婚姻、經濟與男女交往三個面向上，男性的相對權力掌控地位下降，或許是母豬教誕生的可能原因。而這三個背景其實彼此互相交纏影響：經濟差，現代男性愈是賺不到錢，無法提供經濟力，愈是把心中的壓力表現在斥責拜金女、那些賺錢自己出國去玩、和無法實踐AA制的女性。殊不知，男性的這些掙扎與矛盾正是因為傳統的性別觀念尚未被完全顛覆所導致，並非全然是女性的錯。另外，男女交往現在也不完全由男性來主導，許多女性並不見得會將婚姻當成交往的前提，因此母豬教徒們只好自稱工具人來安慰自己，以公主病來批評其他拒絕和自己交往的女性。

依筆者之見，在後女性主義（post-feminism）時代的氛圍下，許多出生於第二波女性主義浪潮（second-wave feminism）之後的天然性平們，以為女性主義者們的仗已經打完，這個世界應該「已經」性別平等了（卻完全忽視兩性同工不同酬的現狀），反倒是持續「高張的女權主義者」，才是造成眼前性別不平等的禍首。因此當母豬教徒們遭遇到對於性別平等觀念理解不清、對女性有利的性別實踐才買單的女性時，很容易使母豬教徒們對號入座女性主義者要的都只是對自己有利的自助餐式互動與對待，而母豬教徒也往往將男性被取消的既得利益（male privilege），誤解成自己的權益因為女性主義者的出現而硬生生被剝奪。因此，厭女文化的興起男女有責，某些母豬教徒可能是現實生活中真的遭遇到異性不公平的對待（例如真的把男性當成工具人、綠皮卡使用），但礙於社會政治正確的風氣及對於男性各方面風度表現的要求，讓這些男性在現實生活中無法輕易說出自己的苦處，於是利用網路空間尋求其他看熱鬧或類似經驗鄉民的慰藉，在自己的同溫層上挖一個樹洞，不斷對著裡頭發洩、聽取回聲。但筆者想要提醒母豬教徒的是，情緒上的抒發並無法真的改變現狀，只會讓人產生反感。更遑論，這樣的情緒抒發已經造成了網路上的性別霸凌。

肆、網路性別歧視與言語暴力只是嘴一嘴的虛擬現實？

西方學者Citron（2011）指出，網路性別挑釁（gendertrolling）（Mantilla, 2013）、網路性騷擾、網路仇女（cyber misogyny）等皆可被稱之為一種線上的敵意行動，其目的在於顯現威脅性，並以言語攻擊的形式引起目標對象產生負面而強烈的情緒反應，最終為的是讓霸凌者在網路上推行的信念為人所認可接受。相較於現實生活中厭女、仇女的霸凌言論多為世人所抵制，且嚴重者亦有相關法律可訴之，網路世界因為具有匿名性，反而好像鼓勵了極端仇女言論延燒的可能（余貞誼，2016）。

事實上，厭女文化在批踢踢上所產生的效應，已形成一種網路性別霸凌。其所帶來的影響，使得女性網路使用者產生自我監控與審查（self-censorship），進而演變成自我設限（self-restriction），長久下來可能導致網路上的社會資本差異（鄭育婷等，2017）。比方說，母豬教徒在網路上發起的仇女行動，一來傳頌性別刻板印象，二來將女性視為一性客體，指稱其存在目的只有滿足性主體（男性）的需求。而這樣的行動已經不只是網路上的行為玩笑，更實際影響到他人的權益。例如：母豬教教主遭水桶[1]，導致教徒改至女版鬧事發文，讓女版版友不堪其擾，為求自保而隱板七日，甚至想移往PTT2以圖清淨，最後以唯讀三日做結（余貞誼，2016）。筆者質疑，網路上的言論極化真的如母豬教徒所言，僅限於在鍵盤上「嘴一嘴」嗎？雖然眾母豬教徒一再強調「跟鄉民認真你就輸了」，網路上發生的激烈言詞爭論，不會對線下生活帶來任何影響，但追根究柢，母豬教徒又是如何能做到線上是一種人格與信念，線下又是另一種生活樣態呢？發出去的文字，真的可以不在讀者心中產生任何漣漪嗎？

Jenson & de Castell（2013）認為網路仇女的現象可依個人、文化、和制度／政府三個層次進行剖析。套用母豬教事件作為例證（轉引自余貞誼，2016），首先在「個人」層次上，很明顯地這類仇女言論與性別挑釁的行為確實會引起涉入討論的個別女性不舒服，或產生被冒犯的強烈感受。而這種不愉快的感覺，已經很接近一種因為恐懼、威脅、恫嚇所形成的被迫服從

---

[1] 根據批踢踢鄉民百科的定義，「水桶」是板主可動用的處罰之一。被水桶的人在水桶期間內，將無法在該看板發文、推噓文。稱為被水桶或被浸水桶，有到水桶裡泡個水冷靜冷靜的意思。

（hostile environment）。而這樣的網路言語威嚇效果為的就是希望能引發寒蟬效應，致使女性們自我噤聲，宛如一種網路參與自由的剝奪。

其次，再從文化的層面來看，母豬教徒雖然言語上霸凌的是個別的女性，但是其言論內容，如余貞誼（2016）所言，已經明顯傳達出一種「傳統的性別刻板角色才是對的、女性是次等的，是用來滿足性主體（男性）的」，不適合出現在公共領域發表個人意見。如果不遵守這樣的母豬教規則，就屬「壞女人」，理當被群起圍剿。但，很弔詭的是，為什麼這些母豬教徒有權力定義好女人、壞女人的標準，女性在公私領域的行動界線，與女性在公共空間該如何現身？這些女性和性別文化的控制權為何要由母豬教徒來判準，由他們來主張與論述？

第三，母豬教徒的風波同時也牽涉到制度層面的意義。如同過去當性騷擾、約會強暴、家暴這些行為尚未以語言來定義其現象本身時，亦即未被命名（naming）之前，這些犯罪行為在一般人的生活當中是難以被具象化、難以被討論的。但是因為性自主、身體自主運動的崛起，這些行為被命名之後，人民才得以透過現象發聲喚起國家、法制單位的關注，進而發展出適當的法律保障。而此刻，如果我們要讓一般大眾對於網路性別歧視、性霸凌產生覺醒，首先該做的就是把這個本來可能被視為是單一事件的私領域問題，提升至公領域層次來討論（personal is political），成為公共議題。常見的筆戰回應方式雖然能表達個人意見，但卻容易造成情緒上極大的傷害與失衡。如果能透過群體的力量讓如此對人民、社會有害的行為揭櫫於公共領域，並設法防堵之，應該是未來改善網路性別歧視與霸凌可以進一步思考的方向（余貞誼，2016）。

伍、正視網路性別歧視，提倡網路公民權

台灣目前是以人工審查的方式來對抗網路性別歧視，亦即版主被動受理檢舉，再進行審查，來防堵此類言語暴力的蔓延，但是系統性的反厭女網路規範，至今仍然未見。諷刺的是，就像俄羅斯以假帳號來操控美國的選舉一樣，言論自由與仇恨論壇之間的拉扯與亂象，等同於民主社會終於被自己所倡議的價值給「打了一巴掌」。而這一巴掌的背後提醒我們的是，如果言論自由的價值不得輕易受到干預，那麼這些類似的問題就會不斷發生，似不可輕忽。

較為明顯的攻擊性言論當然可以透過網路論壇編輯小組的過濾與噤聲，但我們同時應該思考的是，產生這些厭女論壇的原因除了經濟因素之外，是否與我們的社會正在面臨性別平等價值倡議上青黃不接的階段有關？也就是，許多關於性別平等的觀念其實並未清楚而正確地傳達，以至於社會上流傳著太多錯誤的觀念、太多誤解。換句話說，「性別意識與知識的不足」直接影響了網民是否能夠在公共領域產生正確、合理的對話。即便某些社群媒體藉由貼文倡議性別友善的網路環境，但是因為網路演算法容易製造同溫層的緣故，多數這類訊息，也只能來往於觀念相似的群組之間，以至於提升性別意識的訊息似乎還是難以傳到彼岸。因此，有關處置網路性別歧視行為的討論不乏出現「資源提供策略」先於「控管」的行動策略，與其管制網路上散播厭女言論的產生，倒不如賦權（empower）厭女文化的受害者。例如：在網路上傳播有關女性主義的正向思考，以及規劃面對網路言語暴力的使用指南等（鄭育婷等，2017）。

具體而言，余貞誼（2016）主張，台灣可藉由性別文化教育及網路公民權的倡議來改變網路上與性別相關的仇恨語言、線上騷擾所形成的社會意義。換言之，藉由標示命名「網路公民權」（cyber civil rights），網路使用者得以知悉網路上的性別歧視行為並非只是單純的逞口舌之快，這樣的仇視行為必須付出一定的代價，以建立性別友善的網路空間。根據Citron（2009）的說法，網路公民權指的是一個肯認網路平權的基礎框架，其認定網路上的言語騷擾行為屬性別歧視的一種，強調這種對社會群體有害的行為應該不被任何網路公民所忍受。換言之，網路公民權欲傳播的理念是，所謂言論自由並非躲在這把大傘下毫無節制地用言語傷害他人、影響他人發表政治論述的自主性，網路上的性別歧視行動並非毫無代價（Jenson & de Castell, 2013）。至於代價為何，或可結合公民團體監督（media monitoring，例如：媒體觀察教育基金會）機制，進行實踐層面的探討。

除了網路公民權的倡議之外，筆者認為持續培力閱聽眾具備線上理性對話的能力，亦是不可懈怠的教育工程。早期的網路研究學者Ebo（1998）曾提出「網路理想國」（cybertopia）與「網路貧民窟」（cyberghetto）兩大概念。「網路理想國」的概念主張，網路科技的使用能夠促進民主與平等社會的發展；相反的，「網路貧民窟」的概念則是認為網路中介的使用反倒再次複製或強化了現實生活中的不平等樣貌。筆者認為，網路世界的互動與溝通並非如上述所言非黑即白，不是理想國，就是貧民窟，而可能是線上文本

互文（intertexuality）與互動性（interactivity）之下的辯證與拉鋸（Warnick, 2007）。雖然本文所討論的案例多顯現了網路貧民窟的嚴重性，但是筆者相信目前傳播研究所強調的數位識讀教育（digital literacy）與電子符號行動者「可交代性」（accountility）的言說特質（黃鈴媚、沈錦惠、曹開明，2014），應該能逐步提升網路使用者理性對話的線上溝通素養，避免輕易落入線上惡意怒罵、攻擊（flaming or trolling）的困局。

　　總括來說，眼前台灣社會應致力於從公領域的性別平等法律變革，轉向落實性別平等的生活實踐，從日常生活的對話建立起人與人之間相互平等對待的價值理念。倘若現實生活中的互動不見性別平等意識的足跡，那麼公領域的法律規範，充其量也只是形式主義，表面工夫。透過本文對批踢踢上厭女文化之檢視，筆者甚且進一步思考，厭女的行為或許不僅可見於線上的言語暴力，亦可能蔓延成線下的敵意環境或肢體暴力？這樣的思考也拉開了線上／線下性別歧視的討論版圖：母豬教徒線上的言說意志是否會影響其線下的人際互動？而女性們是否也曾在線下環境中感受到類母豬教徒語言上或非語言上的敵意對待？此等提問乃科技與網路傳播研究者未來可繼續投入之研究範疇。

參考文獻

Audrey Ko（2016年6月6日）。〈誰是母豬教徒？當仇女成為一種流行〉。《女人迷》。上網日期：2017年10月13日，取自https://womany.net/read/article/10857。

上野千鶴子（2015）。《厭女：日本的女性嫌惡》（楊士堤譯）。台北：聯合文學。

余貞誼（2016）。〈「我說妳是妳就是」：從PTT「母豬教」的仇女行動談網路性霸凌的性別階層〉。《婦研縱橫》，105：22-29。

郭慧（2016年3月8日）。〈後悔用臉書發起阿拉伯之春？埃及革命推手：社群媒體讓世界更聳動、更一面倒……〉。《商業周刊》。上網日期：2017年10月13日，取自http://www.businessweekly.com.tw/article.aspx?id=15837&type=Blog。

黃厚銘（2016年6月28日）。〈捕獲婉君：網路「鄉民研究」的評析〉。《巷仔口社會學》。上網日期：2017年10月2日，取自https://twstreetcorner.org/2016/06/28/huanghouming-3/。

——（主編）（2016）。《婉君你好嗎？給覺醒鄉民的PTT進化史》。台北：群學。

黃厚銘、林意仁（2013）。〈流動的群聚（mob-ility）：網路起鬨的社會心理基礎〉。《新聞學研究》，115：1-50。

黃鈴媚、沈錦惠、曹開明（2014）。〈網路傳播社會中的「電子符號行動者」：從台灣國光石化案重構閱聽人之主體性〉。《傳播與社會學刊》，27：101-148。

劉揚銘（2016年11月21日）。〈晚婚、經濟差、男女交往逆轉——「母豬教」誕生的社會背景〉。《聯合報》。上網日期：2017年10月7日，取自https://opinion.udn.com/opinion/story/6072/2119748。

鄭育婷、江品蓁、蔡祁珊（2017）。〈醜女，丑女，仇女！以參與聯合國婦女地位委員會暨非政府組織周邊論壇經驗，談台灣本土網路厭女圖像與翻轉契機〉。《婦研縱橫》，107：90-97。

Andermahr, S., Lovell, T., & Wolkowitz, C. (1997). *A concise glossary of feminist theory*. London, New York, Sydney and Auckland: Arnold.

Citron, D. K. (2009). Law's expressive value in combating cyber gender harassment. *Michigan Law Review, 108*(3), 373-415.

Citron, D. K. (2011). Misogynistic cyber hate speech. Retrieved August 15, 2017, from http://digitalcommons.law.umaryland.edu/cgi/viewcontent.cgi?article=2143&context=fac_pubs.

Ebo, B. L. (1998). Cyberghetto or cybertopia?: Race, class, and gender on the internet. Westport, CT: Greenwood Publishing Group Inc.

Jenson, J., & de Castell, S. (2013). Tipping points: Marginality, misogyny and videogames. *Journal of Curriculum Theorizing, 29*(2), 72-85.

Mantilla, K. (2013). Gendertrolling: Misogyny adapts to new media. *Feminist Studies, 39*(2), 563-570.

Warnick, B. (2007). *Rhetoric online: Persuasion and politics on the world wide web*. NY: Peter Lang.

10.
網路直播節目主持人之口語表達策略建議

劉文英　世新大學口語傳播學系助理教授

摘要

　　近年來，包括美國的YouTube、Facebook、中國的騰訊等社群媒體公司，都相繼推出了讓使用者能夠產製直播影音節目（web-based live streaming shows）的平台，其目的在於利用直播功能產製節目，再藉由高點播率之直播節目主持人（簡稱「直播主」）這類新媒體的影響者（influencers）的人氣，替網路影音直播平台（簡稱直播平台）業者帶來廣告收入。此外，部分平台所建置付費功能，讓粉絲（followers）能夠獎勵（例如給予金錢「打賞」），直播主的表現，粉絲所付出的費用除了作為直播主的薪資外，是網路平台重要收入來源。因此作為一位高獲利的直播主，除了要能吸引粉絲經常造訪瀏覽其直播節目外，更重要的是要能夠維繫甚至深化彼此關係，讓粉絲願意「打賞」。然而直播節目與傳統主要透過一對一（dyadic）與面對面（face-to-face）的人際互動（interactive）的情境不同；通常是直播主一人在直播間裡要面對眾多粉絲，幾無與個別粉絲一對一相處的機會，同時，直播主與粉絲任何對話都是以公開的形式進行，直播主與粉絲也極少線下親身溝通的機會。這些在直播間情境裡發展出的人際關係，也許與傳統發展人際關係的條件不同，展現樣貌也不同。然而直播主必須與粉絲維繫「某種」人際互動關係，才能夠取得粉絲的支持，持續收看與打賞。換言之，直播主在轉播時要使用哪些語言（verbal）與非語言（non-verbal）策略，才能讓粉絲們感受到直播主跟自己存在某種人際關係？以至於粉絲願意投資這個人際關係，經常收看直播節目或是打賞直播主來維繫關係。本文將回顧媒體現有媒介角色與閱聽眾之間所產生之擬人際互動的相關研究成果，試圖找出直播主應該使用哪些語言（verbal）與非語言（nonverbal）溝通策略來達到維繫關係的目的，藉以提供直播主在與粉絲互動時的參考。

壹、研究目的與動機

近年來，包括美國的YouTube、Facebook、Twitter，中國的騰訊等社群媒體公司，都相繼推出了讓使用者能夠產製播放直播影音節目（web-based live streaming shows）的網路直播影音平台，其目的在於個人可以產製節目然後在平台中播出；而閱聽眾可以觀看節目，並且藉由「彈幕」（danmaku）或是留言區與主播即時互動。提供上架的頻道，再藉由高點播率之直播節目主持人（簡稱「直播主」）這類新媒體的影響者（influencers）的人氣，替網路影音直播平台（簡稱直播平台）業者帶來廣告收入。此外部分平台所建置付費功能，讓閱聽人／粉絲（followers）能夠獎勵（例如給予金錢「打賞」、購買直播主推銷的商品）直播主的表現，這個付費功能除了作為直播主的薪資外，也是網路平台重要收入來源。例如在眾多網路直播主中，其中最吸引大家注意的直播主大概非中國網路直播主「阿冷」莫屬。據說「阿冷」在2016到2017年八個月的收入就高達3千萬人民幣（中時電子報，2017/08/24）；這個收入，據說比中國一線女星楊冪2015年的收入還要高（KKNEWS, 2016/11/23）。而她的頭號粉絲「再見是藍」，更是在「阿冷」的粉絲人數破百萬的當天，一共打賞約60萬人民幣給阿冷。這位粉絲大手筆的行為引起大家的關注，原來一位能夠有效經營粉絲關係的直播主，能夠替自己以及平台帶來如此大筆的收益。

因此我們可以推論，作為一位成功、達到高轉化率，讓自己與平台獲利的網路直播主，除了要能吸引粉絲經常造訪瀏覽其直播節目外，更重要的是要能夠維繫甚至深化彼此關係，讓粉絲願意持續「打賞」，然而從口語傳播研究角度來看，我們也很好奇，到底這些名利雙收的網路直播主除了才貌雙全之外，是否對於維繫網路擬人際關係也有特殊的作法，他／她到底說了什麼話（語言訊息），做出什麼事（非語言訊息）以至於可以維持高人氣以及高支持度？

直播節目與傳統主要透過一對一（dyadic）與面對面（face to face）的人際溝通所建立的人際關係的語境不同。直播主一人要面對眾多粉絲，幾無與個別粉絲一對一相處，或是線下親身溝通的場景，而直播主在直播期間與個別粉絲的對話內容幾乎都公開的。因此直播主是否能夠與粉絲在直播間裡發展出有意義的人際關係？如果可以，是透過哪些語言（verbal）與非語言（nonverbal）溝通策略發展出來的？哪些溝通策略可以鼓勵粉絲與直播主之

間的互動頻率，並且深化彼此之間的關係？這些問題除了成爲關乎主播與平台業者的獲利多寡外，更重要的是，從口語傳播研究角度來看，網路直播間似乎是一種新型態的人際傳播情境，直播主與粉絲之間的互動，似乎脫離傳統大部分必須透過面對面溝通才可能建議人際關係的模式，進而可能發展出不同與面對面溝通的人際樣貌與規範，而這套規範，未來也有可能從線上走到線下，影響我們眞實人生的人際互動規範。然而目前有關這個直播平台新興互動現象的研究非常有限，因此本文希望藉由整理相關研究結果，希望能夠回應上述問題。

爲了釐清這個脈絡以及回答上述問題，本文首先將從簡介目前台灣直播影音平台的現況出發；接著整理現有閱聽人如何透過電子媒介（如電視節目、廣播節目）與角色（如節目主持人、電視演員）發展出某種人際互動情境爲題的的文獻，最後根據從現有資料，提出針對增加直播主與粉絲人際互動效能的建議。

貳、網路影音直播平台的樣貌

網路影音直播平台結合網路影音、線上視訊、社群網站、即時通訊等相關科技。相對於傳統影音平台如傳統電視台，或是網路電視台，其節目是由電視台的專業人士（professionally-generated content, PGC）決定，主導權在電視台而非主持人。網路影音直播平台則是提供一個由使用者自行生成（user-generated content, UGC）播放內容的管道。

資策會在2014年「寬頻應用現況與需求」調查報告中指出，人們最常從事的行動網路行爲中，第一及第二頻繁的行爲分別是使用個人社交網路74.9%、使用行動即時短訊64%，排名第三的則是以行動裝置觀看線上視訊訊息（61%），而其餘行爲都在六成以下（韓京呈，2015）。雖然上述研究並無分辨參與調查的受訪者是否在直播平台或是一般影音平台上觀賞影片，但是這個數字還是顯示出台灣人觀看線上視訊比例相當高。目前在台灣市占率50%位並居第一的直播平台是「17直播」，截至2017年底，「17直播」宣稱擁有全球共4,000位直播主，2017年的年收入逾10億台幣（蘋果日報，2018.02.23）。

網路影音直播平台的節目，節目的內容也非常的多元：從食衣住行育樂（例如「愛吃教主Erica」直播介紹美食節目），到個人生活內容分享（例

如主持人黃子佼的直播節目）或是與粉絲分享生活心得素人（例如「17直播」的倪耐斯）、娛樂性內容（例如星座專家唐綺陽在臉書直播西洋星座解析）、以銷售商品為主的內容（例如戲劇演員藝人陳昭榮曾經在臉書直播拍賣海鮮）、甚至還有整個平台專門用來討論網路遊戲活動或是轉播線上玩家互相對抗的實況（例如Twitch）。以上這些直播節目的內容，部分節目內容跟傳統電視台所製播的電視節目類似；其製播內容全由專業人士產製（PGC），其他節目內容，可能是素人自行產製（UGC），有時則是結合素人與專業團隊共同製作（PGC加上UGC）。

　　雖然影音平台的內容種類繁多，節目的數量也不少，不過青菜蘿蔔各有所愛，各類節目似乎都能夠吸引不同類型的使用者。這個特性，也造就了直播平台的特色。例如蔡易靜（2011）指出，平台使用者們幾乎都能在平台上找到自己想要觀看的影音類型，這種特質形成使得影音平台成為一個具有爆發潛力的分眾市場。然而這種節目內容多元，閱聽人喜好也多元的特性，也讓影音平台內容呈現高度的競爭性，因此閱聽人的對於主持人以及節目內容的黏著度，最終將會決定平台的獲利率。根據創市際公司在2017年7月的調查報告結果顯示，在627位有效問卷當中，台灣網友最常收看的直播平台第一名是Facebook（84.3%），其次是YouTube（62.2%）與Instagram分居二、三名，「17直播」（14%）則是位居第四；其中前三名因有社群網站加持，所以觀賞人數眾多，但若以純直播平台的收視率來看，17直播的支持者最多。不過前四名的績效仍然遙遙領先其他的平台業者。顯示台灣的網路直播平台業者也是走向大者恆大的發展方向。

　　可想而知，這些維持領先地位的影音平台，代表著他們的節目相對吸引人，造訪網站的人數夠多，直播主們與粉絲們人際互動的強度也夠，粉絲願意贈送直播主各種點數、虛擬禮物。這樣平台業者才能支付高額的網路費用並且獲取利潤。然而要能夠吸引足夠的粉絲加入觀賞節目，固然直播主的個人特色以及才藝能夠吸引粉絲，直播主勢必爭取粉絲的認同，與分析建立某種可以逐漸深化的人際關係。當粉絲認為直播主跟自己愈熟悉愈親近，粉絲愈有可能利用餽贈點數禮物來回饋這段人際關係。因此，直播主必須能夠有效經營與粉絲之間的人際關係。然而，如前所述，直播主與粉絲絕大部分「相處」時不會有面對面溝通的機會，因此發生人際互動的語境並非面對面，而是透過網路平台做為介面，間接溝通。如此一來，傳統的人際溝通理論似乎並不完全適用與建立與維繫這類人際互動語境。事實上，這種發生在

直播間裡的人際互動，因為沒有面對面，甚至更不是一對一，而是一位直播主面對多位粉絲，在一對多，透過平台做為媒介所產生的互動過程中。因此若要協助直播主開展或是維繫與粉絲的關係，傳統人際溝通情境中的語言與非語言策略也許並不完全適用；需要另闢蹊徑，尋找透過媒介發生的人際互動的規則，才能有效發展直播間裡的人際關係。

參、何謂直播影音平台上的人際互動

在我們探索直播主如何在這種新興的人際互動語境下與粉絲互動前，我們必須先描述雙方在網路直播影音平台情境下的互動的現況。基本上，在直播間裡面發生的人際互動，多半是由直播主（通常是一位）擔任直播內容訊息產製者，同時針對多位閱聽人（粉絲）進行公眾溝通（public speaking）的過程，而閱聽人在進行直播時，則藉在留言板或是彈幕發言與直播主互動。直播主看得到進入直播間的粉絲帳號，因此直播主在鏡頭前可以透過呼喊粉絲帳號，與粉絲互動打招呼。但是在這個公開的直播間裡，直播主一舉一動無法只播放給特定對象，因此直播主溝通的內容，多半不會是針對個別粉絲製作內容；除非是直播主針對個別粉絲做出的特定互動行為（例如粉絲問候剛加入直播間的粉絲或是感謝粉絲打賞）。

然而這種直播間互動型態，類似發生於大眾傳媒中，閱聽人與媒介角色間產生的擬人際互動現象十分類似。因為當大眾傳媒中的「媒介角色」（如廣播節目主持人）如在節目裡問候粉絲，與粉絲打招呼，就算訊息是針對特定粉絲（例如寫信來電台給主持人的粉絲聽眾），主持人也只能向「所有的」粉絲發出的問候，雖然可以特別說明這個感謝訊息是要給特定人士，但是在大眾傳媒一對多的語境下，媒介角色是無法與個別粉絲進行互動而不允許其他同時收看的閱聽眾看到。這類屬於非親身，非面對面以及訊息接收者定義曖昧的一對多的溝通，與媒體心理學中所提到的媒介角色與閱聽人擬人際互動現象十分類似。因此要探究直播間直播主與粉絲的互動模式，我們也許可以先從了解媒介角色與閱聽人之間的擬社會互動開始。

擬社會互動（parasocial interaction, PSI）這個概念，是由學者Horton和Wohl（1956）率先提出，用以描述閱聽人以及媒介角色（如節目主持人或是戲劇節目的角色）經由在媒介空間中互動的過程，形成的一種「擬似」人際關係的關係；其中閱聽人通常將此互動關係當作真實人生的人際關係看待。

然而擬社會互動中的「互動」，是指傳播過程中一種心理狀態，焦點在於人們感知的過程與結果。如果用上述概念解釋直播主與粉絲之間的互動，也許可以解釋成如McQuail、Blumler以及Brown（1972）所描述的現象，粉絲可能在與直播主互動當中，產生彼此正在「對話」的感受，讓粉絲產生有種「真有其事」的感覺。然而此種心理狀態是單向（non-interactive）且受媒介角色所控制，也就是說擬社會互動的發生與互動程度高低，受媒介角色影響而非閱聽人所決定的。因此這種互動被認為是一種不對稱的互動關係（Hartmann, 2008; Horton & Wohl, 1956; Jones & Gerard, 1967）。不過Giles（2002）認為，就算這種關係未必對稱，擬人際關係其實還算是一種「常態性社會行為」（p.280），只是這種關係在訊息接收者與傳送者之間存在著距離罷了（Giles, 2002; Horton & Strauss, 1957）。

既然擬社會互動還算是一種常態性的社會行為，雖然不對稱，還是一種有來有往的互動形式；如果應用在直播環境下，只要粉絲不介意這種單向，並且幾乎由直播主主導的互動模式，粉絲可以藉由感知來定義與直播主之間的關係，只要粉絲認為自己與直播主之間的互動有意義，自然會認為自己與直播主之間存在著某種（擬）人際關係。那麼如果直播主為了要增加粉絲的黏著度，必定要建立或是維繫與粉絲之間的人際關係，那麼那些作法，可以讓粉絲願意持續地與直播主互動呢？

肆、增進直播間擬社會互動的機率

如果要回答上述問題，也許我們應該先了解，擬社會互動對於閱聽人可能帶來的好處。McQuail、Blumler以及Brown（1972）認為擬社會互動的功能有二：其一、媒體角色常常讓閱聽眾想起自己身旁的親朋好友，因此閱聽眾可以藉由經歷媒體角色的生活，多少理解自己的人生，在媒介角色身上找到認同感（personal identity）；其二、擬社會互動提供閱聽眾現階段缺少的人際關係，提供陪伴（companionship）以及排遣寂寞（lonliness）的功能。換言之，在感知擬社會互動的過程中，閱聽人能夠獲得社交性及情緒性的滿足，增加持續觀看該媒介內容的意願，並且會將擬社會感知，視為真實的人際互動情境。甚至期望媒介角色能夠給予回應（Hoffner, 1996; A.M. Rubin, Perse, & Powell, 2006）。此外，一項由瑞典學者Rosengren、Windahl、Hakansson以及Johnsson Smaragdi（1976）針對閱聽人與媒介角色互動所主導

的研究結果，並未完全支持閱聽人利用擬社會互動，取代現實人生社會互動的說法；然而閱聽人也許會把擬社會互動的經驗，當做是一種現實人際互動的延伸，補足現實人際互動頻率或是品質的不足之憾。如果從社會比較理論（social comparison theory; Thibaut & Kelley, 1959）來解釋此一現象，當人們在現實人生的互動關係裡得到足夠的滿足，也許人們就不會向直播間裡尋求擬人際互動；反之，如果在真實社會的互動中無法得到滿足，網路直播間裡的擬人際互動也許就成為補足或取代的方式之一（Papachrissi & A. M. Rubin, 2000）。

除了能夠讓粉絲感知與直播主之間的擬社會互動，具有取代或延伸現實社會互動外，若依照社會滲透理論（social penetration theory）（Altman & Taylor, 1973）的說法，人際關係的發展進程與自我揭露有關（self-disclosure），也就是說，當互動的雙方的自我揭露程度愈深，雙方愈有可能發展出較為深厚的人際關係。因此，如果直播主希望跟粉絲之間能夠建立較為深厚的人際關係，除了直播主在直播內容裡，多少必須提供某些自我揭露訊息，直播主可能也要在互動過程中，引導粉絲們也提供某些自我揭露的訊息，這樣雙方的人際關係才有機會從淺薄發展到深厚的地步，同時將增加直播間裡的擬社會互動持續取代現實社會互動的機會。

綜上所述，如果直播主希望能夠有效維繫粉絲關係，增加將關係變現的機會，直播主需要讓粉絲能夠在自己身上找到能夠認同的價值，以及讓粉絲知覺在直播間裡的擬社會互動，可以取代或是延伸現實人生中不足之「社會互動」功能，粉絲才會願意持續的與直播主維繫互動關係。此外，為了深化直播主與粉絲之間的人際關係，直播主也許必須持續地在直播內容裡進行自我揭露，選擇與粉絲分享適量適度有關自己的生活經驗或是價值觀，特別是那些讓粉絲能夠感到認同的內容，並且有效地引導粉絲互惠回應（reciprocate）也提供有關自身的訊息交換，讓雙方有機會更加認識了解彼此。當雙方的關係愈深厚時，彼此互信的程度也提高，粉絲的黏著度也會跟著提高，直播主則是愈有機會將人際關係轉化為實質的經濟效益。

伍、互動內容配合粉絲特性

其實除了直播主可以主導直播間裡的擬社會互動品質外，若要有效率地建立人際關係，有些粉絲的個人或是媒體行為特質，也許會成為影響互動

品質的因素。研究顯示，閱聽人的教育程度也會與擬社會互動的參與程度有關：例如Levy（1979）的研究發現，一般來說，閱聽人參與擬社會互動的程度，與其教育程度成反比：教育程度愈高的人，愈不會參與擬社會互動，反之，教育程度愈低的人，愈有可能參與擬社會互動。因此從以上的研究結果看來，站在行銷直播間以及維繫直播粉絲數量時，教育程度較高者並非目標受眾（Target Audiences），反而中等教育程度的普羅大眾，才是大宗可能客戶的來源。如此一來，直播主在規劃直播時的所談論的主題或是內容，也建議儘量以能夠讓普羅大眾接受的程度為主，太難懂艱澀或是太過於簡易的內容，大概不會吸引粉絲常駐。此外，Levy的研究也發現，人們選擇與媒介角色發展人際關係與個人寂寞與否，並無統計上的關聯性。看來不管閱聽人是否自覺寂寞與否，都有可能參與擬社會互動，因此直播主與粉絲互動時，也許建議儘量不用大量著墨圍在讓粉絲降低寂寞感這個目的上。

此外，當研究者使用擬社會互動量表評量人們在媒介人際關係之中的涉入程度時，發現閱聽人的自覺真實感（perceived realism），被媒體角色吸引的程度（attraction to the media figure）兩個因素與擬社會互動構念涉入程度強烈相關（A. M. Rubin et al., 1985; A. M. Rubin & Perse, 1987; R. B. Rubin & McHugh, 1987）。換言之，當媒介角色愈讓閱聽人感覺自己與媒介角色所發展出來的這段人際關係愈真實，閱聽人愈是認為媒介角色具有吸引力，閱聽人可能涉入擬社會互動的程度會愈深，對於關係的黏著度通常也就愈高。如果我們將上述理論應用在直播間的互動情境中，也許可以推論，當直播主與粉絲互動時，必須讓粉絲產生「與直播主的關係」愈具有真實感愈好；也就是說，直播主必須在口語表達中，恰當的運用語言以及非語言訊息，儘量讓粉絲覺得就算彼此隔著直播平台互動（也許做不到現實人生的那種面對面、一對一的情境），但是直播主如果能夠展現仿若面對面、一對一溝通時的真實感，粉絲涉入擬社會互動的程度就會愈深，也許因此可以增加粉絲對直播主的或是這段人際關係的黏著度。例如當粉絲進入直播間時，建議直播主能夠使用讓粉絲感受自然感的語調、臉部表情，甚至是手勢（非語言訊息），以及常見人們在打招呼時使用的說法（語言訊息），讓粉絲覺得直播主彷彿就在眼前，「親自」向自己問候打招呼，而且在這簡短的互動中，粉絲能夠產生一種只有直播主與自己的幻象。

除了建立互動真實感外，能夠讓粉絲覺得直播主很有吸引力，想常常看到直播、覺得被直播主的談吐吸引，想當然耳也是非常重要工作。然而要

讓粉絲覺得直播主具有吸引力，根據吸引力相關研究建議，直播主必須有系統地，發掘那些能夠讓粉絲覺得有興趣的話題，以及有趣的表達方式，才能讓粉絲有興趣持續關注這個直播主。像是網紅藝人「蔡阿嘎」，就是利用特殊的聲音表情（大音量、高音頻）、誇張的臉部表情（放大所有臉部表情以及肢體動作），以及誇張強烈的語法（使用強烈的形容詞或是動詞），雖然不見得會吸引所有人。無庸置疑地「蔡阿嘎」還是成功地吸引許多閱聽人，成爲他忠實的粉絲，讓他名利雙收。但是如果直播主不適合以誇張的方式來製造吸引力，其實也可以從其他不同的面向來強化吸引力，例如有的直播主有才藝，很會唱歌、做菜甚至聊時事聊社會八卦，能夠利用其工作吸引力（task attractiveness）、解決問題能力（favorite character's problem solving ability, Auter & Palmgreen, 2000）來吸引粉絲駐留，也會是一種有效吸引人們關注的方式。事實上，R. B. Rubin和McHugh（1987）曾檢視大學生們與喜愛的電視明星發展擬人際關係時，發現電影明星的「社會吸引力」（social attractiveness，例如這位明星人是個心地善良，值得跟他做朋友），會比「工作吸引力」（task attractiveness），以及外表吸引力（appearance）更能夠影響閱聽人與媒介角色建立虛擬人際關係的意願。所以媒介角色自身的社會吸引力，也是吸引粉絲加入觀賞直播節目的原因之一。總而言之，就是要讓粉絲感受到直播主的親和力以及吸引力，才能讓粉絲投資愈多的時間在這種互動中。

因此直播主如果要增加粉絲數量以及增加粉絲黏著度，必須注意互動訊息要能夠配合普羅大眾理解的能力，太難或是太簡易的訊息都無法擴大粉絲人數。同時，直播主必須向粉絲展現自己的吸引力，無論是穿著打扮上、行爲舉止上（例如行善）的吸引力以外，也可加強工作能力吸引力，例如會唱歌的直播主就應該儘量投資在精進自己歌藝的訓練上，並且適時展現自己的歌藝，讓粉絲能夠明確地展現自己與眾不同之處，才能達到引起粉絲注意的目標。

陸、滿足粉絲預期直播角色期待

Turner（1993）曾從同質性（homophily）檢視擬社會互動。他發現人們發展進行擬社會互動時，同質性也扮演著強化虛擬社會互動的因素；特別是展現在態度、外表以及背景這些因素上。也就是說，如果閱聽人發現媒介角

色跟自己對某些事物的態度、外表以及背景一致性愈高，閱聽人發展擬社會互動的意願也愈高。如果以上述標準來檢視直播間裡的擬社會互動時，可以推論除了讓粉絲能夠如前文所描述之認同直播主的感受外，可以更明確地展現對事物的態度、外表打扮甚至是生活背景能與粉絲相似，產生更多交集的話，粉絲會更樂意與直播主互動。Gleich（1996）的研究更進一步點出媒介角色可以在哪些主題上展現與相似度。 Gleich邀請研究對象評估現實人際關係的品質與媒介角色之間所發展出來的擬人際關係品質，有無差異？該研究結果顯示，研究對象和媒體人物發展出的擬人際關係品質，基本上等同於他們在現實人生，與朋友及鄰居間所建立的關係。如要比較跟媒介角色要好的程度，最多大概就是覺得媒介角色是位「好鄰居」。不過媒介角色在「熱情」（passion）與「社交度」（sociability）兩個指標上，研究對象認為媒介角色會勝出現實人生的好鄰居不少。因此作為網路直播主，至少在互動過程中必須扮演一位有熱情、社交能力強，在口語策略上必須讓人能夠感受熱情，並且談吐之間能夠讓人覺得具有容易親近的特質。

結語

　　網路直播影音平台無庸置疑的將會成為我們生活中另外一個重要傳播平台，這個傳播平台提供閱聽人能夠以自媒體之姿，將自己產製的內容播放給所有想收看的人觀賞。雖然目前這個傳播管道還在萌芽期，但是各種內容的直播節目琳瑯滿目，爭奇鬥豔。但是在這高度競爭的氛圍下，這些直播主如何能夠經過粉絲的洗禮後存活下來。本文根據研究媒介角色與閱聽人發展之擬社會互動研究結果為基礎，提出幾項增加直播節目直播主與粉絲互動並維繫關係的建議：一、直播主可以透過適度的自我揭露，無論是透過口語表達，或是直播節目中的非語言訊息，讓粉絲多熟悉自己，並且鼓勵粉絲多少也提供一些自我揭露訊息（例如在彈幕裡留言），此外也需讓粉絲感知，他們之間的擬人際互動回報價值高（rewarding），離開這位直播主可能無法在其他人處，找到類似的高回報的人際互動。二、直播主在互動過程中需展現真實感，讓粉絲覺得自己是並且讓自己成為能夠具有吸引粉絲特質的角色。三、讓粉絲感受到主播是一位好人，也是一位好鄰居、好夥伴／朋友。

參考文獻

一、中文部分

林奕辰（民106）。影響閱聽人觀看網路直播意圖之因素研究。中興大學資訊管理學系所碩士論文，未出版。

吳元熙（民106年11月27日）。看直播產業泡沫化快結束，黃立成喊話：明年就知道輸贏。數位時代。取自：https://www.bnext.com.tw/article/47132/m17-entertainment-president-jeff-huang-said-live-streaming-platform-bubble-is-ending

李志展（民107年2月23日）。黃立成17直播年收逾10億撒2千萬送直升機。中時電子報。取自：https://tw.appledaily.com/headline/daily/20180223/37940064

創市際市場研究顧問（民106年7月6日）。創市際2017合作專題一：台灣直播市場「台灣網友直播看什麼？」調查。取自：http:// www.ixresearch.com/news/news_07_06_17

曹文瑜、林政坤、楊惠貞（民96）。影響網路直播持續收看意圖相關因素之研究。企業管理學報，81，107-29。取自http://www.airitilibrary.com/Publication/alDetailedMesh?DocID=10259627-200906-x-81-107-129-a

韓京呈（2015）。2014年我國家庭寬頻現況與需求調查——家庭篇。取自台灣資策會，網址：http://www.find.org.tw/market_info.aspx?n_ID=8466

二、英文部分

Ballantine, Paul W., and Brett AS Martin. "Forming Parasocial Relationships in Online Communities." *ACR North American Advances* Advances in Consumer Research, no. 32 (2005). http://www.acrwebsite.org/volumes/v32/acr_vol32_83.pdf.

Cohen, Jonathan. "Favorite Characters of Teenage Viewers of Israeli Serials." *Journal of Broadcasting & Electronic Media* 43, no. 3 (1999): 327-45.

——. "Parasocial Break-Up from Favorite Television Characters: The Role of Attachment Styles and Relationship Intensity." *Journal of Social and Personal Relationships* 21, no. 2 (April 1, 2004): 187-202. https://doi.

org/10.1177/0265407504041374.

Conway, Joseph C., and Alan M. Rubin. "Psychological Predictors of Television Viewing Motivation." *Communication Research* 18, no. 4 (1991): 443-63.

Giles, David. *Parasocial Interaction: A Review of the Literature and a Model for Future Research*. Vol. 4, 2002. https://doi.org/10.1207/S1532785X-MEP0403_04.

Giles, David C. "Parasocial Interaction: A Review of the Literature and a Model for Future Research." *Media Psychology* 4, no. 3 (August 1, 2002): 279-305. https://doi.org/10.1207/S1532785XMEP0403_04.

Gleich, Uli. "Parasocial Interaction with People on the Screen." In *New Horizons in Media Psychology,* 35-55. Springer, 1997.

Grant, August E., K. Kendall Guthrie, and Sandra J. Ball-Rokeach. "Television Shopping: A Media System Dependency Perspective." *Communication Research* 18, no. 6 (1991): 773-98.

Hamelmann, E., A. Oshiba, J. Loader, G. L. Larsen, G. Gleich, J. Lee, and E. W. Gelfand. "Antiinterleukin-5 Antibody Prevents Airway Hyperresponsiveness in a Murine Model of Airway Sensitization." *American Journal of Respiratory and Critical Care Medicine* 155, no. 3 (1997): 819-25.

Hartmann, Tilo. "Mass Communication and Para-Social Interaction: Observations on Intimacy at a Distance." In *Schlüsselwerke der Medienwirkungsforschung,* 75-84. Springer VS, Wiesbaden, 2016. https://doi.org/10.1007/978-3-658-09923-7_7. insightxplorer.

Kim, Y, and Jung, J. (2017). SNS Dependency and Interpersonal Storytelling: An Extension of Media System Dependency Theory. *New Media & Society* 19, 9, 1458-1475. https://doi.org/10.1177/1461444816636611.

Levy, Mark R. "Watching TV News as Para social Interaction." *Journal of Broadcasting & Electronic Media* 23, no. 1 (1979): 69-80.

McQuail, Denis, Jay G. Blumler, and John R. Brown. "The Television Audience: A Revised Perspective." *Media Studies: A Reader* 271 (1972): 284.

Perse, Elizabeth M., and Rebecca B. Rubin. "Attribution in Social and Parasocial Relationships." *Communication Research* 16, no. 1 (February 1, 1989): 59-77. https://doi.org/10.1177/009365089016001003.

Preiss, Raymond W. *Mass Media Effects Research: Advances Through Meta-Analysis*. Routledge, 2013.

Rosengren, Karl Erik, Swen Windahl, Per-Arne Hakansson, and Ulla Johnsson-Smaragdi. "Adolescents' TV Relations: Three Scales." *Communication Research* 3, no. 4 (October 1, 1976): 347-66. https://doi.org/10.1177/009365027600300401.

Rubin, Alan M., Elizabeth M. Perse, and Robert A. Powell. "Loneliness, Parasocial Interaction, and Local Television News Viewing." *Human Communication Research* 12, no. 2 (December 1, 1985): 155-80. https://doi.org/10.1111/j.1468-2958.1985.tb00071.x.

Rubin, Rebecca B., and Michael P. McHugh. "Development of Parasocial Interaction Relationships," 1987.

Schiappa, Edward, Mike Allen, and Peter B. Gregg. "Parasocial Relationships and Television: A Meta-Analysis of the Effects." In *Mass Media Effects Research: Advances through Meta-Analysis,* 301-314, 2007.

Turner, John R. "Interpersonal and Psychological Predictors of Parasocial Interaction with Different Television Performers." *Communication Quarterly* 41, no. 4 (1993): 443-453.

11.
以不合作爲前提？
電子新聞媒體中網民回應
的蔑視合作原則

楊涵琇　世新大學口語傳播學系助理教授

壹、研究緣起

　　人類的互動模式，一直以來都是人類學家、語言學家、社會學家、及傳播學家有興趣的議題。而網路媒體及網民回應這型態的互動模式，在語言哲學重要理論發展的70、80年代是不存在的。因應著人與人之間互動模式的改變，從面對面的互動（face-to-face interaction）乃至今日的網路世界的虛擬互動（virtual interaction），如何理解改變中的語境與互動模式，應用古典溝通理論研究新興語料的可能性，進而探究其研究價值，爲當代研究者的重要課題之一。

　　研究理論的更新及再探究、研究方法因應科技而更迭，當代的數據研究者以軟體分析出重要結果，理解了時事與時勢，而語言研究者則試圖在網路媒體的文本分析中探索語言的樣貌及改變，進而希望能回答這個關於電腦中介後的人際溝通問題：量化數據之後，我們還讀到什麼？[1]

　　當研究者從輿情分析的角度來審視文本，處理大量的網民回覆時，如何從單一新聞事件的多重回覆文中，理出正確且值得參考的質化分析內容？本研究試圖提出一個可行的方式，從量化分析的觀點出發，計算出網民回覆裡

---

[1] 本研究爲因應一場演講的邀請而起，對網路輿情分析可應用之理論與實務的探究。

所使用的文字做高詞頻分析[2]，續以語意場概念將字詞按照相關領域予以分類並列出詞首，再將高詞頻之原文內容摘錄作為進一步分析的語料，最後以理論做進一步質化分析，從網民回覆的內容了解民眾對該時事或現階段可能關心的議題。

貳、網路媒體及網民回應的互動型態

在面對面的互動中含括兩種信號：帶著明確提供訊息的意圖而傳達的溝通信號（communicative signals），以及無意提供聽者資訊的訊息信號（informative signals），而溝通信號的內容包含各種語言以及語言以外的，如手勢、臉部表情、肢體接觸等有意識地信息傳達；而在語言深層的傳達上，語言使用者選擇使用與雙方之社會權力相對應的用詞，例如敬詞、對彼此的頭銜及稱呼等，或在交談互動時選擇使用各種策略，決定與互動者和諧交談而選擇遵守合作原則（Grice, 1989），或選擇給予互動者一定程度的面子威脅（Brown and Levinson, 1978, 1987）。單純就互動方式而言，面對面的日常對話、各種形式的訪談及單向演說的互動，或者是非面對面，如電話上的溝通，對話中的說話者所對應的回覆者，一般而言是明確的。因此站在第三方的研究者角度，可以從中正確且清楚地列出實際互動中的角色。而，網路平台中的對話形式則為一種非面對面，且有限制的社會互動（socially interactive, with restrictions）（Crystal, 2004）。於虛擬空間中，網路新聞媒體所開啟的互動方式就表面上為：以文章提供者與網友回應之中所產生的雙向，或重複的多向對話。然而在虛擬網路中的交談式互動是複雜交錯的，發文者的回覆對象可能是：(1)單一文本中的任意角色；(2)回覆中的前一位發話者；(3)回覆先前發話者中的任何一位發話者。因此，在回覆中可能出現1樓2樓3樓或是樓上等稱呼，以對應其回覆者為哪一位先前的發文者。而有一定的比例的發文者僅以相應的內容回應，並不會明示其發話回應的對象。在這樣錯綜的文本中，分析者對於網路專有名詞、其所對應的與話者、以及對於相關時事的掌握，皆需要有足夠的通盤的涉略，於深入進行分析時方不至於出錯。因此，研究此類文本的方法及語料整理上，須以有別於以往且符合此一

---

[2] 運用wordcloud網站所提供之服務，載入文本後於其Word list中所精準分類出的中文字數。

媒介的方式。

　　網路媒體的新聞及網民回應，應視為一種新興型態的社會互動型態，欲研究其互動模式，並能實際應用理論分析，應先理解其基本的互動模式。在應用理論深入探討前，我想先討論此類虛擬互動與一般面對面的交談式互動的異同點：

一、首先假設溝通意圖（communication intention）的成立

　　網路文章，包括部落格、新聞、線上雜誌、社群網站等所發表的網路文章中，由資料發出端，以主動開放的網民回應之行為可解讀為：網路文章發文者或出版者的溝通意圖（communicative intention）是明確的。也因此可形成網路上的互動模式：網路新聞／文章—讀者／網民回應。然而，此模式有別於數位媒介之前的交談式互動，因缺少可解讀之非語言的具體互動，且其發文及回應亦有隨時可修改、刪除之特性，其互動之內容的不定及變動因素提高，但都不影響讀者／網民主動發文回覆之意圖。

二、相鄰語對（adjacency pairs）為相對單一的序列（sequence）

　　一旦溝通意圖確立，網路文章發文者之於網民回覆的對話結構，將可視為發話者之於聽話者（speaker-hearer）的建立，並構成單純之相鄰語對（adjacency pairs）。亦即，相鄰語對中的第一語對部分（first pair part）為網路文章發文者，並且與第二語對部分（second pair part）[3]組成一完整的序列（sequence）（Shaeglff, 1984:30）。在此固定的序列中，即使第一語對部分（發文者，網路新聞端）修改其內文，第二語對部分（網民回覆）可能因內文修改而增加其他回覆，形成多篇回覆的結構，但仍不會改變其最小對話單元（minimal dialogic unit）。而發生在一般口語對話中的第三話輪修復（Third Turn Repair）可能發生於多篇幅的回覆的結構中，而其對應之第一語對則應是其內容而判斷之。此模式維持在單一篇幅的網路文章，對應多篇幅的短篇口語形式的回覆的結構，且不會重複序列或是改變序列。此結構套用於回覆中的討論串亦然。

---

[3]　徐大明、陶紅印、謝天蔚《當代社會語言學》（1997）的譯法為：語對（adjacency pairs）、上聯（first pair part）及下聯（second pair part）。

三、需社會互動知識而理解的言談形式連貫（cohesion）以及意義連貫（Coherence）

　　網路文章與網民回覆的對話結構既已形成，其雙方對話內容在同一語境下應合理產生形式連貫（cohesion）以及意義連貫（coherence）。在言談互動中，字詞上與句法上的意義的理解充足，僅是互動的第一步，能全然理解說話者的所言之意義（utterer meaning）才能促成合理的對話。言談的形式連貫（cohesion）除了出現於網路新聞及文章的文本中，也同時可見於網民回覆中。網民回應裡可見脈絡清楚的回指形式（anaphora），不同的回覆仍能依循著相同的形式連貫回覆。例如本研究中，網民回覆中的名詞：徐重仁—徐總裁—老人家—老總—奸商，以及吳念真—吳導—小吳—老先生，甚至是在相同語言語境下的理解：全聯—那間店。而更頻繁地出現在網民回應裡的是意義連貫（Coherence）。由關注同一主題的網民共同投入討論，對同一網路媒體的新聞的內容產生有意義的詮釋與連結，提出內容彼此相關的見解，使對話互動得以連貫、持續進行。因此，網路媒體的新聞其後之網民回覆，結合正式的文本與口語非正式的回覆文，形成一種新的對談互動形式。在此形式中，即使文本種類不同，且回覆的對象是多重且錯雜的，網民一般而言可以無困難的理解且連貫。

　　在討論完虛擬互動中的溝通意圖、序列及言談連貫性，確定虛擬互動與面對面互動的特性與其相仿性後，接續討論本文將應用的理論。

參、理論應用 —— 合作原則與不明示面子威脅策略

　　我們先來看一段對話：

A：那，你準備什麼時候要搬出去住？
B：下個月一號。

　　上述對話看起來是一段發話者與聽話者相互合作而產生的對話。A問了B一個問題，B依照問題所示如實地給了句意上關聯的回答，也清楚說明A所需要知道的日期／時間。這樣的回話精煉，並有條理，他並未說「一號，下個月」、或回答「下個月我生日。」此類與A問話無關的陳述。這樣的

對話原則，完美地符合格萊斯的合作原則（Cooperative Principle）（Grice, 1989）。

格萊斯視說話爲一種有目的，且理性的行爲，而交談互動是一種在人類的社會裡重要互動。在交談溝通時，與話者會在共同的話題裡，透過一定程度上的合作以協力完成對話，這樣共同的目的或方向，可能從對話的一開始就是固定的（fixed），也可能在交談中逐漸形成，也可能相當程度的明確，或也可能讓與話者感到相當不明確。格萊斯回應伊曼努爾‧康德道德準則（maxim），發展出一套人際間言談互動的合作原則：

量的準則	1.提供完全足夠的訊息
（Maxims of Quantity）	2.勿提供超出需要的訊息
質的準則	真誠
（Maxims of Quality）	1.勿說虛假詐話
	2.勿說缺乏正確證據的話
關係準則	與話題相關聯
（Maxim of Relation）	
方式準則	1.避免含糊的措辭
（Maxims of Manner）	2.避免曖昧不明
	3.簡短（避免不必要的冗長敘述）
	4.依序有條理

從合作原則的觀點中理解對話合作，或許最快速直接的回答問話及互動的方式，會是符合格萊斯的原則。這樣的社會互動是以合作爲前提，進而產生和諧互動，對談相對而言是有效率且禮貌的。而實際的日常對話中，人類的語言呈現出更爲複雜的樣貌，格萊斯亦提出在符合合作原則前提下，可能發生的對話隱意（conversational implicature）。上方的對話中，我們將A與B的角色關係調整如下：

妻：那，你準備什麼時候要搬出去住？
夫：下個月一號。

表面上合作的對話，在對話者的關係明朗後，變得暗潮洶湧。因爲常理

知曉夫與妻之間的關係，此時的與話者並非是「某某」與「其前夫」，即使非當事人的我們亦可從對話隱意[4]（conversational implicature）中推斷這兩位的夫妻關係仍舊。而當妻詢問其夫：「那，你準備什麼時候要搬出去住？」我們可得知這對夫妻現正處於不穩定狀態，且已經在協商的結果階段-亦即妻將留在原住處，而夫正搬離共同的住處。其問話的言外之意，我們可以推測他們可能正準備分開或離婚，進而推測可能其中一方有第三者，且妻子這一方暫時擁有小孩監護權（如果有小孩的話），否則問題可能會是「那，你跟××準備什麼時候要搬出去住？」，或亦有可能，並不會提出這樣的問句。

　　相較於一般理解即能得知的約定隱意（Conventional implicatures），會話隱意（conversational implicature）則需要聽話者對談話內容有足夠知識，加上適當的推斷，方能全然理解話中之隱含意義。在言談中以間接且帶有隱意的方式交談是常見的。在遵守合作原則的同時，隱意的應用可謂常態，並且使談話方式豐富。如一位學生問他的好同學：

學生A：嘿，你晚上要跟我們去夢藝場嗎？
學生B：我明天早八有考試耶。

　　首先，要理解學生A問話內容中的名詞「夢藝場」（夢一場？），學生B應該與學生A處於同一語境，並有正確推斷（Inference）能力方全然能理解學生A的問題。對話中的推斷（Inference）為與人溝通互動時，說話者與聽話者所共同理解的額外訊息（Blakemore, D. 1992）。此對話中的專有詞「夢藝場」為2017年世新大學的十三屆「才藝大賞」的活動名稱，任何一位不知曉此活動的人便無理解此一詞的能力。兩位學生的對話內容，在時間上的不連貫：「晚上」之於「早八」，與活動上的不連貫：「去夢藝場」之於「有考試」，其就表面上來看似乎毫無關聯，但我們依據對語言的推測能力皆能了解學生B話中的隱意。學生B的回話方式間接且婉轉，以隱意、不直讓聽話者失去面子的方式，如，我不去，拒絕了學生A的邀請。這樣的方式同時

---

[4] 語言哲學術語，譯法眾多。為區別於日常用詞「涵義」、「含意」、「義蘊」、「隱含」等，亦欲區別語意學的蘊含（sementics entailment），因故筆者將Implicature譯為「隱意」。

吻合了第四階為「不明示的面子威脅策略（off record）」（Brown and Levinson, 1978, 1987）。

在布朗及列文森著名的禮貌理論「面子威脅行動（FTAs）的可能策略」（Possible Strategies for doing Face Threatening Act）中，直接應用了格萊斯的合作原則於其策略中。禮貌理論第四階為「不明示的面子威脅策略（off record）」，此策略是以間接的方式做出威脅面子的動作（face threatening act），其策略為：

1. 使用會話隱含（conversational implicature），透過違反格萊斯的關係準則（Relvance Maxim），量的準則（Quantity Maxim），以及質的準則（QualityMaxim）給予暗示（hints）。
2. 含糊其辭或以不明確、容易引起歧異的方式，以違反格萊斯的方式準則（Manner Maxim）達成。

在一定的程度上，使用此策略的方式是以間接迂迴、暗示、以模糊不明確語言傳達，並留給雙方轉圜空間。如：給暗示、給假設、誇張其詞、用反諷、不完整或省略的方式、隱喻或修飾問句等方式。如兩位，準備參加夏日野餐派對前的對話，A穿著一件哥德風的蕾絲長洋裝，興奮的詢問與她同住的室友及好友：

A：ㄟ，你覺得我今天穿這件怎麼樣？
B：恩，我記得你還有一件碎花的，更適合今天的場合喔。

從B的回覆中可以得知，她認為A穿著的洋裝並不適合這場夏日派對（除非這是一場Cosplay派對？）。但B不以直接威脅A的面子的方式說：*夏日野餐派對穿哥德風不適合吧！*而是選擇以間接的方式讓A知道自己的想法是*野餐派對適合服裝是花洋裝*。這樣的策略即是以第四階禮貌理論「不明示面子威脅策略」表達見解，同時保住了A的面子，也維持了友誼及出門前的好心情。

格萊斯以例子深入闡述準則未被違反、準則被違反，以及質與量的準則被蔑視的發生情形，其中「質的準則被蔑視」的方式*諷刺（irony）、隱喻（Metaphor）、虛報（Meiosis）、誇大（Hyperpole）*，與布朗及列文森的「不明示面子威脅策略」部分一致。本研究將應用此兩項理論討論摘錄的語料以完整分析。

肆、研究語料與分析

一、語料選擇

　　以生活為觀察目標，本研究挑選一則非政治、一般民眾密切關注且可能因涉入對象為藝文圈導演而相對帶有娛樂性的新聞主題。全聯福利中心使用未經導演吳念真所授權的肖像，作為廣告直接商業郵件（DM）的「全聯生活誌」封面一事，因吳念真導演在其臉書上的一則調侃文，而興起的一連串新聞及討論。本研究挑選蘋果即時新聞的報導，新聞文章篇名為「全聯又出包！吳念真點名徐重仁擅用肖像權」作為主文本，並以其後的177則網民回應做為主研究語料，應用軟體算出個別詞數量，再列出33個與主題相關的本文重點詞（多個同義詞／相關詞歸屬一詞），並以語意場理論將其分類歸納成四大類，再篩選高詞頻中的兩大詞類，最後以合作原則理論分析這兩大詞類中高詞頻字的原句。

　　從語意場理論出發按照字詞的相關領域予以分類，並整理歸納出四大類別。我給予這四大類詞分別冠上其共意的類首詞，分別為「錢」、「人」、「老」、「法」這四大重點類首詞。其中，「人」與「老」類中的部分字詞可重疊，我的細分條件為參與者及對應新聞事件中所關注的年齡議題，前者分法是為能快速排除事件關係人，後者則能將事件重點議題的相關字做進一步的語意分析。四大重點類首詞中，與「金錢」相關的字有[5]：花錢（買）、賠（錢／償費）、省（錢）（掉）、便宜、貴、賺、消〔（費）者）〕、漲價、加薪；第二類詞為一系列與盜用肖像、侵犯肖像權及觸及法律與賠償相關的詞，命予之類首詞為「法」：法（規）、違法、盜用、肖像（權）、官司、（提）告、法庭、賠、責任。第三類與參與者關聯的字，我給予的類首詞為「人」，其相關的字有：徐（重仁／總）、總裁、吳念真／吳導／小吳、年輕人、老人（家）、全聯先生、下屬（屬下）、小編、美工（／編）；第四類為「老」，因為此字在本篇回覆中的用意明確——對應新聞事件中提及的*年輕人*，我摘錄所有包含老字的詞：老人（家）、老百姓、

5　所列詞後之（）內數字為在網民回覆中的出現數量；符號？表示該字在此類別內出現，但其相關意義待商榷；其他（）內文字則為更精確地標示該字在文本中的明確詞意。

老先生、吳（老）、養老、老闆、老總。在所有新聞事件參與者中，最主要的人是新聞事件的主角徐重仁，其次是發臉書文調侃徐重仁的吳念眞。其中與「老」連結的詞除了與年齡相關，如老人家、老人、養老、老先生及明確回指吳念眞導演的吳老；職位相關如老闆與老總，以形式連貫的觀點查知老闆及老總亦同指全聯的前總裁徐重仁先生，而老先生一詞則從其前後文[6]查知，其所指爲吳念眞導演。

二、分析：蔑視合作原則的常態

新聞後的177則網民回應中，出現諸多缺乏正確證據且帶嘲諷的回覆文，其蔑視質的準則（Maxims of Quality is flouted）的現象普遍。在進一步探討之前，我應先點出，這些回覆文字與2017年4月21日經濟日報報導的一篇與徐重仁相關的報導中的內文文字的直接關聯。以下摘錄部分重要文字：

文章：全聯總裁徐重仁：年輕人要忍耐不計較好好工作

（2017-04-12 14:46經濟日報）

現在年輕人很會花錢，年輕人出國旅遊很多，面對現在的職場挑戰，應該要忍耐不計較，好好工作。（……）現在年輕人應該不要太計較薪水，好好努力工作，總有一天老闆會看到，看到認眞工作就會幫你加薪。

上段新聞摘錄的文字中出現的五個重點字年輕人、花錢、老闆、加薪、計較皆以相較多的數量出現在本篇新聞的回覆中（總共67筆）。這兩篇獨立文本具完整的形式連貫（cohesion），在回覆串形成意義連貫（Coherence）。其中最高的詞*年輕人*共被使用27次，其次是*花錢*共出現17次。由此可以看出，對照到此次新聞，網民實際上亦將前一次新聞所關照的內容列入此篇新聞的回應中。

下表歸類整理各類詞的屬類以及在回覆文中被使用的次數。其後我將就四大類首詞「錢」、「人」、「老」、「法」中的詞進行重點挑選。

---

6 Nelly Lu・新北市：幹嘛印個老先生當DM封面。

全聯又出包！吳念真點名徐重仁擅用肖像權——網民回覆使用詞分類		
錢 （68）	花錢（買）（17）、賠（錢／償費）（5）、省（錢）（掉）（15）、便宜（5）、貴（13）、賺（7）、消〔（費）者〕（4）、漲價（1）、加薪（4）、計較（9）	
法 （35）	法（規）（1）、違法（1）、盜用（9）、肖像（權）（8）、官司（1）、（提）告（6）、法庭（1）、賠（5）、責任（3）	
人 （116）	徐（重仁／總裁）（34）、總裁（8）、吳念真／吳導／小吳（31）、年輕人（27）、老人（家）（4）、全聯先生（2）、下屬（屬下）（4）、小編（4）、美工（／編）（2）	
老 （19）	老人（家）（4）、老百姓（1）、老先生（1）、吳老（1）、養老（1?）、老闆（10）、老總（1?）	

　　我將先就回覆文本中應用合作原則的例子做概貌分析。接下來從回應詞量最多的兩大類「錢」與「人」中，除去事件主角徐重仁與吳念真後出現最多的四個詞：*年輕人*、*花錢*、*省*及*貴*所對應的原句，篩選句意上未重疊的回覆文，續以合作原則分析其原句。

　　首先，於此篇新聞的177則網民回覆中，所有回覆皆與此則事件及其連帶相關的新聞有著直接或間接地關聯，此關聯符合合作原則中的*關係準則*（*Maxim of Relation*）。如詹君直接回應表示在同年四月份徐重仁的採訪新聞之後，他因為徐重仁對年輕人的批評（或建言？）不滿，而不光顧徐的全聯福利中心。

> *詹君：上次失言後我就沒再去了，偉大的徐總看不起年輕人，應該*
> *也不差我一個消費者。　　　　　3‧2017年5月23日9:12*

部分回覆在表面上看似與事件無直接關聯，但從隱意可推斷該回覆文所對應的當事人與其公司。如：

> *蘇君‧台中市：害全聯小編失業，然誰來養她一輩子？*
> *2017年5月23日15:45*

　　回覆中所用「小編」一詞，一方面嘲諷全聯福利中心的「全聯生活誌」為省錢僅只僱用小編來執行整個設計，並非以專業的設計公司來製作發行全

台的雜誌。另指此一新聞發出，這位只聽命於老闆便宜行事的小編，即將會為這大企業扛下失職之責而被革職；第三項指涉的內容涉及性別的歧視。回覆中，*蘇君以女性的第三人稱她指示這位出錯的小編是為女性*，且被革職之後，她將因工作能力不足而需要有他人*養她一輩子*。這一句回覆*害全聯小編失業，然誰來養她一輩子？*以符合關係準則及隱意，且間接地指責了全聯實業股份有限公司。

上述的回覆雖然關聯，但在質的準則上是違反的，因為事實上此位蘇君並無足夠證據證明此廣告為全聯小編所設計，也就無法斷言小編的失業。網民回覆使用大量的隱意，且諸多出現缺乏正確證據，具體違反合作原則中*質*的準則。如，高君與林君的留言：

徐：*這是屬下犯的錯，我完全曉得阿！我全聯先生，因為超級便宜。*

3・2017年5月23日10:50

林君：
下屬的功績是上司的功勞，上司的過錯是下屬的責任。
全聯馬上發申明稿～～行銷部誤用，與總裁無關～～

93・2017年5月23日8:56・已編輯

高君與林君有一致的現象，就是以虛假、無證據的言詞回覆。在高君的例子中，網民其實並未親自聽聞徐的發言，僅假設並模擬徐說的話，臆測徐對於非經同意的使用吳念真的照片其實是知情的，且會將責任推給下屬。語末並調侃徐欲節省代言費而使用相對便宜的全聯先生，亦同時呼應全聯福利中心一貫主打的便宜、低價的銷售策略。林君的回覆則是類似偽造*全聯馬上發申明稿*的消息，說明公司內部單位的誤用，其意旨與高君相似，皆為幫徐撇清責任。上列兩段回覆亦蔑視了質的準則（Maxims of Quality is flouted），網民以諷刺（Irony）的方式對該新聞事件提出個人想法。

關於年輕人與老人家。

新聞事件中，網民一致理解老人家與年輕人的對照關係，其意義連貫源於網民皆來自於相同的語境背景，擁有足夠的推斷（inference）能力，於此

181

為全聯前總裁徐重仁先生於經濟日報上之採訪文，而老人則是網民以年輕人一詞所對應的相反詞用法。檢視該詞類中數量最多的詞老闆、及老總、老人（家）皆指徐重仁。其中四次使用老人（家）的回覆文列下：

黃君	莫非這就是老人的智慧！？真的受教了
	讚·回覆·21·2017年5月23日9:07
葉君	老人的智慧？
	讚·回覆·2017年5月23日11:49
Chiang	就一整個欠吉的感覺。
	年輕人就是愛亂花錢，重仁老人家就是懂得如何不花錢，還能打廣告。
	讚·回覆·2017年5月23日10:15
Tung	年輕人就是太愛花錢，學學老人家，直接用等對方不爽再說
	讚·回覆·5·2017年5月23日9:19

葉君一席老人的智慧？則蔑視了質的準則。而黃君似推測的疑問莫非這就是老人的智慧！？真的受教了以驚嘆號及問號提出懷疑，卻完全無樂意受教之意，這番違反己意的回覆顯現她不真誠的諷刺，質的準則被蔑視。

前文已討論本文之網民回覆諸多為徐重仁先前告誡年輕人之詞語內容的再重組回覆。首先，徐前文提及：現在年輕人很會花錢，年輕人出國旅遊很多（……）到機場看一看，很多都是年輕人出國旅遊（……）但在沒有這麼多錢的情況下，應該要少花一點這樣的言論，以下摘錄相仿的七則：

何君	你看看機場全部都是年輕人在出國，應該把錢存下來，年輕人不要太愛花錢
	讚·回覆·1·2017年5月23日9:24
C君	年輕人就是太愛花錢，連照片都要用錢買？
	看看徐總裁教你怎麼省！
	讚·回覆·349·2017年5月23日8:48·已編輯

林君	年輕人學著點，這就是不花錢的絕招
	讚・回覆・11・2017年5月23日9:40
C君2	新北市
	真是省錢的好方法，年輕人要多學學呀！
	讚・回覆・2017年5月23日13:01
H君	徐老闆教訓年輕人太愛花錢，所以就以身作則，直接盜用照片，教大家省錢的方法。
	讚・回覆・4・2017年5月23日11:49
S君	年輕人太會花錢啦！
	老董教年輕人省錢
	讚・回覆・1・2017年5月23日10:12
黃君	年輕人太愛花錢了。董欸都用盜的不用錢。
	讚・回覆・2017年5月23日10:38

上列為網民則重組前篇新聞事件中內容的回覆，並加上全聯福利中心的重點行銷文字「省」，如C君：徐老闆教訓年輕人太愛花錢，所以就以身作則，直接盜用照片，教大家省錢的方法。，這一則使用以身作則一詞以嘲諷的方式點出徐為節省開支盜用照片，實際是做了不良的示範，此用法明顯蔑視了質的原則。

「省」字可謂全聯福利中心的的重點行銷用字，在該公司的各式廣告中經常傳達此訊息，因此對消費者來說「省」與全聯是有直接關係的。如L君的回覆：徐總裁會跟吳導說「年輕人你幾梯的？我叫你嘟嘟好！全聯就是要省。」（2017年5月23日9:02）。L君的回應並將本次新聞事件的另一位主角吳念真導演也列入年輕人的行列，明示其年齡（及財力？）差距，暗指徐擺明想占吳便宜。以下三則回覆文，網民則進一步提出較強烈的個人見解：

T君	年輕人就是太愛花錢，學學老人家，直接用等對方不爽再說
	讚・回覆・5・2017年5月23日9:19

C君3	就一整個欠吉的感覺。
	年輕人就是愛亂花錢，重仁老人家就是懂得如何不花錢，還能打廣告。
	讚·回覆·2017年5月23日10:15
L君	徐重仁，你是在鼓勵年輕人要賺大錢就得用偷的嗎？
	讚·回覆·2017年5月23日18:03

　　T君對再重組回覆*直接用等對方不爽再說*，指徐（老人家）知情但並不介意侵權行為；而C君3亦評*徐懂得如何不花錢，還能打廣告*，是為徐利用此新聞事件反向地又幫忙全聯公司打了免費的廣告；最後L君諷徐不僅懂得省，還*鼓勵年輕人要賺大錢就得用偷的*，明指徐的財富（賺大錢）不僅來自節省，侵肖像權則是偷的行為，與先前欲教訓年輕人，現反可能錯誤地引導年輕人。此言或能引起廣眾嚴肅地意識此事態，而非能以嘲諷揶揄了之。

　　最後，我想討論與「法」主要連結的詞：（提）告(6)、法（規）(1)、違法(1)、盜用(9)、官司(1)、法庭(1)、賠(5)。*盜用、告、與賠*這為本事件中的有因果關係的三個詞，與未經同意使用肖像權的可能產生的法律訴訟行動相關聯。以下列出五則原句：

傑君	告死全聯！！！
	2017年5月23日22:07
許君	告他，讓徐重仁花更多錢！
	2017年5月23日10:43
L君	告他不然會害死好續被害人。*
	2017年5月23日15:18
貝君	不要錢的最貴！賠死他！
	2017年5月23日10:47
W君	提告囉，我記得前面還放過蔡依林和
	歐尼爾的，不知道有沒有付錢給他們
	2017年5月23日10:02

*原回覆者L君之打字錯誤。

在上列「法」類詞的原句中，網民的發言皆遵守「方式準則」，使用了明確、簡短的敘述，虛擬發表直接威脅徐重仁面子的言論，此為使用明示（on-record）的面子威脅策略。網民在這裡的意圖並非溝通，而是單向表達個人態度或無實質效應的陳述請求。

伍、結語

本研究試圖將古典語用學理論應用在網路輿情分析上，並希望能夠提出一個可行的方式，將網民的回覆文本經過初步的數據篩選後，再深入高詞頻之原句文本進行質化分析，以理論分析出可信且有參考價值的結果。分析畢，以下就本研究提出三項觀察與分析的發現與限制：

一、回覆蔑視合作原則即是酸民？

首先，我們討論什麼是酸民？根據台灣網路百科的定義：*酸民，是一個流行用語和文化現象，字面意思就是「愛酸人的鄉民」。對酸民而言，在各種事上，只要不合自己意的，一般都能持反對立場及「酸」該事物。*上列解釋中所使用之酸字，為以言語諷刺他人，與蔑視合作原則中的諷刺（Irony）的應用是相同的。觀察本研究的結果，有一定數量的網民的回覆內容，即是以蔑視合作原則——以諷刺隱喻或誇大的方式回應新聞事件。即使網民回覆的文字與新聞原文之報導文，以及4月份的新聞事件中[7]，徐重仁先生所使用文字有著大量重疊的現象，反映酸民的回覆用詞是其來有自，仍不改變網民蔑視質的原則，即為酸民行為之事實。

二、酸民回覆內容的價值

即使是酸民，其回覆內容亦代表部分民眾對事件的觀感。在事件主角端仍可從其結果中篩出可用的關鍵詞及與其關聯的議題，嘗試補救或預防再發生。如本研究中民眾使用最多類的詞首為錢。此反映了全聯福利中心在市場上的行銷策略：以便宜低價但實用的商品提供消費者，這樣的價值套用在此

---

[7] 李至和（民106年4月12日）。經濟日報。全聯總裁徐重仁：年輕人要忍耐不計較，好好工作。聯合新聞網。取自https://udn.com/news/story/7240/2398801

事件上，無疑加重了網民於此價值上的批評。再有先前的新聞事件的附加，導致網民的回覆文字內容大量的圍繞在錢、便宜、貴等相關的詞彙。對該公司而言，對於此一民眾最為關注的議題，計畫性地研討後續補救作法，作為積極處理的方向應為可行。

三、挖掘表象背後的眞實

輿情分析者應對同一領域的時事有全盤的熟悉，並應同時關切新聞當事人的背景及近期事件，方能更確切掌握分析結果的可信度。如果追溯當事人先前的新聞事件，便可知悉本文中網民大量地蔑視質的準則的回覆文，為回應2017年4月12日經濟日報記者李至和的報導中，徐重仁告誡年輕人之詞語內容的*再重組回覆*。因此，網民回覆中大量使用的詞，是否可眞實反映輿情，便有其可議之處。

此外，如果僅查看此篇新聞的回覆文，可能會認為多數網民的酸言酸語一致性的對於徐重仁／全聯公司盜用照片一事感到不滿。但深究其前一事件中的報導文，即網民所稱徐重仁失言風波，以及該文對於廣泛民眾所開設的投票，卻可能發現廣眾的看法可能並非如此。

下方所列為聯合新聞網於該事件報導文後所開設的投票：

投票	
你認同全聯總裁徐重仁所說：「年輕人不要計較薪水比別人低，好好工作有一天老闆就會看到。」	
認同，年輕人不要計較薪水，努力總會看到。	1,779票
認同，年輕人耐不住性子，太急著想要有收穫。	11,256票
不認同，徐重仁有失言冒犯年輕人之處。	2,442票
不認同，年輕人有自己的想法與做法，理應尊重。	5,698票
不知道／沒意見。	114票
2017/04/19 19:33投票結束，剩餘00天00：00：00	

目前總票數：21,289

從上述投票的結果得知，獲得最多票的選項是*認同，年輕人耐不住性子，太急著想要有收穫*。而非*不認同，徐重仁有失言冒犯年輕人之處*。而超過六成五的投票民眾是投認同票的。因此研究者應保持對事件的敏感度，並

廣泛的蒐集資料，方能分析出可用有價值的輿情。

　　最後，我想提出本研究的限制。誤判可能發生，而網民的言論與新聞風向的相互關聯性常為一項變數。作為實務型的輿情分析者，應期能更為精確地解讀民眾對於單一新聞事件的看法，並能提前預防可能的危機。為驗證上述結論之完整及正確性，接續的研究應以同一理論就單一、且首次發生的新聞事件做相同的研究分析，以得到未受它文或它事件干擾、更可信的輿情。後續研究應可從網民回覆文之文本中的詞句中判讀關鍵的訊息，並應用理論成效，後可再與本研究結果比對應證，以確認得到更清晰研究網路輿情的方法。

參考文獻

Blakemore, D. (1992). Understanding Utterances: An Introduction to pragmatics. Oxford: Blackwell.

Brown, G. and Yule, G. (1983). Discourse Analysis. Cambridge: Cambridge University Press.

Brown, P. and Levinson, S. (1978). Universals in language usage: Politeness phenomena. In: E. Goody, (ed.) Questions and Politeness: Strategies in Social Interaction. 56-289. Cambridge: Cambridge University Press.

Brown, P. and Levinson, S. (1987). Politeness: Some Universals in Language Usage. Cambridge: Cambridge University Press.

Crystal, David. (2004). Language and the Internet. Cambridge : Cambride University Press.

Schegloff, Emanuel A. (1984). "On Some Questions and Ambiguities in Conversation", In Structures of Social Action: Studies in Conversation Analysis (J. Maxwell Atkinson, and John Heritage, eds.), Cambridge, Cambridge University Press, pp. 28-52.

Grice, H. Paul. (1989). Logic and Conversation. In his (1898)Studies in the Way of Words (pp. 22-40). Harvard University Press. Originally published in 1975.

Sack, Harvey, Schegloff, Emanuel A. and Jefferson, Gail. (1974). A Simplest Systematics for the Organization of Turn-Taking for Conversation. Language, Vol.50, No.4, Part 1. pp.696-735.

Schegloff, Emanuel A. (1997). Third Turn repair. In Towards a Social Science of Language: Papers in honor of William Labov. Volume 2: Social interaction and discourse structures, In: Gregory R. Guy, Crawford Feagin, Deborah Schiffrin and John Baugh. (ed.). Current Issues in Linguistic Theory, 128] (p. 31).

網路新聞

王嘉慶、張力文、蔡孟修（民106年05月23日）。【抓包片】吳念眞點名徐重仁全聯擅用肖像權。蘋果即時。取自https://tw.appledaily.com/new/real-time/20170523/1124198/

李至和（民106年04月12日）。經濟日報。全聯總裁徐重仁：年輕人要忍耐不計較好好工作。聯合新聞網。取自https://udn.com/news/story/7240/2398801

12.
回應與超越：社群媒體時代的對話新聞

王陽　中國人民大學新聞學院博士生

摘要

　　面對面發生的對話是傳統口語傳播的管道和形式。自印刷革命以來，基於媒介而實現的人類交往與對話是一種超越物質時空的「虛擬對話」，社群媒體時代的對話類型延展了傳統媒體時代虛擬對話的邊界，一種共時態的、參與式的、互動式的傳播模式形成，共時、同步、交互營造了一種新型的口語傳播儀式感。本文將基於這種新型對話方式基礎上的新聞生產稱為對話新聞，它是以對話性機制為核心的新聞生產與收受方式。本文認為，社群媒體時代是真正的對話新聞時代。本文首先明確了對話與新聞活動的關係，從媒介時空觀演變的視角分析了社群媒體時代口語傳播邊界的擴展，從技術賦權與公眾新聞參與、網路化社會與協商式民主兩方面分析了對話新聞成立的條件，最後分析了對話新聞的實質和核心。

關鍵字：對話新聞、社群媒體、虛擬對話、新聞生產

壹、作為一種口語傳播形式的對話新聞

一、對話及其與新聞傳播活動的關係

在巴赫金看來，狹義的對話是人們直接的、面對面的、發出聲音的言語交際形式（巴赫金，1998），而廣義的對話則包含了技術發展導致的跨時空交際，歸根究柢，這種層次的對話超越了物質空間的在場和同一時間的限制，虛擬在場成為新的對話發生條件，縱向的時間軸也不再是對話的阻礙。本文在廣義的層面上討論對話，並將對話、交往、交流交叉使用。

在彼得斯看來，對話與撒播是兩種不同的交流／傳播觀，分別以蘇格拉底和耶穌兩位古聖先賢為代表，他們的傳播觀念代表了人類最早的傳播觀念。蘇格拉底的對話觀推崇面對面的談話和交流，對應的傳播類型是以口頭傳播為主的人際傳播；耶穌的撒播觀強調公平的播撒，對應的傳播類型是以單向傳播為主的大眾傳播。事實上，印刷技術的發明，使得囿於一隅的東西變成了國家的、歐洲的甚至是世界的東西，在塔爾德看來，印刷術改變了人與人之間的關係，使社會大眾變成了共同體意義的、純粹精神集體與精神組合的社會公眾。從這個角度說，正是印刷報紙密切了社會公眾的聯繫，增進了社會公眾的精神交流和思想對話，只不過，這種交流或對話是跨越時間和空間的虛擬對話，不同於面對面、點對點的物質空間的對話，現代傳播形態帶來了更大範圍、更深程度、更多層面、更多形式的虛擬對話，虛擬對話反過來又會影響現實對話，「我們永遠不可能知道，也不可能想像，報紙在多大程度上改變了個人的談話，即使之豐富多樣，又抹平其差異，使人們的談話在空間上整合、在時間上多樣化；即使不讀報但和讀報者交談的人也會受到影響，也不得不追隨他們借用的思想，一支筆足以啓動上百萬的舌頭交談。」（塔爾德，2005）虛擬對話是現代社會的重要特徵，構成了傳媒現代性的重要內涵，既體現了現代性的優越性和合法性，同時也是現代性合法性危機的來源之一。

本文將面對面、點對點的物質空間對話稱為現實對話，將現代傳播形態帶來的跨時空的對話類型稱為虛擬對話。現實對話與虛擬對話是本文中對話的兩種類型。

從人類歷史看，新聞傳播活動與交往、交流、對話有著密切的關聯，許多研究者注意到了這種關聯並進行了論述。彼得斯提出了「對話學家」的

說法，如蘇格拉底、柏拉圖、齊美爾、塔爾德、杜威、庫利、米德、麥克盧漢、哈貝馬斯、凱瑞、羅森、舒德森等，他們通常強調對話的重要性，對對話的積極作用抱有幻想，將對現實的不滿轉化為烏托邦的想像。他們中有些人青睞傳統社區內的、面對面的口語交際（現實對話）；有些人看到了大眾傳媒超越時空的虛擬對話的民主潛力，但有著相似的共同特徵。首先，強調社會的有機體或共同體特徵，認為公眾之間的交流與聯繫是社會構成的基礎，普遍的交流交往是民主社會得以建立的前提；認識到了現代化、工業化、城市化對鄉村社會中傳統社區的擠壓，初級群體被次級群體取代（胡翼青，2015），社會關係趨於離散，社會組成陌生化的現象；發現了大眾傳播作為社會控制手段的功能，卻也對大眾傳播的民主功能、社會整合功能寄予厚望，也就是希望大眾傳播帶來的虛擬對話能夠彌補現實對話減弱或缺失的問題，如杜威所言「在更大的規模上振興交流的活力，以矯正直接社區經驗的消失。」（彼得斯，2015）或者將大眾傳媒作為建設公共領域的手段；最後，他們普遍對現代傳播的交流對話功能過於樂觀，對影響虛擬對話效果的社會因素──政治權力的因素、商業主義的因素、社會思潮的因素等視而不見或重視不夠，最終削弱了對話觀念在新聞傳播活動中的積極意義，降低了對話新聞觀念在新聞生產中的可行性。

二、口語傳播與對話新聞

通常理解的口語傳播是在同一物質空間內的、即時的傳播方式，是前新聞業時代的主要傳播方式，對應的對話類型是現實對話。傳統新聞業時代（相對於前新聞業時代、後新聞業時代而言）以資訊的單向傳播為主，雖然已經進入了虛擬對話時代，卻是一種不講求時效、互動和反饋的對話形式，新聞生產中的「對話性」作為一種潛在的特徵，很難被挖掘，也較少被重視，長期處於被遮蔽的狀態。接下來筆者將論述口語傳播的邊界如何在社群媒體時代實現了擴展。

首先來梳理一下媒介時空觀的演變史。現代印刷革命之後，資訊傳播大幅度地打破了中世紀晚期即前現代的事實存在方式，大規模書寫通過保存資訊帶來了對時間流逝的抵抗；19世紀初現代報刊形成之後，「發行週期短、資訊更新頻率高、內容豐富多樣、事實範圍廣泛」的現代報刊（以日報、週報為主）更新了新聞傳播的時間觀，資訊的獲取、生產、傳播、再生產的速率進一步提升，時間的縮短導致了馬克思所說的「時間對空間的征服」，19

世紀晚期，電報機及其後的一系列發明，克服了空間和距離的障礙，導致了「時間與空間的雙重崩潰」，「縮小了表達與反應之間的時間差……借助機械裝置，通信又回到了最初的人與人之間的暫態反應。現在，即時聯繫的可能性不再受到時間和空間的限制，而僅僅取決於機械設備的完善、設備的容量以及個人當前的精力。」（吳飛，2017）

這時期的新聞生產與傳播較以往產生了革命性的變化，而廣播、電視等更加側重即時性傳遞與交流的媒介方式的出現，再次刷新了人們對媒介時空觀念的認識。典型的提法是社會學家哈威的「時空壓縮」，「人們對時間和空間的體驗方式實現了革命性轉變，18世紀以前所認定的時間和空間的客觀品質已然不復存在，取而代之的是人們對時間的加速和空間的縮小的深刻體悟，它導致了『世界進入我們視線、世界呈現給我們』的方式的根本性改變。時空壓縮深刻的表明了時間對空間的消滅以及空間對時間的對抗。」（莊穆、周丹，2014）

後新聞業時代到來之後，互聯網以及新興的社群媒體（微博、微信、臉書、twitter等）又在一種全新的、澈底的、超越以往任何階段的意義上打破了印刷革命以來新聞傳播的時空觀——通過普遍化的支持更便利的遠端、及時性交流來戰勝空間的限制，同時空間的可溝通性加劇了時間的暫態性感受，出現了一種「時空一體化」的時空觀。「在新媒體使用過程中，暫態時間是一個不連貫的、不合邏輯的時間，意味著直接的、立即的枯竭和衰減。用戶在即時發送的過程中形成一種心靈的體驗，而時空一體化帶給人類的媒介時空觀念正是『時間向人格化的回歸，它將鐘錶時間獨立的時間體系瓦解……媒介時間帶來的瞬間時間的感覺，加劇了人們對事物即時滿足的需求』。」（何鎮飆、王潤，2017）於是，時間與空間實現了融合共生，交流的空間無限性與時間的同步性使得傳播活動共處同一個巨大的虛擬空間，共時、同步、交互營造了一種新型的口語傳播儀式感。這樣一種改變緣於新興媒介的仲介性，仲介性意味著媒介從具體地點中解放掙脫並形成去地方化的能力，帶來一種沉浸式的、即時的、彌撒式的新型傳播時空觀，具備仲介性的媒介使得傳統意義上口頭交流的直接性邊界大大延展，同時也擴展了傳統媒體時代虛擬對話的邊界，一種共時態的、參與式的、互動式的傳播模式形成。可以說，我們已經超越仲介性與直接性的傳統二元對立階段，進入一種建基於仲介性的直接性，人類口語傳播的邊界擴大至「同一虛擬空間的即時性交流」。因此，「我們不願意陷入簡單化的懷舊情結，即將面對面理解爲

完美的眞正交往。」（黃旦、孫瑋，2017）。本文傾向於一種良性健康的虛擬對話，並將這種基於新對話（交流）方式的新聞生產與傳播稱之爲「對話新聞」。

「對話新聞」不是一種具體的新聞類型，它是以自由、民主、平等、解放、互惠爲標誌的一套價值理念，作爲形而上的意識型態或新聞觀念對新聞業發揮引領或指導作用，這個意義上的對話新聞是對現實新聞業的超越；它還是對不同新聞活動主體，以「面對面的現實對話」和「跨越物質空間的虛擬對話」爲方式的新聞生產過程實踐的描述，泛指所有以「對話性」生產爲標誌的新聞報導，這個意義上的對話新聞是對現實新聞業的描述和概括。

「對話新聞」同時具備價值論和事實論兩個層面的涵義。在價值論層面，「對話新聞」是一種相對於「客觀性理念」而言的觀念主張，是與客觀性理念相對的對話性理念，是對傳統新聞業時代或大眾傳播模式的客觀性理念的一種糾偏，使「新聞業作爲公共領域」的訴求有更明確的落腳點；在事實論層面，「對話新聞」是對以對話性機制爲核心的新聞生產方式的描述，是不同新聞參與主體之間相互作用、影響、對話的結果，指向的是民眾新聞及其與職業新聞的互動，是包括訊息源主體、傳播主體（職業新聞傳播主體、民眾個體傳播主體、非民眾個體的組織傳播主體）、接收主體（受眾、觀眾、讀者、用戶）、影響主體、控制主體（國家、政府、政黨及媒體管理人員）在內的所有新聞主體之間的對話性生產過程。

社群媒體時代，現實對話與虛擬對話界限模糊——現實對話虛擬化，虛擬對話現實化。一方面，現實對話轉移到了虛擬場域，日常交談超越了空間這種物質場域；另一方面，虛擬對話的現實感、在場感增強，提升了公眾的新聞參與感。也就是說，社群媒體時代爲對話新聞提供了客觀條件。同時，互聯網等新媒體精神的核心和實質是民主與自由，且新媒體具有即時傳播、海量傳播、互動與對話、平等參與、開放自由等特徵，這意味著新聞傳播中傳播權力的轉移，借此，協商式民主和參與式民主的理念獲得了更充分的實現條件，各種資訊民主化運動、公民（市民）新聞運動層出不窮。基本可以確定，作爲一種價值理念的對話新聞也具備了實現的空間。因此，本文認爲，社群媒體時代是眞正的對話新聞時代，「對話新聞」是在新媒介環境下獲得其理念和實踐的雙重合理性的。

對話新聞的特徵包括理念特徵和形式特徵，理念特徵包括自由化、民主化、平等性、解放性、互惠性，形式特徵包括共在性、參與性、交互性、未

完成性、過程性。

自由化。對話新聞是所有新聞主體之間自發自為的平等的對話性過程，在當今社會背景下，對話新聞具備了更多實現公民權利和爭取話語權的意味，意在擺脫政治權力的壓制、資本勢力的脅迫，在相對自由的環境下，進行自由地言說、表達和交談，獲得主體性得以釋放的自由感。民主化。民主是一種目的，新聞應該成為實現民主的推動力量。對話新聞概念的產生帶有民主化的色彩，對話新聞是對新聞—民主關係重新思考的結果，也是實現民主社會目標的最可能手段。對話新聞構成了公民政治參與的途徑、橋梁和平台，發揮了媒體公共領域的職能，而公共領域的發育正是實現民主的必備條件。平等性。在傳統新聞業時代或客觀新聞時代，新聞很大程度上，是傳播主體和控制主體合謀的產物。公眾不得不接受特定主體的資訊獨白，導致眾多資訊弱勢群體無法表述自己而只能被別人表述。不同新聞主體之間的權力關係完全不對等。而對話新聞首先指向的是對話主體的平等地位和參與意識，即主體間性所宣導的平等關係。解放性。西方對話理論的宗旨是解放人並使人擺脫物化、他者化，為對話新聞理論提供了思想來源。對話新聞是一種相對自由的對話過程，包含了對現有權威及其所制定的資訊秩序的挑戰和反抗——挑戰正統的黨性原則至上的命題以及宣傳主義新聞觀念，反抗政治權力人為干預新聞生產與傳播實踐的行為。互惠性。互惠是對話的目的，也是對話的優勢所在。對話新聞就是新聞主體在尊重、承認他人主體性以及合理性的基礎上，表達自己對客觀真實、符號真實、理解真實的見解、看法、意見，使關於某個新聞的正確資訊實現充分地碰撞、激盪、融合，從而實現具體的新聞真實和完整的新聞真實。在這個過程中，所有對話主體獲得了新聞真相，甚至，獲得了某個普遍性的真理，所有對話主體之間是互利互惠、一贏俱贏的關係。

共在性。對話是不同新聞主體的對話，必須滿足主體共在性才會發生。共在性可以是物理空間的共同在場，也可以是虛擬時空的共同在場，主體之間分享一種儀式感；參與性及交互性。對話新聞是兩個及以上對話主體之間的行為，主體只有參與到對話過程中，才能實現與其他新聞主體的資訊和意見交換；未完成性及過程性。只要有人類存在，對話就會一直發生下去，只要新聞活動存在，對話新聞便永無完結。新聞活動是基本的社會活動，本質上是一種對話活動，從這個層面說，對話是持續性的、未完成性的。在某項具體的對話新聞實踐中，圍繞著新聞事實的對話不是一時一刻或轉瞬即逝

的，因為眞相或眞理的出現是一個辯論的過程，通過長時段內的連續性對話，才可能產生對話新聞。

貳、對話新聞何以在社群媒體時代成為可能？

一、技術賦權與公眾新聞參與

大眾傳播實現的主要是以空前的速度和效率對資訊進行單向、集中、廣播式的傳遞，大大壓倒了印刷術出現之前口頭傳播的雙向、交流和社會化的傳統。互聯網等新興媒體技術一定程度上改變了單向、垂直的大眾傳播活動，帶動了大眾傳播向互動、水準方向的轉變。社交媒體進一步挑戰了集中化的大眾傳播模式，基於表達、分享、抄送和個人推薦的新型社交媒體形式強勢回歸。互聯網與社交媒體成爲強大的擴音器，正如溫頓・瑟夫所說，「它給人微言輕、無人理睬的小人物提供了可以向全球發言的話筒。它用以鼓勵和推動多種觀點和對話的方法是傳統的單向大眾媒體所無法做到的。」（哈克特、趙月枝，2005）有研究者提出，傳播形式與效率的每一次提升都會帶來民主化效果，讓我們更容易了解自己所處的世界並參與其中，繼而挑戰甚至打敗那些控制資訊、流動的舊權威。（科瓦奇、羅森斯蒂爾，2014）儘管這種民主化效果的持續性有待考量，但互聯網等新興媒體的確對公眾賦予了表達與參與權，這種賦權在新聞活動中表現最爲明顯——公眾利用新媒體技術參與新聞生產。

公眾新聞參與（大眾傳播時代的新聞參與主要指的是反饋環節的參與，並不是眞正的參與式新聞，後新聞業時代的新聞參與則包含了新聞生產、傳播、互動、反饋等環節的廣泛深度參與）主要表現在兩方面，一是以「使用者生成內容」參與新聞生產；二是通過公眾的互動與反饋參與新聞傳播。互聯網的本質特徵是連接與開放，保證了新聞資訊的快速分享和傳播，社會公眾獲得了集體設置議題的力量。使用者生產內容改變了新聞生產及傳播過程中記者與受眾的關係，把單向的不對稱的傳播改變爲新型的對話式傳播模型。記者作爲把關人在網路新聞生產中的作用日益削弱，更多新聞內容由記者和使用者共同生產，模糊了記者、新聞來源和受眾之間界限的方式，衝擊了客觀性理念等新聞行業的職業規範。傳統意義上的受眾不再是職業化新聞機構生產的新聞資訊的消費者，而是新聞活動的製作者、編輯和新聞資訊的

傳播者，公眾（民眾個體傳播主體）正努力加入到與職業化新聞生產主體的對話中，新聞成爲不同生產主體合作、共謀的產品。因此，整個「新聞生產或製作過程更加生動、更富有對話性……甚至從根本上拋開記者，使新型新聞變成新聞來源與觀眾之間的一種無仲介合作。新聞主體的觀點不再會遇到壓制和歪曲，新聞報導也不會再被定格在某個嚴格的框架內了。」（哈克特、趙月枝，2005）互動性是社交媒體的本質，使用者獲取新聞資訊後作出跟帖、評論等反饋，可以進一步爲該新聞事件提供線索，爲新聞報導提供新的解讀維度，參與到新聞的傳播與再生產過程，在成爲自己的編輯、把關人和新聞聚合器的同時，以自身的資訊和認知與其他新聞主體進行對話。

二、網路化社會與協商式民主

網路社會是資訊社會學家卡斯特提出的解釋當今社會的一種社會形態，是一個以網路爲基礎的動態的、開放的社會系統。在這個網路系統中，存在著不同的節點，這些節點有著共同的資訊編碼、價值觀、成就目標等，節點之間的多重連接構成了網路社會的基本特徵。在卡斯特看來，網路社會形態能夠帶來社會權力關係重組以及社會結構改變，將人們從原有的權力關係網絡、歷史、文化、地理的限制中脫離出來，走入新的互惠式連接。在這個過程中，以新媒體爲主的資訊化系統作用重大，通過營造一個眞實虛擬、虛擬眞實的媒介環境，改變了新聞傳播活動中的權力關係配比，協商式民主的理念與新聞觀念取得了某種一致性，各種傳播民主化運動、新興的公民新聞實踐層出不窮；新聞業也表現出了新的結構特點，新聞業結構形態由結構性凝固到趨於變化流動，大眾傳播時代的權力之網已經變爲關係之網，新聞生產的線性邏輯已經轉向關係邏輯，以往的命令式邏輯已經轉爲協商邏輯，大眾傳播模式也已變爲多維傳播，媒體的融合從純粹技術的融合到了技術、人、思維的全面融合，界限分明的傳播秩序變得去中心化，職業新聞傳播已經擴展爲人類傳播實踐。

網路社會的資訊系統爲協商式（商議性）民主的實現提供了條件，協商式民主以網路節點之間的對話爲核心，借助於互聯網、社交媒體等協商平台，以理性和資訊爲基礎，旨在促進對話雙方的尊重、理解和包容。在這個過程中公眾經過參與與協商，本著共善的原則達成共識。反過來，協商式民主爲基於交往、對話、交流的新聞傳播實踐提供了空間和機遇，最重要的作用表現在促成了各種資訊民主化運動、公民（市民）新聞運動，「資訊民主

化運動是新媒體運動的代表，是社會民主化的體現。人們正在利用互聯網去創造一個草根全球化、關注大眾的而非著重資本流通的社會。市民新聞結合網上電子報作為『數碼市集』，賦予讀者前所未有的參與權和決定權，市民的角色更主動，改變了公眾和新聞工作者的權力關係」（洪俊浩，2014）：協商式民主的發展還促進了話語權和傳播控制力的轉移，促進了公共領域中協商式的新聞生產與傳播，話語權從傳統意義上的內容提供者（職業化的新聞媒體）轉向了有傳播影響力的個人和組織，實現了單向控制的傳播模式向雙向互動傳播的轉變。

參、社群媒體時代對話新聞的實質與核心

一、對話新聞的實質 —— 新聞自由

　　對話新聞有一個古典自由主義的預設或前提，觀點的自由競爭是具有獨立思考、理性分析及公民素養的社會公眾針對新聞事件本身進行對話、爭論、協商的過程。關於真相的意見調整或修正就發生在對話當中，表現為對話的結果；同時，新聞媒體的社會公器職能也在這個過程中得以實現，表現為對話的作用或優勢。自由主義是對話新聞價值理念甚至整個對話新聞的靈魂，因為，對新聞自由的追求必須依賴自由主義理念的支撐。對話新聞的自由主義預設決定了它最終是一個應然層面的事物，必須依賴一個理想主義的外部環境。但這不代表對話新聞理論沒有價值，所謂理論的超前性和超越性，首先便體現在對現實的超越。「對話新聞」的初衷，應該是對新聞傳播實踐普遍不滿的情況下，建構出新聞學者、新聞工作者以及社會公眾普遍期待的圖景。

　　對話新聞如何實踐並實現了新聞自由呢？第一，對話新聞實踐依賴並促進公民政治權利的實現，對話新聞的生產與傳播依靠社會公眾的參與，社會公眾參與又是接近並使用新聞或媒介的過程。社會公眾參與新聞對話不是無目的的、無意識的，而是主動行使自己的政治權利，比如表達自由權利、集會和結社權利和選舉的權利，當然，最重要的是表達的權利，即借助新聞或媒介表達自己的意見、建議、訴求的權利。公眾參與新聞生產與傳播的行為還為新聞媒體發揮社會公器職能起了促進作用，對政府及其權力主體進行了監督，行使了輿論監督的權利，間接推動了社會的民主化、自由化。所以，

對話新聞是公眾自由表達並促進新聞自由化的實踐。第二，從宏觀社會背景講，對話新聞必須有社會環境的保障，比如經濟基礎是對話新聞實踐的物質保證，民主政治是對話新聞實踐的政治前提，法治社會是對話新聞實踐的基本保障，文化發展是對話新聞實踐的精神支撐，技術進步是對話新聞實踐的有力槓桿，當然還依賴社會公眾的主體條件（知識水準、主體性程度、媒介素養、公民素養等），上述背景條件也是新聞自由得以實現的必要條件。第三，有學者認為，新聞自由的實現有兩個標誌，新聞媒體要有相對的獨立性以及新聞媒體要成為社會公器，對話新聞實現的標誌與新聞自由實現的標誌具有一致性。對話新聞觀念的自由化、解放性、平等性等特徵決定了多元新聞主體（包括職業傳播主體、職業化新聞媒體）、多元對話主體是獨立的，獨立於政治權力、獨立於經濟勢力、獨立於民間組織，西方對話新聞就是在政治經濟權力對新聞本身造成了侵蝕的情形下，記者和公眾要求參與公共事務、監督政府及其權力而出現的，媒體及公眾的獨立是對話新聞實現的標誌；實現多元新聞主體的表達權只是實現了主體自身的權利，只是部分地達到了對話新聞的要求，多元新聞主體還需要具備公共性，職業新聞媒體需要成為社會公器。對話主體及職業媒體的公共性是對話新聞觀念的基石，也是對話新聞實現的另一重要標誌。

二、對話新聞的核心——民主化與公共性

首先，對話新聞與民主化有著緊密的聯繫，對話新聞出現的標誌之一是重新探討新聞—民主的基本關係。李普曼對新聞的民主功能持悲觀態度，他認為新聞無法正確反映現實，公眾無法形成正確民意，民主無法做出正確決策。事實上，客觀性原則指導下的美國新聞傳播實踐的確淡化了新聞的民主功能。20世紀70年代，美國新聞教育家詹姆斯‧凱瑞重新宣導杜威的新聞—民主觀，杜威認為民主本身就是目的，民主的目標不是有效地管理公共事務，而是容納人們充分發揮自己的想像力和自由意志，新聞便是為民主目標的實現提供必要條件。杜威對新聞的民主功能倍加推崇。凱瑞在這一點上，深受杜威影響，他直言，新聞是民主的另一個名稱。「只有民主才會哺育作為社會實踐的新聞。」「新聞的必要條件是有事實上的民主體制，或對民主體制的追求。」（吳飛，2015）反思新聞的民主化功能，回應新聞業輕視新聞民主化的問題，正是對話新聞在西方產生的學術背景和原因之一。對話新聞觀念天生帶有民主的因素，對民主化的追求構成了對話新聞的目標和

宗旨。對話新聞觀念宣導公民對公共事務的積極參與，強調共同協商的重要性，賦予公眾進行公共對話與協商的能力。對話新聞（活動）的所有主體均是平等的參與者，通過對話新聞的生產過程，民主協商獲得了機會、途徑、管道和平台，人際交流變得更爲充分，正是這種社會成員對資訊與經驗的共用將成爲民主的源泉。概言之，對話新聞使公民參與者擺脫了空間—時間的侷限性，爲民主化社會的建立提供了發生場域和技術條件，使社會有機團結在了一起，通過平等的資訊傳播和公民的積極參與，民主與社會得到有機整合。

其次，公共性是對話新聞的另一核心內涵。在哈貝馬斯看來，新聞傳媒應當成爲促進公共領域形成與發展的推動力量；杜威認爲，傳播是人們得以擁有共同事物的方法，共識需要傳播，傳播是社會共同體得以實現的基礎，在新聞資訊的互動中，社會公眾的意見達成一致，而不是在強制秩序下被迫聚集並遵守秩序。可見，二者同時指向的是新聞的公共性。相比於客觀新聞較爲隱祕的公共性特徵，對話新聞的公共性特徵更爲明顯，公共性追求甚至成爲對話新聞觀念的核心和基礎。對話新聞的實踐來源之一是美國的公共新聞運動，公共新聞運動就是要回歸新聞的公共性傳統，重新思考新聞媒體在民主政治建設中的作用，在國家、政府、新聞媒體、社會公眾之間搭建起溝通、對話的橋梁和平台，推動美國公眾生活的復興。事實上，新聞媒體的公共性是對話新聞的永恆追求，對話新聞以對話爲核心，以理性和資訊爲基礎，促進各方的理解和包容，使得尋求溝通性的社會治理方式與社會整合方式成爲可能，人們得以在一個制度健全的社會中，尊重多樣性、差異性，容納多元與不一致，通過對話形成良性的博弈格局，互相牽制，共同推進，超越差異性與共識性的手辯，實現新聞建構社會秩序，促進民主自由，實現社會整合與人類進步的目標。

參考文獻

巴赫金（1998）。《巴赫金全集》。錢中文主編。石家莊：河北教育出版社。第2頁。

比爾·科瓦齊、湯姆·羅森斯蒂爾（2014）。《眞相：資訊超載時代如何知道該相信什麼》。陸佳怡、孫志剛譯。北京：中國人民大學出版社。

加布裡埃爾·塔爾德（2005）。《傳播與社會影響》。何道寬譯。北京：中

國人民大學出版社。第304頁。

何鎮飆、王潤（2014）。新媒體時空觀與社會變化：時空思想史的視角。國際新聞界，2014，36(5)：33-48。

吳飛（2015）。新聞學研究為了什麼？取自http：//chuansong.me/n/636938252039，2015-12-22

吳飛（2017）。新聞傳播研究的未來面向：人的主體性與技術的自主性。社會科學戰線，2017(1)：148-158。

金安平、姚傳明（2007）。「協商民主」不應誤讀。中國人民政協理論研究會會刊，2007年第3期。

洪俊浩主編（2014）。《傳播學趨勢（上下）》。北京：清華大學出版社。

約翰‧彼得斯（2015）。《對空言說——傳播觀念史》。鄧建國譯。北京：人民出版社。

胡翼青主編（2015）。《西方傳播學術史》。北京：北京大學出版社。第52頁。

張軍芳（2008）。《報紙是誰——美國報紙社會史》。北京：中國傳媒大學出版社。第146頁。

莊穆、周丹（2015）。馬克思和哈威的時空觀比較研究。北京航空航太大學學報（社會科學版），28(3)：80-85。

湯姆‧斯丹迪奇（2015）。《從莎草紙到互聯網：社交媒體2000年》。林華譯。北京：中信出版社。

黃旦、孫瑋（2017.11.09）。黃旦、孫瑋對話麥奎爾。復旦大學資訊與傳播研究中心微信公眾號。

潘忠黨、元傳播（2016）。新聞變遷的核心問題。中國社會科學報，2016-7-7(3)。

羅伯特‧哈克特、趙月枝（2005）。《維繫民主？西方政治與新聞客觀性》。沈薈、周雨譯。北京：清華大學出版社。

肆、社群媒體與口語傳播的個案研究

13.
狂歡理論視域下網路自製節目口語傳播探析 ——以《奇葩說》為例[1]

葉虎[2]　廈門大學新聞傳播學院副教授

摘要

　　愛奇藝於2014年推出的《奇葩說》無疑是網路自製節目中頗為成功的節目之一。以往研究的視角大多聚焦於網路自製節目本身的製作模式、行銷策略及其發展態勢等領域，本文從巴赫金的狂歡理論視角切入，分別從狂歡節的全民性與《奇葩說》口語傳播的自由開放性和交互主體性，狂歡節的儀式性與《奇葩說》口語傳播的虛擬性以及狂歡的平等、對話精神體現了《奇葩說》口語傳播的內在要求等三個方面進行論述。由此認為，從很大程度上說，沒有狂歡化的口語傳播，就不會有《奇葩說》的成功。《奇葩說》要有所改進和提升，可以在口語傳播的狂歡、對話和思想處著力。

關鍵字：奇葩說、巴赫金、狂歡理論、口語傳播

---

[1] 本文係福建省社科規劃一般項目、福建省中國特色社會主義理論體系研究中心2016年年度專案「推進文化強省建設，提升福建文化軟實力研究」（專案編號：FJ2016B033）的階段性成果。

[2] 電子信箱：tigerye@xmu.edu.cn。

壹、引言

　　巴赫金是俄羅斯著名的文藝理論家、語言哲學家和歷史文化學家，同時也是20世紀最傑出的思想家之一。他的研究對人文科學、社會科學等領域產生了重大影響。在他豐富多彩的理論寶庫之中，狂歡理論是其畢生研究的核心問題之一，也是近年來學界研究的熱點。巴赫金的狂歡理論建基於他的哲學人類學基礎之上，是立足於中世紀和文藝復興時期社會生活的文化思考，他所謂的狂歡節諸形式，以及狂歡節世界感受，都不是抽象的概念，而是「具體的感性思想，是以生活形式加以體驗的，表現為遊藝的、儀式的思想」。（巴赫金，1998(5)：162）正是因為狂歡理論是凝聚著人類歷史進程中深刻文化積澱的感性思想，它的寬廣包容的解釋力量早已突破了具體的時空侷限，完全可以推衍到充滿了狂歡精神的網路傳播研究中去。這不僅會打開一個新的審視網路的思考空間，而且也必然會深化我們對網路傳播的理解。

　　愛奇藝於2014年推出的網路自製節目《奇葩說》旨在尋找華語世界中觀點最為獨特、口才最為出眾的人，讓他們在節目現場就某一社會議題進行辯論，完成觀點的碰撞。憑藉著初期「馬曉康組合的三寸不爛之舌+高度契合年輕人文化的選題+多樣化的奇葩辯手」成為頗為成功的以辯論為主打的網路自製節目。以往研究的視角大多聚焦於網路自製節目本身的製作模式、行銷策略及其發展態勢等領域，本文從巴赫金的狂歡理論視角切入，分別從狂歡節的全民性與《奇葩說》口語傳播的自由開放性和交互主體性，狂歡節的儀式性與《奇葩說》口語傳播的虛擬性以及狂歡的平等、對話精神體現了《奇葩說》口語傳播的內在要求等三個方面進行論述。由此認為，從很大程度上說，沒有狂歡化的口語傳播，就不會有《奇葩說》的成功。《奇葩說》要有所改進和提升，可以在口語傳播的狂歡、對話和思想處著力。

貳、巴赫金狂歡理論闡釋

　　巴赫金的狂歡理論主要集中在《陀思妥耶夫斯基詩學問題》和《拉伯雷的創作和中世紀與文藝復興時期的民間文化》兩部著作中。在對狂歡理論的闡釋中，巴赫金提出並區分了狂歡節、狂歡式和狂歡化三個重要概念，構成了其理論的主骨架。

所謂狂歡節，狹義上是指某一特定的節慶日，它是一個時間概念。在這一特定的時間裡，人們可以縱情歡樂，擺脫日常的等級長幼尊卑觀念的束縛，平等地親昵地交往。狹義上的狂歡節在中世紀還只是眾多節日中不算最主要的一個，到了文藝復興時期的後期，它才逐漸取代其他節日，成為完全獨立於教會與國家的真正全民廣場節日的象徵和體現。（王建剛，2001：107）正如巴赫金所言：

> 　　狂歡節在這個詞的狹義上來說，卻遠非是簡單的、意義單純的現象。這個詞將一系列地方性狂歡節結合為一個概念，它們起源不同，時期不同，但都具有民間節日遊藝的某些普遍特點。用「狂歡節」這個詞結合各種地方現象並將它們概括在一個概念之中的這種過程，是與流動於生活本身中的現實過程相一致的：各種不同的民間節日形式，在衰亡和蛻化的同時將自身的一系列因素如儀式、道具、形象、面具，轉賦予了狂歡節。狂歡節實際上已成為容納那些不復獨立存在的民間節日形式的貯藏器。（巴赫金，1998(6)：250）

　　所謂狂歡式，根據巴赫金的理解，指的是一切狂歡節式的慶賀、儀禮、形式的總和。它是儀式性的混合的遊藝形式，這個形式非常複雜多樣，雖說有共同的狂歡節的基礎，卻隨著時代、民族和慶典的不同而呈現不同的變形和色彩。（巴赫金，1998(5)：160）狂歡式的形成，使狂歡節逐漸脫離了固定的時間（節日）和地點（廣場），向人類生活的各個方面滲透，成為一種具有普遍意義的文化形式。在這之中，親昵的接觸、插科打諢、俯就和粗鄙構成了狂歡式的世界感受；國王加冕和脫冕儀式的基礎，是狂歡式的世界感受的核心所在，這個核心便是交替與變更的精神、死亡與新生的精神。

　　狂歡化是巴赫金狂歡理論中的一個中心術語，具有十分豐富的內涵。這一術語在巴赫金的表述中並沒有最終定型，而只是呈現為一種詩學的描述：

> 　　狂歡節上形成了整整一套表示象徵意義的具體感性形式的語言，從大型複雜的群眾性戲劇到個別的狂歡節表演。……這個語言無法充分地準確地譯成文字的語言，更不用說譯成抽象概念的語言。不過它可以在一定程度上轉化為同它相近的（也具有具體感性的性質）

藝術形象的語言，也就是說轉為文學的語言。狂歡式轉為文學的語言，這就是我們所謂的狂歡化。（巴赫金，1998(5)：160-161）

應該說，狂歡是人類生活中具有一定世界性和普遍性的文化現象。在經歷了中世紀和文藝復興時期的勃興後，自16世紀中後期開始，狂歡節走向衰落、分解和蛻變，但時至今日，儘管狂歡節已不如古代那麼突出，但在社會生活中依然存在。如西方的狂歡節、萬聖節、愚人節，中國民間的民間社火和迎神賽會，少數民族的潑水節等。更重要的是，巴赫金透過文學作品中狂歡化的描寫，通過文學中狂歡體裁的研究，看到了隱藏在作品背後的和文學體裁背後的人類的狂歡精神，人類對生活的一種獨特的世界感受。（程正民，2001：78）因此，狂歡理論已經超越了文學、民俗學、人類學的範疇，狂歡活動作為一種文化模式仍然還強烈地影響著20世紀以來的大眾傳媒與大眾文化，如好萊塢電影、電視、音樂、網路等。正是在這種意義上，網路傳播與狂歡理論具有緊密的關聯，運用狂歡理論去觀照和審理網路這一20世紀偉大的科技創新和文化形式，不僅是可行的也是十分有意義的。

參、狂歡理論視域下的《奇葩說》口語傳播

以狂歡理論觀照《奇葩說》的口語傳播，我們發現其中無不激盪著狂歡的精神和獨特的狂歡化世界感受。

首先是狂歡節的全民性與《奇葩說》網路口語傳播的自由開放性和交互主體性。巴赫金認為，在狂歡中所有的人都是積極的參加者，所有的人都參與狂歡戲的演出，不分演員和觀眾。人們不是消極地看狂歡，而是生活在狂歡之中，按照狂歡式的規律在過活。在巴赫金看來，狂歡節的生活是一種脫離了常規的生活，它打破了等級森嚴的社會結構以及與之相關的恐懼、敬畏、虔誠和禮節。人們大可不必像平時那麼嚴肅認真、刻版教條，相反，盡可以在嬉笑打鬧、放縱自我中釋放心靈的快樂和生命的激情。這種生活就是「翻了個的生活」「反面的生活」。誠如巴赫金對狂歡節的全民性特徵所總結的那樣：

「在狂歡節上，人們不是袖手旁觀，而是生活在其中，而且是所有的人都生活在其中，因為從其觀念上說，它是全民的。在狂歡節進

行當中，除了狂歡節的生活以外，誰也沒有另一種生活。人們無從躲避它，因爲狂歡節沒有空間界限。在狂歡節期間，人們只能按照它的規律，即按照狂歡節自由的規律生活。狂歡節具有宇宙的性質，這是整個世界的一種特殊狀態，這是人人參與的世界的再生和更新。」（巴赫金，1998(6)：8）

　　與傳統的大眾傳媒相比，以互聯網爲媒介的口語傳播較爲典型地體現了狂歡節的全民性特徵。一方面，網路具有向全球用戶開放和向各種文化形式開放的屬性。比較而言，報刊、廣播、電視等媒體的出現及普及儘管拓寬了人們接受的範圍，但是由於這些媒體本身同樣具有一定的地域性，因此還稱不上是全球性開放的傳播系統。相反，互聯網的開發與應用，消除了時間與空間的距離，建立了一個超時空的網路社會。因此互聯網眞正使口語傳播與狂歡節一樣具有「宇宙的性質」。另一方面，在狂歡節上是沒有演員和觀眾（即表演者和觀賞者）之分的，狂歡不是供人們駐足觀賞的，它的參與者們置身其中，根據遊戲規則來狂歡，每人都過著一種狂歡式的生活。巴赫金對觀眾地位的強調，其實是指出了觀眾在整個狂歡節中與表演者一樣，是作爲獨立自爲的主體而不是被動消極的客體出現的。進而言之，巴赫金所關注的是人作爲主體的交互主體性。「交互主體性」一方面確認傳受（演員／觀眾或表演者／觀賞者）雙方各自的主體性，同時又強調其「交互」的特徵，即主體與主體相互承認、相互溝通、相互影響。在這方面，網路傳播無疑爲我們打開了另一視界。按照法國社會學家福柯的「知識／權力」轉換理論，傳播是一種權力話語，社會的分工使得少數的精英人物獲得了資訊、知識話語的壟斷權，未知的受眾成了「沉默的大多數」。在網路傳播中，這種由少數職業精英爲大眾「立法」的現象得到了極大的改變，受眾再也不是阿多諾等法蘭克福學派的學者所謂的無知無識的「烏合之眾」，而是有著自身判斷、理解和批評能力的主體，並且能夠在具體的傳播實踐中突破傳／受的控制與支配關係，建立自己的話語權。

　　《奇葩說》的觀眾分爲三部分，一部分是直接參與節目的現場觀眾，一部分是發彈幕的觀眾，一部分是參與節目討論的網路受眾。就現場觀眾而言，他們直接參與了節目的敘事表達，以節目過程中的觀眾投票環節開始，最終以終極投票遵從比賽賽制決定辯手去留。發彈幕的觀眾和參與節目討論的網路受眾的口語傳播均呈現出語言雜多和非中心、多元的特點。比如，在

第三季辯題為「你支持婚姻有效期為7年嗎」的辯論賽中，反方董婧的陳詞激起網友不同的反應，有網友發彈幕說「例子極端」「偷換概念」，也有網友力挺董婧，認為「挺棒」；還有網友強調「這不是專業的辯論賽，不要吹毛求疵好嗎」。在第二季決賽中，正方和反方肖驍圍繞辯題「我不生孩子有錯嗎」展開辯論，正方馬薇薇甫一出場，就有網友在彈幕中疾呼，「馬薇薇一說話，就要去快進」，還有網友稱她「詭辯」，還有網友大呼「超愛馬薇薇」，「馬薇薇頂起」。上述表達在第一至第四季的辯論中俯拾皆是，這既說明了不同個體對不同辯手的個人好惡態度，更彰顯出觀眾「權力的反轉」，在多聲部的雜語喧嘩中彰顯出不同評論主體的情感好惡和對辯手、主持人和導師等的主體態度。參與節目討論的網路受眾往往是借助社交媒體平台進行討論和分享。比如在互聯網知識平台「知乎」上，關於「奇葩說」的討論主題呈現出井噴之勢。諸如「如何看待《奇葩說》」、「怎麼評價網路節目《奇葩說》」、「如何評價《奇葩說》的每一位選手」、「怎樣評價《奇葩說》裡的姜思達」、「如何評價羅振宇參加奇葩說的表現」等，都成為網路受眾「生活」在其中的明證。

其次是狂歡節的儀式性與《奇葩說》口語傳播的虛擬性。狂歡節是充滿節日氣氛的慶典，它總是有一定的儀式和禮儀，具有一種慶典性。狂歡節上主要的儀式，是笑謔地給狂歡國王加冕和隨後脫冕。在加冕儀式中，受加冕者是同真正國王有天淵之別的人——奴隸或是小丑。脫冕的禮儀與加冕儀式恰好相反，要扒下脫冕者身上的帝王服裝，摘下冠冕，奪走其他的權力象徵物，還有譏笑他，毆打他。加冕和脫冕，是合二而一的雙重儀式，表現出更新交替的不可避免，同時也表現出新舊交替的創造意義。狂歡節慶賀的是交替本身，交替的過程，而非參與交替的東西。狂歡節不妨說是一種功用，而不是一種實體。它不把任何東西看成是絕對的，卻主張一切都具有令人發笑的相對性。在論述狂歡節的儀式性時，巴赫金還強調了面具在狂歡活動中的重要性。這部分是為了分享顛倒世界的樂趣，部分是為了解除平常任何固定的身分，讓它像敞開的流水，可以變化，不再一成不變不再靜止，其樂無窮。巴赫金認為，這種從古代膜拜儀式中流傳下來的面具是狂歡節怪誕幽默的精髓，它與搞笑動作、鬼臉、漫畫、怪異姿態、戲謔模仿密切相關。這種微妙的多種象徵形式是對統一和雷同的否定，它與「歡樂相對性」、變化和再化身的樂趣、遷移和變形等緊密相關。可以說，面具允許了多樣化，允許了身分隨意改變。（約翰・多克，2001：250）綜上所述，人們通過加冕、

脫冕、化裝、戴上面具，暫時地、象徵性地實現自己改變地位和命運，擁有財富、權力與自由的美夢。這也是狂歡節烏托邦理想的一個組成部分。狂歡節儀式性的生成，究其實質是以現實世界／非現實世界的二元區分為基礎的。前者就是巴赫金所謂的以嚴肅與禁欲為特徵的常規日常生活世界，後者則是自由快樂、充滿對神聖之物褻瀆和不敬的狂歡世界。非現實世界是日常現實生活之線的中斷，「人們走入節日慶典就像現代人走入劇場一樣，外面的世界暫時被關在了門外，人們必須迅速完成自己的角色轉換，與一個虛擬的、遊戲的、也就是非現實的世界形成交往」（趙勇，2002）。

其實，進入網路傳播空間也會深刻地體驗到這種與非現實或虛擬世界交往的狂歡快感。與現實的物理空間相對應，網路空間雖然以現實世界為物質基礎，但它的存在形式和功用已經不同於現實社會生活，而是相對獨立於現實世界的一種新的存在形態。可以說，網路虛擬世界既不等同於現實的物質性實在，也不是虛假乃至虛無，而是「在現實基礎上通過人自身的符號和觀念構造能力創造出的具有間接性、虛擬性和開放性的新的實在」（吳寧，2001），是與現實空間並列互補，構成現代人獨特生存方式之一的狂歡世界。

在《奇葩說》中，主持人、嘉賓、導師和辯手之間的固有關係已經被打破了。他們相互之間的戲謔、挖苦和諷刺使得原本嚴肅緊張的辯論賽成為充斥著笑聲的狂歡世界。在《奇葩說》第四季「楊千嬅被馬東逼問情史，爆料老公像張志明」中，主持人何炅假定嘉賓楊千嬅某日穿著清涼性感，在家中等待「老公」回來。意外的是，房門打開後，老公帶著所有的朋友已在門口。這時馬東插話，拋出「性感貓咪」應該擺什麼樣的姿勢這一問題。作為男性的姜思達作出性感撩人的姿態，身材胖胖的顏如晶雙手舉起招手，一副招財貓的模樣。而身為導師組成員的羅振宇則伸直右手，作出用嘴「舔」手的性感招式。楊千嬅後來對此的回答是將前面三人的姿勢統合起來，並將三種姿勢糅合在一起進行了表演。這種假定放在蔡康永身上，他的回應就是要去吃「貓糧」。由此看來，嘉賓、導師高高在上的權威感被解構了，也就是說，他們經過了「脫冕」的過程，在這一過程中，一切神聖堅固的東西都不復存在了。與之對應的是，打破等級界限的自由快樂精神彌漫在辯論賽之前的開場熱身中，構成了虛擬的狂歡世界。

在此，不得不提的是，對怪誕身體的嘲諷、戲謔也構成了《奇葩說》口語傳播的一個重要特點。按照巴赫金的說法，「尤其是當人們在親密交往

條件下笑罵時，他們的言語會充滿五花八門的怪誕人體形象，即處在交媾、排泄、大吃大喝中的人體；言語中充滿著生殖器官、肚腹、屎尿、病患、口鼻、肢解的人體。」（巴赫金，1998(6)：370）在第四季高曉松回歸「奇葩說」中，其大臉成為人們競相戲謔和嘲諷的對象。其主要策略是通過「誇張、誇張主義、過分性和過度性」（巴赫金，1998(6)：351）予以實施。比如，羅振宇說，「今天的男神，據說他的臉大到了1萬美金扔到臉上，一張都掉不到地上。」在第三季《奇葩說》中，既有蔡康永對高曉松大臉的吐槽，「你的自拍沒有不要臉，你的自拍全部都是你的臉啊！」也有高曉松自己的自嘲——在微博發自拍已經成了「臭不要臉」的一個標誌，但卻並不認為「臭不要臉」是一件壞事。

　　《奇葩說》口語傳播的虛擬性使得人們之間的互動成為一種虛擬的互動範式。在這個虛擬空間中，個體暫時地、象徵性地超越了現實生活中由於社會地位、經濟收入、文化層次高低等所形成的種種障礙和壁壘，敢於在虛擬的社會關係中拓展出屬於自己的一份天地，而無需考慮太多。在現實生活中，每個人都根據社會的需要，扮演不同的角色，根據角色的要求為自己定位，承擔著相應的責任和使命；每個人都固守著自己的年齡、性別、種族等身分，按照社會的主流權力話語去規約思想和行為。在虛擬世界裡，「互聯網等於給每個個體創造了無數次『新生』的機會，為自我表現塑造了一個又一個魔幻的現實。」（王怡紅，2003：128）在這個交替、更新的過程中，我們可以滿足在現實生活中難以實現的角色需求，實現自我價值。譬如，被馬東譽為「沒有肖驍的《奇葩說》，還能算奇葩說嗎」的肖驍，一舉奪得《奇葩說》第四季的「奇葩之王」。作為2014年就參加《奇葩說》的老奇葩，肖驍的口語傳播呈現出敢說敢言、反叛獨立、髒話迭出的特點。其口語表達還伴隨著誇張的裙裝，腰一叉，手一指，白眼翻兩翻的服飾和體態語言噴薄而出。在這種看似性別倒錯的「變態」表現中，其實蘊含著突破現實男／女性別限定的狂歡訴求。正如在農神節的愚人宴會上，年輕的僧侶和俗人會把自己裝扮成婦女做一些放蕩下流的動作來嘲弄官方的教會生活和禁慾的僧侶特權一樣（約翰‧多克，2001：271）。上述現象拆解了現實世界對性別固定和永恆的設定，以遊戲的狂歡精神消解了包括傳統媒介在內的社會組織、群體強加於男／女之上的性別成規。對這種性別成規的解構在女辯手中也表現得十分突出。第四季半決賽圍繞「要不要喝愚人井裡的水」展開辯論，作為反方一辯，傅首爾針對正方例舉「榴槤」的例子，反問道：「臭當

香沒問題，你舉榴槤，你怎麼不敢說屎？」在辯論中，傅首爾直言：「我以作爲傻×的代價，進入了新世界。出去溜了一圈，還是找的我老公，生活品質毫無改善。」多次被蔡康永和高曉松譽爲「爲辯論而生的辯手」——馬來西亞女孩顏如晶，在辯論過程中也是不時「屎尿」迸發，而這也無損「如晶寶貝」的形象。

第三，狂歡的平等、對話精神體現了《奇葩說》口語傳播的內在要求。巴赫金指出，中世紀的人實際上面對著兩個世界，過著兩種生活：

> 一種是常規的、十分嚴肅而緊蹙眉頭的生活，服從於嚴格的等級秩序的生活，充滿了恐懼、教條、崇敬、虔誠的生活；另一種是狂歡廣場式的自由自在的生活，充滿了兩重性的笑，充滿了對一切神聖物的褻瀆和歪曲，充滿了不敬和猥褻，充滿了同一切人一切事的隨意不拘的交往。（巴赫金，1998(5)：170）

由此，狂歡節構成了人們的「第二種生活」。人們再也不被不可逾越的等級、財產、職位、家庭和年齡差異的屏障所分割，相反，可以暫時從現實關係中解脫出來，相互間不存在任何距離，無論尊卑長幼，彼此一律平等。進而言之，「人回歸到了自身，並在人們之中感覺到自己是人」（巴赫金，1998(6)：12），另一方面，在狂歡中，

> 人與人之間形成了一種新型的相互關係，通過具體感性的形式、半現實半遊戲的形式表現了出來。這種關係同非狂歡式生活中強大的社會等級關係恰恰相反。人的行爲、姿態、語言，從在非狂歡式生活裡完全左右著人們一切的種種等級地位（階層、官銜、年齡、財產狀況）中解放出來。（巴赫金，1998(5)：161-162）

與平等性緊密關聯的是狂歡的對話精神。在現實世界中，「統治階級的思想在每一時代都是占統治地位的思想」。（馬克思、恩格斯，1972：52）他們不承認民眾的價值，也不允許存在第二種聲音。他們以封閉、自足、排他的獨白思維拒絕思想的交流和對話，使得他人的思想不會得到描繪，要麼被同化，要麼在辯論中遭到否定，要麼就不再成其爲思想。與之相反，巴赫金所描述的狂歡世界則是一個「雜語喧嘩」的社會，在這裡，等級、權威和

禁令不復存在，人與人之間是親昵和平等的，每個人的聲音都受到尊重。這實質上是個人與人平等對話的社會，其間沒有官方意識型態的霸權，沒有獨白話語對他人和他人思想的扼殺，這樣一個社會不是惟我論的獨斷社會，而是個既有自我又有他人的對話性平等社會。

　　比如，在《奇葩說》第二季中，《應不應該選擇開放式婚姻》《該不該向父母出櫃》等辯論話題引爆話語圈。這種平時幾乎不可能在主流媒體播出的話題在《奇葩說》中竟然成為辯論的話題。作為「娛樂圈為數不多出櫃了還健在的人」的蔡康永在談及「同性戀」這個社會主流價值很難肯定的問題時，數次哽咽流淚，他呼籲主流社會不要用異樣的眼光來看待他們，「我們不是妖怪」，並表示娛樂圈所有想出櫃的偶像藝人都會諮詢他，而他經歷過出櫃的困難，反而會在最後的關口「攔」一下。作為中國最著名的跨性別者導師的金星也親身說法，自己能走到今天坦然地面對世界，是因為她跟父母誠實地說了她是誰，父母可能一時會不接受，但是父母的愛最終會超越一切。狂歡的平等、對話精神使得《奇葩說》不論在辯題的選擇，還是在對辯題的陳述和辯論中，都可以突破傳統社會主流價值觀念的內在設定和壓制系統，從而「人人都可以坦率發表意見，並且展開熱烈的討論和爭論，誰都不能用自己的觀點來排斥和壓制別人的意見。」（程正民，2001：185）

肆、結語

　　就整體來看，《奇葩說》與傳統的辯論節目形成了鮮明的對比。因此，從節目形式來看，將其定位為脫口秀或網路綜藝節目成為不少學者和觀眾的選擇。在我們看來，對節目形式的討論和定位必須要考慮下述問題：《奇葩說》就是要以自身的狂歡化「奇葩」姿態衝破固有的節目類型的邊界，形成自我不可剝離的特色。我們承認，選手間的辯論依舊是《奇葩說》吸引人的重要手段，也是其主打的品牌。不過，如果僅僅將目光停留在辯手之間的針鋒相對和唇槍舌劍，那麼，我們對《奇葩說》的解讀無疑是非常片面的。本文以巴赫金的狂歡理論審視《奇葩說》的口語傳播，正是試圖從全方位的角度揭示主持人、嘉賓、導師、辯手以及觀眾等在互聯網構成的「第二種生活」世界裡的狂歡化口語傳播特徵，並探究其背後的狂歡化世界感受。

　　從2014至2017年，《奇葩說》已經走過了4年。毋庸置疑的是，《奇葩說》已經取得了較大的成功，這與節目的整體編排和設計、節目行銷等密不

可分，但也與狂歡化的口語傳播存在著重要的關聯。從很大程度上說，沒有狂歡化的口語傳播，就不會有《奇葩說》的成功。但弔詭之處在於，在《奇葩說》如日中天之際，也曾有「知乎」用戶疑惑：《奇葩說》到底有多火，它還能火多久？」從結果來看，《奇葩說》的豆瓣評分第一季高達9.1分，第四季卻跌到7.7分。有論者由此得出結論：「『綜N代』魔咒的根本在於觀眾日益更迭和豐富的節目需求和『綜N代』固化的節目模式引起的審美疲勞相衝突所帶來的。」對《奇葩說》的憂慮和反思顯然是非常必要的，但我們同樣不可忽視的是，正是由於《奇葩說》的狂歡化口語傳播特點才真正推進了對話的產生和發展。在巴赫金看來，每個人都有自己存在的價值，每個人都受到尊重，每個人都可以發表自己的見解。「一切都是手段，對話才是目的。單一的聲音，什麼也結束不了，什麼也解決不了。兩個聲音才是生命的最低條件，生存的最低條件」（巴赫金，1988：344）；「思想不是生活在孤立的個人意識之中，它如果僅僅停留在這裡，就會退化以至死亡。思想只有同他人別的思想發生重要的對話關係之後，才能開始自己的生活，亦即才能形成、發展、尋找和更新自己的語言表現形式、衍生新的思想。」（巴赫金，1998(5)：114）正如有學者指出的：「在《奇葩說》的運營過程中，節目生產者們通過大數據，發現用戶需要的不只是能娛樂的內容、『顏值』至上的『美色』消費，更包括有智慧、有思想的『話題』。」（唐英、尚冰靚，2016）如果說，《奇葩說》要有所改進和提升，除了模式創新外，不妨在口語傳播的狂歡、對話和思想處著力。

參考文獻

介面網（2017）。賽制陳舊新人弱，《奇葩說》收視口碑下滑難逃「綜N代」魔咒？檢索於http://www.jiemian.com/ar ticle/1287807.html.

巴赫金（1988）。《陀思妥耶夫斯基詩學問題》。白春仁、顧亞鈴譯。北京：三聯書店。

巴赫金（1998）。《巴赫金全集》第五卷。白春仁、顧亞鈴譯。石家莊：河北教育出版社。

巴赫金（1998）。《巴赫金全集》第六卷。李兆林、夏忠憲等譯。石家莊：河北教育出版社。

王怡紅（2003）。《人與人的相遇——人際傳播論》。北京：人民出版社。

王建剛（2001）。《狂歡詩學——巴赫金文學思想研究》。上海：學林出版社。

吳寧（2001）。在虛擬生存與現實生存之間。《天津社會科學》，(4)，48-50。

知乎網（2016）。奇葩說到底有多火，它還能火多久？檢索於https://www.zhihu.com/question/45165741?sort=created.

約翰‧多克（2001）。《後現代主義與大眾文化》。吳松江、張天飛譯。瀋陽：遼寧教育出版社。

唐英，尚冰靚（2016）。大數據背景下網路自製綜藝節目的特徵及趨勢探析——以《奇葩說》爲例。《新聞界》，(5)，49-52。

馬克思，恩格斯（1972）。《馬克思恩格斯選集》第1卷。北京：人民出版社。

程正民（2001）。《巴赫金的文化詩學》。北京：北京師範大學出版社。

趙勇（2002）。民間話語的開掘與放大——論巴赫金的狂歡化理論。《外國文學研究》，(4)，1-9。

14.
政治人物的眞實面貌？
試探「媒介眞實性」

胡全威　世新大學口語傳播學系副教授

摘要

　　本文嘗試以「媒介眞實性」（mediated authenticity）的概念，在政治傳播的範圍中，探討爲何政治人物展現眞實面貌，即使是缺失、平凡、直率或不完美等，卻常受群眾青睞的理由。此外，有哪些方式可以傳遞眞實性，亦即什麼樣的修辭類型（genres）呈現眞實性。本文所指的媒介眞實性是指透過媒介呈現忠於自身價值的形象。根據學者的考證，忠於自身成爲推崇的價值觀點並非普世觀點，這是現代性的產物。另外，政治精英展現自我，而不符合外在標準規範時，甚至顯得平庸或與一般人相類似時，有時反而更受歡迎。本文認爲這與民主政體本身蘊含的平等價值相關，群眾並不總是偏好完美形象的政治人物，而喜歡與一般民眾相同的特質。此外，從講者的修辭術來看，掩飾修辭能力，強調本身在言語上的笨拙，與眾人無異等，這是修辭本身的「自我韜晦」的特質。政治人物突顯自身的非完美性等眞實面貌，反而有助於說服效果。綜上所述，無論是從當代價值觀、民主政體的平等性，以及政治人物的修辭策略，透過媒介展現眞實性，這是一個符合趨勢的說服策略，但也正因爲是「策略」，就應揭露出來，讓人們了解這種說服的機制。

壹、前言

　　有評論對於2016年美國總統大選，謔稱這是一場瘋子vs.騙子的對決，選舉結果是瘋子勝出。提出的解釋之一，人們似乎寧可選擇「更真實」的政治人物（Schneider, 2016）。相類似的，現在各國政壇上也出現許多政治素人，這些人也往往以形象清新、更較職業政客「真實」，獲得民眾青睞。[1]而即使是政治老手，偶爾傳出「真情流露」的圖文，譬如夫妻間尷尬時刻或是一人獨自在小店用餐，可以受到媒體與網民的高度關注。[2]有專業政治公關專家認為，「顯露真實」，是獲得網路上鄉民人氣迴響的最重要方式之一。[3]

　　然而，對於政治人物的真實面貌，群眾大多都只能透過媒體報導（無論是傳統媒體或自媒體）知道政治人物的訊息，亦即所接觸的也只是媒介所建構的真實（"media constructs reality"）[4]。本文嘗試以「媒介真實性」（mediated authenticity）的概念，在政治傳播的範圍中，來探討為何政治人物展現真實面貌，即使是缺失、平凡、直率或不完美等，卻常更受群眾青睞的理由。此外，有哪些方式可以傳遞真實性，亦即什麼樣的修辭類型（genres）呈現真實性。[5]

---

[1] 政治素人意指本來非政治本業，卻在短期內轉換跑道參選政治首長或民意代表。譬如法國的馬克宏總統（政治中心，2017）、美國的川普總統以及台灣的台北市長柯文哲。

[2] 夫妻間尷尬時刻，譬如馬英九總統吃紅豆餅遭其妻子瞪眼的照片（魏國金，2017）。又譬如，蔡英文主席在競選總統期間，獨自一人在小店用餐的生活照，也備受矚目（李蓉平，2015）。

[3] 本文的研究起源，正是因為一位政治公關公司總經理來課堂上演講時，她指出「野生真人」（意指一般民眾在路上拍到名人）、「Juice（就是）平民化」、「Family真實人生」、「專業堅持有個性」等方式，就是最好獲得網民按讚數的形象塑造（演講日：2017年10月3日）。

[4] 這正是本文重要討論文獻，挪威傳播學者Gunn Enli（2015）專著 *Mediated Authenticity: How the Media Constructs Reality* 的副標題，下文會進一步討論。

[5] 林靜伶（2000：24）指出「類型」的概念，在於針對特定語藝情境下，因為情境相同，所以會有相類似的反應，使得人們通常會提出有限的幾種類型語藝（說服的形式）。因為，rhetoric可譯為語藝或修辭，本文中兩者互用，且為同

本文所謂的「媒介眞實性」，主要取自挪威傳播學者Gunn Elli（2015）的專書*Mediated Authenticity: How Media construct Realty*。根據她的界定，媒介眞實性意指：「在媒體脈絡下，眞實性是透過傳播過程所界定的，而眞實性的程度則是依賴於傳播中主要參與者間的符號協商。更特定地說，這個協商是關於信賴、原創性與自發性」（Enli, 2015: 3）。

從Gunn的界定，可以注意幾個重點。首先，這是在「媒體脈絡下」，因此討論焦點在於透過媒體報導所獲知政治人物的形象。其次，Gunn指稱這是在傳播過程中主要參與者的符號協商。我們試著理解爲，她意思是指政治人物與群衆之間對於傳播符號（包括影像、文字、聲音）等的認知，兩者是否能達到共識。舉例而言，政治人物在鏡頭前抱起小孩展現親和力，可能被視爲眞情流露，譬如想要抱孫子；也可能被視爲老套、做作。這是依情境、參與者、互動情況而定的。

再者，Gunn提到眞實性的三個面相：信賴、原創性與自發性。當我們從媒介傳播中，認定一個政治人物抱著小孩是否具備眞實性。首先，我們對於此一政治人物以及媒介是否信賴，這是一個重要關鍵。如果沒有信賴感，很容易認爲這是矯情。其次，有些動作或口號，如果只是抄襲，而非原創，就很難被認爲是眞實的。譬如，「一切爲了孩子」之類的口號，如果只是抄襲國外競選口號或者老調重談，就會顯得並非眞心所想。而有關自發性，如果鏡頭裡看到的是政治人物被動地接過幕僚抱來的小孩，這就不會被認爲眞心喜歡親近，這只是被安排的橋段而已。在下一節中會更詳細說明Gunn界定媒介眞實性的類型。

值得注意的，學者一般在討論媒介是否能傳達客觀眞實時，常用的區分概念是社會眞實（social reality）、媒介眞實（media reality）與主觀眞實（subjective reality）。社會眞實界定爲事件本身的眞相。譬如，這個政治人物是否眞的這麼直率，還是裝出來的。其次，媒介眞實則是指「媒體所呈現的事件情境」。理想上，媒介眞實要符合社會眞實。但媒體畢竟只是傳遞的媒介，總是會有侷限性，不可能鉅細靡遺的重新再現事實。所以，媒介眞實不會完全等同於社會眞實。而主觀眞實，則是讀者接收到媒介傳來的訊息後，自己本身認定的眞實。譬如，同樣兩位讀者，很可能因爲政黨立場不

一意思。

同，透過閱讀媒體報導，一人可以解讀出這個政治人物是直率；另一人則認為這政治人物是故意安排。同一件事，兩人認定的事實不同（彭之修，2005）。

雖然，本文討論的「媒介真實性」（mediated authenticity）與上述「媒介真實」（media reality）在中文翻譯後很像，有些地方也可能重疊到。不過明顯的，本文「媒介真實性」處理的還是報導中人物是否傳達出個性上的真實，是一個比較限縮的概念。遠比媒介真實的概念要小的多，因為後者關心的是所有「媒介呈現事件的情境」，所以兩者是不同的。

不過，行文至此，可能有些讀者會認為喜歡真實性，這不是人們的自然反應，為何還要大作文章呢？

本文認為，這至少可以提出三點理由。首先，媒介真實性並非真正的真實。譬如，幾張美國總統歐巴馬生活照——捉弄幕僚的淘氣、雨天中自己打傘等，這些又何嘗不是經過千百張生活照中，幕僚精心挑選出來，試圖傳達政治人物的「真實」（Souza, 2016）。這些萬中選一的圖片，真能代表一個政治人物的真實嗎？這就好比臉書上的生活照，並不代表真實生活的面貌。

第二個對於「媒介真實性」的質疑，在於「真實性」真的好嗎？以草藥為例，純天然的草藥雖然來自於自然，但是本身各種成分不定，而且也可能含有有毒物質，反而不比人工淬鍊或合成的化合物來得單純。回到政治傳播中的媒介真實性來說，如果報導的是政治人物的不完美、糗樣、瘋狂、短處等，為何還會受到民眾的青睞呢？以2016年美國總統大選為例，人們為何在價值觀上寧可選擇瘋子而非騙子？真實性的瘋子會比騙子更好嗎？

第三個有關媒介真實性的問題，順著上述第二個而來。倘若不完美、平凡、出糗的政治人物是常態，是否政治人物其實大可真實地面對群眾，一旁的政治幕僚、寫手（ghost writers）、政治操盤手（spin doctors）其實都無足輕重了。但是，事實上並非如此。明顯的例子，明星素顏照固然引為話題，街頭上或校園的美麗素人也備受矚目。但是，更多時候，譬如在影展場合中，人們更多期待明星爭奇鬥艷，精心打扮，貴氣逼人，引領風采。因此，呈現真實性似乎並非是萬靈丹。這對於政治人物也是，形象塑造仍是必要的。那麼政治人物要選擇真實呈現抑或形象塑造？應該如何看待此一問題？

下一節中，首先針對Gunn界定的媒介真實性，區分七種類型進行討論。然後在第三節中，針對「真實性」做概念史的回顧。第四節中，則從修辭術角度，說明講者試圖呈現真實性的理由。前兩節分別從群眾、政治精英

的角度來做分析。第五節中則是討論與結論。

貳、媒介真實性的類型

當前政治的發展，人民對於政治人物、媒體的信任度普遍呈現下降的趨勢（Sanders, 2009: 37; Stoker, 2006: 121）。這種不信任感，也促使政治人物似乎變得要愈來愈直接與民眾溝通，隨時努力求得民眾的認可。再加上現在輿論極容易透過民調、社群網站與報紙評論等呈現，政治人物似乎巴不得隨時向民眾說明，試圖贏得民眾的青睞（Iyengar, 2011: 17）。

簡言之，民眾不信任政治人物，政治人物則期望透過媒介獲得民眾支持。而方式之一，就是透過展現真實性，藉以獲得信任。根據Gunn（2015: 136-137）的歸納，有以下七種類型，我們以政治人物作為例子說明：

1. 可預測性（predictability）：人們對於事務感到真實與否，往往取決於是否符合舊有的經驗與認知。如果一個政治人物能夠在媒體報導上保持一致性，就比較會讓人覺得真實。

2. 自發性（spontaneity）：是否真實，最直接的方式就不是照稿演出，而是自動自發的行為。如果一切只是行禮如儀，就顯得不真切。

3. 即時性（immediacy）：這接近於現場即時反應，政治人物與聽眾處在同一現場，共同創造意義與真實性。特別是由於社群媒體的影響，傳播管道愈來愈方便，人們表達意見的平台也變得隨手可及。造成的後果，就是政治人物必須更即時回應，否則，就會認為是政府失職，彷若犯下大錯（Blair, 2007: 477）。而即時性的回應，很容易只是政治人物的直覺回應，而不是幕僚規劃後的形象呈現。

4. 懺悔性（Confessions）：透過媒介傳達真實性的方式之一，就是透過自我懺悔、揭露祕密等方式，來突顯真實。政治人物常常被賦予神聖的光環，而顯得高高在上。但是，一旦政治人物也透露出自己的過失、後悔、遺憾等事務時，民眾會認為更真實。

5. 平常性（ordinariness）：一個值得信賴的政治家需要展現出一個平常人的模樣，也就是能夠接地氣，並且承受一般人會經歷的掙扎，才會被認為真實。

6. 猶豫性（ambivalence）：在做出決策時，呈現反覆不定，難以抉擇的樣子。這是一般人在面對問題時常會出現的現象，當政治人物

出現這樣的情況，就更能顯得真情流露。譬如，在面對痛苦的抉擇時，對於違法的弱勢族群到底是應該依法果斷處理，還是人道優先，面對兩難，流露人性惻隱。當然，可以想見的，太過於優柔寡斷的政治人物，不易被視為是好的領導者（Boyett, 2008: 185-196）。

7. 不完美性（imperfection），政治人物呈現某些行為時，無法完美呈現。譬如，某些字詞無法正確發音，或是唱歌時變調等，才能顯得真實（Enli, 2016: 131-132; Enli, 2015: 136-137）。

上述的分類是Gunn歸納出的七種類型（genres），在修辭的類型批評（generic criticism）概念中，預設相同的修辭情境（rhetorical situation）中，人們採取的說服方式是有限的，大抵不會超出幾大類（林靜伶，2000：34-37）。Gunn提出的分類，日後可以透過實證方式，進行檢證，甚至找出台灣政治人物塑造真實性的方式。

不過，Gunn的分類上，有許多值得討論的。譬如，她並沒有放入原創性（originality），當政治人物強調這是原初、自己的想法，這會顯得真實。另外，其實上述幾種分類也會有重疊之處，譬如平常性與不完美性可能會重疊，自發性與即時也可能重疊。現象世界本身的複雜多樣性，本來就不是特定概念可以清楚切割的。而人們對於用語的不同使用習慣，更加深概念界定上的模糊性。不過，Gunn提供了一個初步的框架，後續研究者可以在此基礎上逐步討論媒介真實性問題，根據現實脈絡，再予以調整。

對於媒介真實性的意義以及組成特性介紹後。進一步要問：為何人們會推崇「真實性」？特別是這種「真實性」可能是不完美、平常、猶豫？這種價值觀是如何出現的？下一節試著從政治思想家整理的概念史作說明。

參、「真實性」的觀念史

若從較為細緻的界定來說，真實性（authenticity）意指「忠於自己」（true to be oneself）；而真的（genuine）則是指對他人真實（be true to others）（Enli, 2015: 11; Trilling, 1972: 12）。兩者雖然在本質上不同，但是透過媒介傳達的效果則有類似、重疊之處。本節先討論前者；後者在下一節中會進一步說明。

就真實性而言，舉例來說，若有政治人物一時氣憤，在公開場合口出

不雅語言。這本來是不合社會規範，甚至違法行為，譬如公然侮辱。可是也有人會認為這是「真情流露」、「直率表現」、「真性情」，而予以肯定。可是這種欣賞率真性，亦即尊崇展現自我的價值與倫理觀，論者指出，這其實是現代性的產物，並非普世規範。加拿大政治哲學家Charles Taylor就指出「真實性的倫理觀其實是相當新穎而且是特屬於現代文化。」Taylor（2003: 25）根據他從觀念史（history of ideas）的追溯，真實性的倫理觀來自18世紀末的個人主義（individualism）以及受到後來浪漫時期（Romantic period）的影響。

這種倫理觀認為道德是來自於個人內心深處，有別於過去神學或古典自然正當（Classical Natural Right）（或可譯為天理）的規範是外加的。[6]換言之，一個聆聽自己內心深處，忠於自我的人，就被視為更具道德意涵。[7]

這種發展也可以從Saint Augustine（354-430 A.D.）所言「引導到上帝之路是透過我們自身反省所致」的進一步發展（Taylor, 2003: 26-27）。而盧梭（Jean Jacques Rousseau, 1712-1778 A.D.）認為人們在與其他人相處時，容易受到自傲心（*amour proper*, pride）影響，而扭曲自己的價值觀與行為。他認為人們真正「該遵循的原則是刻印在所有人的心上，而要了解應該遵循的規範就是回歸到自身而且在激情靜默時聆聽內在良心的聲音」（Rousseau, 2005: 28）。

Taylor指出，忠於自我意味著忠於自我的本來面目，而這種本來面目也只有我可以表達與發現，不是外人可以橫加干涉。透過表達，我也正在界定我自己，我也正在實踐一種自我的潛能。Taylor認為這就是了解當代對於真實性理解的背景，一般常以自我成就（self-fulfillment）、自我實踐（self-realization）為名。這樣以真實性為名的倫理觀，也包括它最墮落、荒謬或瑣

---

[6] 古典自然正當（Classical Natural Right）強調應遵照個人與社會的自然秩序（natural order）。這裡的right就不是權利，而是意指該做的事，銜接中華文化的思維，甚至可以譯為天理。什麼是自然秩序，舉例來說，就個人而言，理性控制慾望，這本是個人應有的運作方式。就社會而言，則是讓愛智慧的人（譬如哲人）來治理國家。進一步的討論，可以參見胡全威（2001：118-137）。

[7] 在中華文化中的王陽明心學，強調「心即是理」（王陽明，2015：18），也可能是影響台灣社會現代性的價值觀之一。不過，這又是另外一個大問題，本研究目前暫不討論，僅供讀者參考。

碎（most degraded, absurd, or trivialized）的形式。這就給予「做你自己的事物」或「發現你自己的成就」予以意義（2003：25-29）。因此，透過Taylor的觀念史追溯，可以提醒我們：推崇「眞實性」，亦即諸如肯定展現自我，忠於自我，即使是瘋狂、高傲、奇怪，之所以受到重視，這並非普世價值，而只是現代文化下的價值觀。

然而，人們推崇追求自我的獨特性，但是爲何人們又喜歡看到政治人物的不完美甚至不幸，無論是一時的憤怒、激動或者與家人互動時一些尷尬的處境？筆者認爲這是政體（regime）的特性。在民主體制中因爲推崇「平等」（equality）的價值，因此群眾對於才能出眾、獨享權力、資源充足者，其實是抱持嫉妒，渴望將其拉下至與眾人平等。

稍微解釋一下。首先是政體的觀點。政體（regime）的概念本是古典政治哲學探討的核心。「政體」不僅包含了政府體制、憲法、法律，還有「社會生活方式」（the way of life of a society），諸如「生活樣態、道德品味、社會形式、國家形式、政府形式、法律精神等」。而探究政體的關鍵，在於政體內成員所追尋的目標，亦即人們的價值觀，譬如追尋與尊崇的目標。追根究柢，就是誰在統治的問題，因爲統治者決定了社會中的法律、價值觀（Strauss, 1968: 135-137）。

民主政體中的核心價值觀是平等（equality）。因爲眾人平等，所以統治者的權力來自眾人的賦予。倘若政治領袖過於才能出眾、超乎常人、享有過多資源，其實是威脅民主政體的運作。亞里斯多德對此，就有非常精采的描述：「採行民主體制運作的城邦之所以採用陶片放逐制（ostracism）就是爲了能確保平等高於其他價值。因此，利用陶片放逐制可以流放某些因爲財富過人、擁有諸多人脈或其他豐富政治資源的政治人物」（Aristotle, 1984: 107）。[8]所謂的陶片流放制是指在雅典公民大會上，人們可以提議在陶片上書寫想要放逐者的名字，只要高過一定的數量，此人就必須離開雅典城邦十年（Kagan, 1961: 399-401）。一個非常著名的案例，就是雅典傑出政治家Aristides，他本人就遭到陶片放逐。在投票的過程中，有一位不識字的公民，要Aristides幫忙寫上Aristides的名字在陶片上。Aristides很驚訝，就詢問這位公民，爲何要如此。這位公民回答說，我也不知道Aristides是誰，只是

8　Aristotle's *Politics*, 1284a18-23.

一直聽到人們說他是正直的，覺得很煩。所以，決定要寫上他的名字（Plutarch, 1992: 396）。

這種民主政體的平等性格，在19世紀法國政治思想家Alex de Tocqueville（1805-1859 A.D.）的*Democracy in America*有更完整的論述。Tocqueville認為「處境平等」（equality of conditions）將會影響整個人類文明的發展，特別是民主體制的運作。在平等的社會基礎上，「人與人之間相互獨立平等，也使人養成按照自己的意願進行個人活動與偏好。人們在與自己相等的人往來享有獨立，另一方面人們也容易對一切權威投以不滿的觀點，並且容易激起關於政治自由的思想和對政治自由的愛好」（Tocqueville, 2000: 3-15, 639）。

因此，在民主政體中基於對平等的偏好，人們更容易對「權威投以不滿的觀點」。當政治人物高高在上，擁有遠遠超乎常人的資源與權力。特別是，政治人物旁的操盤手（spin doctors）精心策劃，媒體相互呼應之下，政治人物往往呈現是人生勝利組的一面。有權、有勢、有錢，怎不會讓一般人民感到嫉妒與不安？

因此，在這種身分平等的處境下，無論是自認為「耙糞者」、「憤青」、「覺青」、「魯蛇」、「屌絲」、「酸民」等。自然渴望看到這些人生勝利組的「真實面貌」。這也可算是理性主義、啟蒙運動之後的一種「除魅」（disenchantment），不再相信政治領袖是三頭六臂，天命所致。所以，當政治人物被揭露出其實也有像平常人一般的特質或時刻時。這些反而在民主政體中，受到群眾的認可。原來，不是只有一般大眾才有這些窘困的時刻，政治精英與我們相差沒有這麼遙遠。

20世紀以後，平等的趨勢隨著科技發展，似乎更全面地改變整個社會。科技發展中，媒體的變化是重要關鍵之一。舉例來說，在美國小羅斯福總統時代，他本身是小兒痲痺患者，可是當時電視尚未成為重要媒介，再加上當時記者們有共識不去突顯國家最高領導者身體不便這一面相，因為擔心可能減弱領導者的形象。而幾任後的甘迺迪總統，風流韻事不斷，當時的記者也會認為這並非社會大眾應該要知道的事情，無關乎國家大事，保留對政治精英的禮遇（倪炎元，2009）。可是，隨著平等的價值觀，愈來愈強化時，再加上電子媒體與網路媒體的興盛，一下子把政治領袖拉到趨於和眾人相仿的平台上。政治領袖的花心，不會只是政治精英享有風流偶儻的特權，而成為可以導致政治危機的指控，柯林頓總統就是最好的例子。

附帶一提的，當不再相信眞有偉大的人、崇高行動、神聖理念的眞實存在，認爲這些只是政治包裝的結果。這種號稱平等的視角，以及衍伸到尊重各人的觀點，齊頭式的一視同仁。有些思想家擔心，這就會落入相對主義（relativism）甚至虛無主義（nihilism）的世界中。論點間無從比較，差別之處，只會顯現在堅持程度與人數多寡（Strauss, 1989: 82）。堅持愈深和支持者愈多者，就儼然成爲社會中的眞理，而這也就會落入Tocqueville擔心的「多數暴政」（the tyranny of the majority）問題上（Tocqueville, 2000: 241-243）。所以，往往看似親民的民粹者，就很可能是集結群衆，造成多數暴力的帶頭者。

　　因此，總結上述，眞實性的價值觀，思想家幫我們點出這是出自理性主義與浪漫時期的觀點的結合，並非自古以來的價值觀。其次，從民主政體預設的平等價值，我們也可以看到平等的趨力，是將政治精英與一般民衆拉齊。也因此，政治人物展現的不完美、平常性、懺悔性，甚至猶豫性，反而使得一般大衆感到舒服、容易接受。但是，這種拉低的平等，有可能產生多數暴政的危險，值得注意。

　　本節從價值觀的角度，討論眞實性概念的思想脈絡與可能弊端。下一節中，則從政治人物角度，從修辭技巧上，說明展現眞實性的趨力。

肆、建構眞實：反修辭的修辭術

　　接下來，從政治人物的角度，如何考量展現自己的眞實面，顯得眞實？雖然從上一節開頭提到，有論者認爲忠於自己的眞實性（authenticity）有別於對他人眞實（be true to others）的眞（genuine）。這兩者在本質上，雖然有所區別。譬如，我向他人展示我眞的喜歡某人，但事實上，忠於自己的表現方式，可能是隱藏這種喜歡，我就是不喜歡表達情感，這就不是我。所以，這裡就會產生二者的區別。

　　但是，在政治人物技巧運用上，忠於自己與對他人眞實往往是重疊的概念。譬如，當政治人物說「我不會說花言巧語」。這看似政治人物忠於自己，不刻意迎合環境需要；另一方面，也是試圖表明眞誠待人，讓聽衆感受眞實。

　　但這就進一步延伸到下一個問題。從修辭學的角度，原本學習各種話術，是爲了達成說服的目的。但是，一旦說話者彰顯自身具備各種技術，反

而阻礙了說服的目的。譬如，當一個人宣稱他精通修辭技巧，善於溝通、說服。聽者對他的一言一行，很容易認為只是「技巧」而已，反而增加阻力。因此，善於說服他人者（也就是懂得修辭技巧者），通常會採用自我貶抑的方式，強調自己口拙、不善言詞，就是希望避免聽者採取防備，反而降低了說服的效果。換言之，運用修辭術時，往往是以貶抑修辭術的方式為之。學者稱為這是修辭的「自我韜晦」（self-enfacement）（劉亞猛，2005：23-30）。

在界定上，貶抑自己的說話能力，在修辭術中稱為「謙虛的修辭類型」（*Bescheidenbeitstopos, topos* of modesty）。正如古羅馬著名的修辭家Quintilian的解釋是「一個審慎的判斷者總是偏好去聆聽那些似乎真誠沒有做作的人」（Andersen, 2001）。而在拿捏文字，運用修辭技法時，亞里斯多德給的忠告是「寫作者就必須不著痕跡，讓一切顯得自然而然，因為表現自然則易於說服；刻意操弄則容易讓人產生懷疑，因為人們厭惡被刻意設計欺騙，這就像是討厭加了水的酒一般。舉例來說，Theodorus的成功就在於他的聲音就像是出自所扮演的角色，恰如其分。但是別的演員的聲音則就像是另外一個人在發聲。」另外，在詞彙上，亞里斯多德的建議是「挑選一般生活詞彙就能顯得十分自然」，並指出這是劇作家Euripides首先展現出的典範（Aristotle, 1991: 198-199）。[9]

因此，從演說者的修辭術角度，雖然修辭術作為一種說服技巧或方法，在實踐上卻因為本身具有自我韜晦的性質。亦即越是想要成功說服，反而越要彰顯自己並沒有採用任何技巧，拙於言行，而呈現更為真實的面貌。不過，值得注意的，這裡的只是受眾眼中「看似」真實的講者，但是反而與講者的實際真實有可能更為遙遠。這也說明了為何「媒介真實性」是值得討論的概念。

伍、結論

本文試從媒介真實性進行概念性的討論，未來希望佐以實證上的研究，探討國內政治人物是如何呈現真實性與國外學者的分類有哪些相同與相異

---

[9]　Aristotle's *Rhetoric*, 3.2.4.

處。希望借此對於「媒介眞實性」能有更全面性的探索。而基於以上的說明與討論，關於「媒介眞實性」可以得出以下三點：

首先，媒介眞實性（mediated authenticity）是指透過媒介呈現忠於自身的價值。忠於自身成爲被推崇的價值觀點並非普世觀點，這是現代性的產物。

其次，媒介眞實性的展現，可以分爲幾類子項目，譬如自發性、平常性、不完美性等。從民主政體論出發，因爲平等的價值，群衆傾向拉低偉大的人至平等的地位。所以，喜於看到偉大人的平凡面。相對來說，從講者的修辭術來看，掩飾修辭能力，強調本身的在言語上的笨拙，與衆人無異等。這是修辭本身的「自我韜晦」的特質。因此，無論從群衆的平等觀或從講者的修辭術來看，「媒介眞實性」成爲兩種趨勢共同追求的目標。

再者，媒介眞實性並非社會眞實（social reality），也不是政治人物的眞實面貌。譬如，善於修辭術者必須僞裝成笨拙於此術，這就更說明媒介眞實性與社會眞實的差異。當然，也有可能政治人物眞的不會講話，不懂得修辭技巧。但是，這就像一位明星偶爾素顏，讓人好奇，感到新鮮。但是，倘若一直如此，與一般人無異時，爲何還須花時間觀看？因此，政治人物也是如此。政治人物不善修辭，又如何能說服群衆、吸引群衆聆聽？縱使媒介眞實性作爲一種趨向目標。但是，畢竟政治人物還有其他功能性價值，譬如領導、表達與彙整民意、提出政策方向、折衝妥協的高情商（EQ, Emotional Quotient）。因此，媒介眞實性並不是政治人物追求呈現給群衆的全貌，而只是部分而已。

綜上所述，無論是從當代價值觀、民主政體的平等性，以及政治人物的修辭策略，透過媒介展現眞實性，這是一個符合趨勢的說服策略，但也正因爲是「策略」，就應揭露出來，讓大衆了解這種說服的機制。

參考文獻

王陽明（2015）。《傳習錄》，吳震、孫欽香譯。香港：中華書局。台北：商周。

李蓉平（2015）。〈捕獲野生蔡英文：放下手機吧～麵要趁熱吃啊〉，《自由時報》，3月16日。

林靜伶（2000）。《語藝批評——理論與實踐》。台北：五南。

政治中心（2013）。〈偷吃紅豆餅被周美青瞪，馬總統情人節PO文：這就是幸福〉，《ETtoday新聞雲》，https://www.ettoday.net/news/20130214/164018.htm?t=%E5%81%B7%E5%90%83%E7%B4%85%E8%B1%86%E9%A4%85%E8%A2%AB%E5%91%A8%E7%BE%8E%E9%9D%92%E7%9E%AA%E3%80%80%E9%A6%AC%E7%B8%BD%E7%B5%B1%E6%83%85%E4%BA%BA%E7%AF%80PO%E6%96%87%EF%BC%9A%E9%80%99%E5%B0%B1%E6%98%AF%E5%B9%B8%E7%A6%8F

政治中心（2017）。〈48萬讚「王八蛋」神回覆，柯文哲嗆網友留言遭刪除〉，《ETtoday新聞雲》https://www.ettoday.net/news/20170822/994402.htm?feature=2017tpeuniversiade&tab_id=1019

胡全威（2001）。《史特勞斯》。台北：生智。

倪炎元（2009）。《公關政治學：當代媒體與政治操作的理論、實踐與批判》。

彭之修（2005）。〈媒介與真實建構〉，收錄於毛榮富等著，《媒介素養概論》，台北：五南，頁59-72。

劉亞猛（2005）。《追求象徵的力量：關於西方修辭思想的思考》。北京：三聯書店。

魏國金（2017）。〈法國國會大選政治素人PK5連霸〉，《自由時報》，6月17日。

Andersen, Øivind. (2001). How good should an orator be? In Cecil W. Wooten & George A. Kennedy (Eds.), *The orator in action and theory in Greece and Rome* (pp. 3-16). Leiden ; Boston: Brill.

Aristotle. (1984). *The Politics* (Carnes Lord, Trans.). Chicago: University of Chicago Press.

Aristotle. (1991). *On Rhetoric : A Theory of Civic Discourse* (George Alexander Kennedy, Trans.). New York: Oxford University Press.

Blair, Tony. (2007). Tony Blair's 'Media' Speech: The Prime Minister's Reuters Speech on Public Life. *The Political Quarterly, 78*(4), 476-487.

Boyett, Joseph H. (2008). *Won't Get Fooled Again: A Voter's Guide to Seeing Through the Lies, Getting Past the Propaganda, and Choosing the Best Leaders*. New York: AMACOM.

Enli, Gunn. (2015). *Mediated authenticity : how the media constructs reality*. New York: Peter Lang.

Enli, Gunn. (2016). "Trust Me, I Am Authentic!": Authenticity Illusions in Social Media Politics. In Axel Bruns, Gunn Enli, Eli Skogerbø, Anders Olof Larrson, & Christian Christensen (Eds.), *The Routledge companion to social media and politics* (pp. 121-136). New York ; London: Routledge.

Iyengar, Shanto. (2011). *Media politics: a citizen's guide*. New York: W.W. Norton.

Kagan, Donald. (1961). The Origin and Purposes of Ostracism. *Hesperia, 30*(4), 393-401.

Plutarch. (1992). *Plutarch's Lives of the Noble Grecians and Romans* (John Dryden, Trans.). New York: Random House.

Rousseau, Jean-Jacques. (2005). *The Dsicourses and Other Early Political Writings* (Victor Gourevitch, Trans.). Cambridge: Cambridge Universiy.

Sanders, Karen. (2009). *Communicating politics in the twenty-first century*. Houndmills, Basingstoke, Hampshire ; New York: Palgrave Macmillan.

Schneider, Matt. (2016). 'Crazy' vs. 'Liar': Voters On The Street Reveal Unpredictable and Uncensored Opinions On Trump vs. Clinton. https://www.mediaite.com/online/crazy-vs-liar-voters-on-the-street-reveal-unpredictable-and-uncensored-opinions-on-trump-vs-clinton/

Souza, Pete. (2016). Behind the Lens: 2016 Year in Photographs. *The Obama White House*. https://medium.com/obama-white-house/behind-the-lens-2016-year-in-photographs-9e2c8733bbb3

Stoker, Gerry. (2006). *Why politics matters : making democracy work*. Houndmills [England] ; New York: Palgrave Macmillan.

Strauss, Leo. (1968). *Liberalism Ancient and Modern*. New York: Basic Books.

Strauss, Leo. (1989). The Three Waves of Modernity In Hilail Gildin (Ed.), *Introduction to Political Philosophy: Ten Essays by Leo Strauss* (pp. 81-98). Michigan: Wayne University Press.

Taylor, Charles. (2003). *The Ethics of Authenticity*. Cambridge, Massachusetts: Havard University Press.

Tocqueville, Alexis de. (2000). *Democracy in America / translated, edited, and with an introduction by Harvey C. Mansfield and Delba Winthrop* (Harvey Claflin

Mansfield & Delba Winthrop, Trans.). Chicago: University of Chicago Press.

Trilling, Lionel. (1972). *Sincerity and authenticity*. Cambridge, Mass.,: Harvard University Press.

15.
新聞媒體的社群行銷：小編如何滿足Me世代需求？

林嘉慧　世新大學傳播博士學位學程博士生

摘要

20至30歲的這群年輕人，美國心理學Jean M. Twenge稱他們為Generation Me，簡稱Me世代。根據研究顯示，「網路科技」與「社群媒體」兩大因素劇烈地影響其閱聽行為、購買決策等。社交媒體的發展拓寬了傳統媒體的報導視域，傳統媒體和從業記者從各種社交媒體尋找新聞源，直接引用網民上傳的內容進行新聞報導已是司空見慣；此外，隨著分享工具更加便利，傳播方式和內容形態也同步進化更新。除了文字、圖片、短視頻，近年Facebook還掀起了直播的熱潮。目前實際執行網站動態貼文及粉絲團更新的編輯人員（業界通常稱之「小編」），往往是社群行銷關鍵操盤手。筆者將台灣目前新聞媒體產業的社群操盤手，依其業主掌控程度，區分為外包型、內包型、自理型三類。無論哪一型，媒體產業的未來，繫乎「社群」與「影音」兩件事上。本文採用文獻研究法蒐集2015-2017年有關華盛頓郵報、紐約時報及BuzzFeed News站等三大新聞媒體在「品牌經營」、「社群行銷」、「媒體轉型」之相關專訪報導與研究資料共計11項。鎖定其中「社群編輯」的人力配置、工作流程、設備環境、組織編制等因素，對應台灣現況，加以分析統整比較異同，試圖歸納出可資借鏡之處。結果發現，目前最迫切的是，台灣業主應重新定位社群小編的業務職責和編制位階，因應影音與直播當道，小編必須是納入新聞產製過程的數位編輯人才。此外，媒體產業應跳脫社群網站演算法制約，用心製作向受眾回歸的內容，包括優化科技設備人力軟體各項資源，才能創造新的商業價值。

關鍵字：社群媒體、社群行銷、Me世代、社群編輯、直播

壹、前言

　　根據資策會創新應用服務研究所（創研所）FIND團隊公布《2016年下半年消費者使用數位裝置的調查報告》，顯示台灣使用者平均每天滑手機的時間高達3.3小時，為世界第一。[1]12歲小學生至55歲以上的銀髮族，擁有Facebook的比例達八成以上；12歲的小學生至24歲的新鮮人，造訪YouTube、Instagram、PTT及Dcard的比例，亦遠高於其他年齡層。[2]隨著年輕人漸漸成為社會主力，社群網站成為社群行銷通路兵家必爭之地。

一、Me世代與社群網站

　　值得注意的是，其中20至30歲的這群年輕人，根據美國心理學教授珍·湯姬（Jean M. Twenge）分析累計60年、超過130萬人次填答的問卷資料，發現他們擁有共同特徵：極端自我中心。珍稱他們為Generation Me，簡稱Me世代。他們也較其他世代更有自信，以及挑戰權威等。同時，研究結果顯示，「網路科技」與「社群媒體」兩大因素劇烈地影響Me世代的閱聽行為、購買決策與其他隱性價值觀等。

　　研究者注意到Me世代傾向以一種「自我標榜」的方式去展現自己認為特殊、引人注意的一面，他們之中愈來愈多習於透過文字、圖片、影音等各種形式，在社群網站上分享有關自己的一切，包括生活及對周遭事物的看法。[3]這正反映出Me世代如何定義自己與周圍人之間的關係，同時也投射他

---

[1] 這項調查執行期間為2016年11月28日至12月5日，調查母體為台灣本島民眾，採配額抽樣法，根據內政部統計處2015年底之人口統計資料，及國發會《104年數位機會調查》，估算出各年齡行動上網人口數，再依據各年齡行動上網人口比例配置各年齡層之樣本數，進行配額控制，經網路問卷調查後，最後成功完成有效樣本為2,523份。

[2] 資料來自資策會創新應用服務研究所2017年5月公布之《國人社群網站使用行為調查》，該調查以帳號所有者進行分析：結果發現Facebook（90.9%）與LINE（87.1%）分別穩坐第一、二名的寶座，其他社群網站像是YouTube（60.4%）、PTT（37.8%）、Instagram（32.7%）、微信、Twitter、Dcard也有不少使用者。

[3] 例如作家Connor Toole和Alec MacDonald開啟了一個叫作「Millennials of New York」的虛擬社交項目，以隨機採訪的方式，拍下紐約街頭年輕人的照片，再

們需要被肯定、期待被關注、尋求被獎賞等的心理特質。社交型媒體的發展拓寬了傳統媒體的報導視域，公眾自己可以成為新聞的發布源，傳統媒體和從業記者從各種社交型媒體尋找新聞源，直接引用網民上傳的內容進行新聞報導已是司空見慣；此外，隨著分享工具更加便利，傳播方式和內容形態也同步進化更新。除了文字、圖片、短視頻，近年Facebook還掀起了網路直播的熱潮。

二、直播：媒體移動化、內容年輕化、互動社群化

論及直播，Facebook截至2017年第三季為止已經有17.9億月活躍用戶數。雖然以內容產業來說，「直播」從來不是新鮮事，過去電視新聞連線和運動賽事直播，閱聽人數十年來都很熟悉，只不過，隨著行動裝置與4G網路普及，成長於手機時代的Me世代，見證各式各樣的直播app平台的興起，目睹網民追捧一批又一批「網紅」，從段子高手、吃飯美女到電競主播。在Me世代眼中，直播的意義，是工具移動化、內容年輕化以及互動社群化的最高實踐。

貳、台灣新聞媒體社群經營模式分析：外包型、內包型、自理型

近年來，為了適應數位匯流以及搶攻Me世代市場，傳統新聞業者紛紛積極推動社群網站的經營以拓展新的獲利模式，一般的操作，諸如將自家報導文字、圖片或影音內容相關連結，放上社群網站增加曝光率；再者，自建各家新聞台或以主播為號召的官方粉絲團。為了提高粉絲團人數，常見的作法是以提供獎品或獎勵，舉辦抽獎活動等，提供誘因吸引網友「按讚」，加入粉絲團，成為新粉絲，或透過站內分享等利用使用者動態消息機制進行活動推廣。而經營社群網站的目的，無非是希望藉由新聞露出、粉絲專頁的人氣，引導讀者到自家網站，獲取網站流量。以上，傳統媒體的社群經營大致算是做足了功夫，遺憾的是，經營了一段時間，投注了可觀的人力、物力、

配以一段文字，描述他們在社交媒體po狀態時的真實心理活動，以文字反諷的方式來展現現在的年輕人。他們把Me世代這種傾向稱之為「千禧世代的模擬社交」。

心力，媒體似乎仍在困境裡，企業轉型仍未見到曙光。

時至今日，意識到社群媒體的力量的組織已經愈來愈多。可惜的是，礙於華人社會辦公室內的權力分配，往往形成執行上的另一個困境。諸如：當判斷新聞議題出現意見不合時，應該聽誰的？進一步來說，團隊一旦同意另成立社群影音拍攝組後，等於變相式強迫傳統新聞部學習社群經營的思考模式，容易造成內部反彈衝突。因此，通常財團起家、國外媒體在台運營電視台、電台或報社，預算足夠的情況下會選擇委外的方式，包裹在年度公關廣告企劃案裡，交由公關代理商或整合行銷公司執行，避免內部因導入新媒體思維而致的員工架構衝突。

Ragan Communications和NASDAQ OMX[4]在2016年第四季進行的研究報告結果指出，數據顯示多數的企業（65%）已經把委外的社群行銷任務，同時列為企業內部要執行的事項，不過，縱使認為社群媒體重要，但企業或組織對於把資源（資金）投放在社群媒體行銷上，還是非常謹慎的，27%有僱用專人負責社群行銷，25%的企業僱用實習生幫忙處理社群行銷的工作，其他的則只是內部開會時增加討論議題，決策後交給委外單位執行。

在這裡，我們必須承認，無論是委外處理還是自家員工承辦，目前經營社群網站的關鍵人物是編輯人員（「小編」）。這位實際負責經營粉絲團以及執行動態貼文更新的小編，就是社群行銷第一線的重要操盤手，操盤手的功力良窳直接影響操盤結果。尤其，社群媒體不斷地以光速發展，例如Facebook演算法經過一段時間，就會重新設定，不可能依靠書本教的SOP原則按圖索驥；且社群平台黏著度高，全天候服務刻不容緩，快速地回覆才能為讀者帶來更優質的消費體驗，社群小編從來不是一件簡單的工作，面臨的挑戰日益艱鉅，也更加突顯其不可取代性。

根據從業所觀察，台灣目前新聞媒體負責經營社群網站的小編工作型態，依業主掌控程度大致可以分為外包型、內包型、自理型三類：

一、外包型

特徵為全程委外，最怕業配文遭檢舉。將社群網站經營全程委外的作

---

4 該項研究共計針對714位行銷業者進行調查，包括傳播、行銷、公關、及其他企業專才，涵蓋各類型和規模的公司、組織和政府機構。其中，營利組織占58%、非營利組織占24%，政府機構則占7%。

法，從策略到執行，從材料蒐集到影音內容製作，都由外包單位提出計畫、承攬負責、接受考核。如上述，眾多方法中，這種方式需投入的資金最多，但往往也會是最有效率及競爭力的作法。在台灣，不管哪個產業，業主在新聞、部落格上委託公關公司、寫手、部落客進行商品、品牌或服務進行置入性行銷（亦即「贊助商內容」）已是行之有年的商業行為了，就連政府部門也經常採取置入性行銷手段推動政策。無論是「粉絲數」、「按讚數」、「分享數」甚至比較進階的「互動率」大致都有既定的關鍵績效指標，委外的好處是大致都能看到務實的成長。尤其這幾年來大批青壯年人口投入公眾議題的熱潮下，往往出現動態牆上只有自己贊成／喜歡／支持那方的言論形式，而有「同溫層效應」[5]出現。突破同溫層需要足夠的操作經驗和龐大的支援系統，此時委外單位通常比較能辦得到。

不過，值得一提的是，有時因為操之過急，各種置入操作，斧鑿痕跡太深，大到國家財金政策新聞，或政治人物危機處理，小到贊助廠商新品發布，都可能因刻意的置入過當，而被指為操作輿論。

根據2015年尼爾森的廣告信任度調查[6]，40歲以下民眾對業配文的觀感不佳的比例提高至79%，原因是民眾在購物前參考網路資訊，是為了消除資訊不對稱的情形，自然希望獲得的資訊是正確而公正的。尤其近幾年台灣社會發生幾起「業配文」事件，諸如：廠商給錢讓工讀生寫回文的三星「寫手門事件」等，都是在粉絲對品牌高度好感，或愛戴的網路名人的基礎上而發文，卻沒有盡到告知義務，而使貼文資訊不公正，造成對事實的混淆。

日前公布的一份報告[7]中指出，年輕人（國、高中生及大學生）以「有

5 　根據維基百科的說法，同溫層Stratosphere又稱平流層，氣象專有名詞，位於地球大氣層對流層和中間層之間。平流層裡的氣流平穩，基本沒有上下對流。後被用來形容在網路上有同樣想法的人相互取暖。

6 　該項研究執行時間為2015年2月23日起至3月13日止，共調查全球60個市場，超過30,000位網路消費者，橫跨亞太地區、歐洲、拉丁美洲、中東及北美地區。每個市場的網路使用者抽樣有年齡及性別的配額限制，加權後的數字具有網路消費者的代表性，最大差異值則為±0.6%。尼爾森調查是根據受訪者的網路行為並透過網路執行訪問。各市場的網路滲透率不一。

7 　資料來源：《Stanford researchers find students have trouble judging the credibility of information online》Brooke Donald, 2016, Stanford researchers find students have trouble judging the credibility of information online, Stanford History Education Group

圖有眞相」的標準作爲判斷網路訊息眞實性的依據，毫不在意資訊內容的細節描述，或出處是否具有權威性等。另一向研究則顯示，在測試3,250名美國國中生（12-15歲），當中有高達80%的被測試者無法區分社群網站上「業配文」與眞實的「新聞報導」兩者有何不同；到了高中生（15-18歲），情況仍令人擔憂，有超過30%的被測試者會因相似的圖形元素，而將Facebook上的假福克斯新聞（Fox News）帳號信以爲眞。年輕人識讀能力已然不足，新聞媒體單位必須作爲行業表率，在「爲了生存營收而接案」與「維護新聞媒體的公信力」之間，做出明智的選擇與完美的平衡。業配文若操作不善很可能變成人人喊打的過街老鼠，引發粉絲不滿的情緒，對業主或品牌而言，反而成爲無法彌補的傷害。

二、內包型

其特徵爲換取流量，終極目標導回網站。表示該企業充分體認到社群行銷的重要性，從上而下列爲年度重要推動工作，因此爲社群行銷設立專職人員。不過與外包的差別在於，外包需要雄厚的資本，一般行情每個月花費新台幣十數萬至數十萬元不等。而內包作法經濟負擔相對小，工作人員支領的是公司薪水。這種類型無論出於經營上的瓶頸、預算的緊縮，還是因爲外包人才難尋，社群行銷的小編職缺選擇由社內的一名或多名記者專責專任，主要負責社群平台新聞更新與其他一般社群行銷工作。

記者小編往往非行銷科班出身，職涯上也未必有相關的專業與經驗，公司理當支援在職訓練或同意聽取相關課程的申請，國內經濟部中小企業處、資策會等公部門，以及民間幾個知名數位科技公司經常針對企業社群行銷從業人員開辦講座與在職培訓。此外，小編也會搜尋並參考國內其他同業的操作狀況，畢竟社群媒體演算法並非始終如一的機制，演算法變變變，有超過10萬個因素影響著貼文的曝光。小編雖然不可能隨之起舞，天天跟著變，但較有經驗的小編能以網路工具監測社會風向，判讀新聞的重要性並寫下貼近事件與社群的小編文，當然，也有一些小編直接改寫網路文章，頂多搭配使用表情符號、hasgtag標籤或加上其他後製美編，便匆忙上架了。

筆者認爲一個優秀的內包型小編，即便常被演算法搞得頭很大，但仍會

of Stanford University.

不厭其煩地去實驗哪種貼文效果比較好，過程中也不放棄社群界意見領袖的建議，適時調整他的貼文。也許繞了一大圈，最終得到一個結果，那便是驗證了粉絲專頁的連結貼文比純文字、圖片分享有較好的曝光之類的。演算法說變就變；職場的經驗值卻永遠屬於自己，是帶著走的能力。

　　即使工作是負責把自家新聞網站的內容，轉到臉書粉絲團，每天面對成千上百條新聞，要在短時間快速吸收消化，並從受眾視角出發，判斷什麼是新聞，然後，進一步撰寫出吸引人閱讀卻又不誇張的文案，吸引讀者點擊閱讀，看似簡單，實際操作也頗為複雜。不過，一旦成功地觸及了更多的讀者、拓展了粉絲群，這裡若不能掌握時機，找出誘因吸引他們返回自家網站瀏覽，將流量導回媒體網站首頁、訂閱推播、註冊會員、將讀者留在自家網站，讓忠實讀者未來有機會變成付費訂戶。那透過社群網站免費推播文章，其實等於讓其掌握了全局。很糟糕的情形是，讀者都是一次性、透過搜尋引擎或社群媒體推薦而來，不知道他在讀哪一家媒體的文章。

三、自理型

　　其特徵為聊備一格，公事公辦成效低落。小編的職責大致上採取「守備」性質，對於走不出過往光環的老牌傳統媒體，或財務吃緊面臨經營困境的新聞媒體產業，僅僅只是把社群網站粉絲團視為新聞產品的通路，傳遞資訊的管道之一。內部並未為此設立專職人力，泰半交由新聞部、行銷部、公關部員工兼任，甚至找工讀生或實習生協助貼文就了事。主要的原因自然是出於主其事者對社群行銷的概念模糊，低估了經營社群網站所能創造的綜效。公司高層認為貼文僅是公事公辦，把粉絲團當作是增加新聞露出的平台，儘管媒體轉型、新舊媒體融合、數位匯流等口號喊了很多年，相關APP應用程式也開發完成並上架了，但全員上下心態仍停留在舊媒體時代——那個媒體主導，總編輯想給閱聽人看什麼、閱聽人就要看到什麼的美好單純年代。

　　Me世代閱聽人取得資訊的管道千變萬化，也許藉由社群網站、搜尋引擎等轉貼連結吸引了人來給粉絲按讚。運氣好也許僥倖又進一步下載了公司新聞台APP應用程式，不過，即使下載了，只要公司的心態無法與新世代接軌，很可能因為缺乏持續誘因／新鮮感／不可取代性，使用者黏性無法建立，很快便卸載了。最終仍無法提升企業競爭力與品牌整體的影響力。

參、文獻研究之三大新聞媒體經營社群網站的他山之石

上述外包型、內包型、自理型三類社群小編，看似有優劣之分，然而，縱有資金委外操作，或者，能設立專責社群小編，皆並不代表公司已經妥善經營社群。新聞媒體到底如何經營社群網站這個新興議題，本文採用文獻研究法（Document Analysis）蒐集2015-2017年有關華盛頓郵報（The Washington Post）、紐約時報（The New York Times）、BuzzFeed News等三大新聞媒體對於「傳媒經營」、「社群行銷」、「媒體轉型」等相關資料，包括雜誌、期刊、論文以及專欄文章共計11項。根據其中「社群編輯」（Social Editor）的工作配置與實際的工作流程對應台灣媒體社群小編所面臨的工作挑戰，經過分析後歸納統整後，提出以下幾點思考與建議：

一、向受眾回歸的原創內容

社群網站最大的特點是能和用戶進行朋友般的互動、溝通，且Me世代樂於接受專屬性與客製化的服務，為此，小編必須用心了解用戶族群的特徵、差異、目的等。就算工作內容僅是轉發與貼文，仍必須跳脫公事公辦思維，小編除了挑選適合目標族群的文章轉發，還必須定期分析粉絲的動態與行為，釐清追蹤者喜歡的貼文類型，回報上級主管每日廣告投放成效與社群經營成效。重要的是，並不是每個平台都能使用同一種經營策略，能夠打動人心的貼文特色也不盡相同。比方說Facebook、Twitter、YouTube的資訊呈現、文章連結等皆不同，想增加粉專互動率，發布貼文的時間、內容長度、貼文類型皆必須經過縝密計算，才有機會吸引目標族群及潛在用戶。

社群成員的互動是社群發展的重要關鍵，不同類型的成員因其特質會有不一樣的分享動機和模式。新聞媒體的貼文若想要在Facebook新聞推播演算法中脫穎而出，其實需要投入大量時間和心力，因為必須從中摸索出最適合與各群的互動模式，華盛頓郵報總監Gelman與紐約時報社總編輯Lydia Polgreen都表示「嘗試錯誤」的歷程可能比想像還久。[8]

---

[8] Lydia Polgreen接受《Medium》訪問時表示：「NYT自2010年起花費6年時間找到如今90%數位收入來自12%的讀者，用心經營這些忠誠、高參與、且願意付費的核心讀者，才是至關重要的。」（參考數位時代網頁https://www.bnext.com.tw/article/39577/BN-2016-05-15-120807-218）

一個優秀的小編，表現在秉持著想要持續提供用戶良好的使用經驗，從實戰經驗去分析歸納，例如：先記錄各種貼文形式發布後反饋的使用者數據，比較這些貼文的觸及人數、按讚數、留言數、分享數、點擊數等是否有重大變化；或嘗試同樣的素材以不同的貼文形式分享，再觀察數據的差異是否能提供什麼樣的操作建議。每週開會檢討我們的用戶喜歡什麼樣的方式、不喜歡的內容。儘量一一列出來，並做成下一次貼文的指導說明。

▲臉書舉例，此為直接用連結分享的貼文形式。

　　相較於把網址藏在圖片貼文眉批裡，發現人們更喜歡直接點擊連結形式的貼文，而且後者帶來的點擊甚至是前者的2倍。這是由於連結形式的貼文能夠呈現更多關於此一連結的額外資訊，例如：連結貼文露出的文章導言可以幫助讀者判斷他們是否真的想要點擊連入；另一方面，從使用者經驗出發，連結貼文也更方便行動裝置的用戶在小螢幕上點擊。因此，Facebook向所有小編明示，粉絲專頁若想要分享網址，直接用連結發布的形式會比把網址藏在圖片或純文字貼文的眉批裡有更佳的曝光。

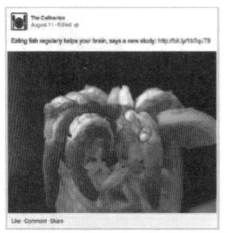

▲臉書舉例，此為把網址藏在圖片肩批裡的貼文。

此外，社群依據不同的角度探討可區分為多種類型的社群，然而擁有共同的興趣與目的仍是將成員聚集在一起分享的最主要因素。因此，想要透過社群網站將免費內容換取高流量，前提是，媒體也必須試圖創造出獨特內容，比方說透過Facebook的資料科學和「主題模型」（topic modeling），篩選出最有可能喜歡該主題的潛在讀者。當然，即便Facebook幫助和潛在客戶連結，但Facebook也推出如新聞推播的功能希望黏住用戶。對此，Polgreen建議加強自身網站閱讀體驗，吸引忠實讀者回到網站才是社群行銷的下一步。

二、隨團社群影音團隊編制

不少人對小編的工作內容有些誤解。事實上，專業的小編是個集結行銷、公關、編輯等技能於一身的跨領域人才，先說平常大家看不到的觀察分析力——他們必須敏銳地觀察適合發揮的議題、分析粉絲團的定位和調性，還要懂後台的流量數據，應付佐克伯如月亮般初一十五不一樣的演算法。

痛苦的是，現在Facebook影音與直播貼文當道，欠缺資源的小編大多只在電腦前忙著剪接，努力從新聞資料擷取精彩片段，拼裝加工包裝成一則則新聞影片。他們必須用最低成本又可執行的辦法，土法煉鋼地把手邊原有的非影音素材硬生生變成影片的形式，小編的工作負擔因此變得不輕。不過，遺憾的是，有可能累死了小編，編輯出來的影片還沒人看，主要原因是台灣媒體小編若為記者出身，文字能力確實不錯，改寫新聞稿不成問題，但，當

談到影音與直播，能否讓「新聞產品」與「科技能量」劃上等號，卻是個大問題。

影音與網路的報導、說故事的手法、製作工序，都與傳產電視大相逕庭。「影音內容」和「直播」都不是在媒體的傳統組織架構之下產生的，我們不可能只用一套方法來應付所有的變化，必須認真去看待新的製程、新的職能、新的職缺，才能在內容市場產出新的商業價值。不妨來看看華盛頓郵報在2016年畢業季節招聘了三個職位。目前在台灣尚未看到任何一家新聞媒體如此進行人才招聘，它們分別是：直播主持人／製作人；製作人；隨團社群編輯。以上這些職位都不是在媒體的傳統組織架構之下產生的，而是新型態的工作。

這裡我們注意到「隨團」（Embedded）這兩個字。華郵的新聞部在招募「隨團社群編輯」與「隨團數位製作人」。Gelman[9]建議社群小編日後也必須加入新聞製作流程，成為新聞團隊中的一分子，才能真正製作出精良的影音作品，提高網路新聞的正確性、信任度以取得更多受眾青睞，有利於落實媒體的社群行銷與數位轉型策略。

不同於傳統新聞部的編制，不論電視或平面媒體，這裡的隨團小編都將新聞與數位拆開。傳統上，新聞主要由編輯台、各分線新聞中心（如政治、生活、娛樂線），以及攝影中心等單位組成。社群小編則放在數位部門，獨立出來發稿管理。這樣的編制的缺點是，社群編輯與數位製作人不僅與新聞製作流程脫節，也容易增加錯誤的發生。一來沒有參與新聞現場，就沒有臨場感。到時只能做個剪接員，台灣需要創造更多這種隨團職缺，才能改良新聞業最被人詬病的問題——資訊良率低。這包含資訊錯誤、過時與無用處；二來，既然社群編輯平日例行性工作便是使用網路工具監測社會風向，如果可以加入前線編採流程，一同前往蒐集新聞事件的影音素材，相信一定更能依照各個平台的需求，製作出不同規格的內容，如圖片、文字與影音；滿足

---

[9] Micah Gelman接受採訪時表示：「我們的目標就是，在對的時間，對的地方，講對的故事。」並說：「郵報過去製作了許多長度中等的紀錄片以及長篇敘事文章，但這些內容從來都沒有受眾。郵報要改變過去的電視報導風格，轉向為新聞提供大量短視頻，豐富並延伸報導內容，講述和解釋新聞之外的故事。」因此，自2015年，華盛頓郵報將Post TV更名為Post Video，同時宣布了新的視頻策略：放棄電視新聞風格，主打視頻報導。

不同用戶需求的精良內容，甚至，可以協助製作新聞專輯或懶人包，吸引讀者點擊閱讀觀看。

新聞部

社會中心	政治中心	生活中心
主任／副主任	主任／副主任	主任／副主任
組長／副組長	組長／副組長	組長／副組長
資深記者	資深記者	資深記者
記者／助理	記者／助理	記者／助理
社群編輯／數位製作人	社群編輯／數位製作人	社群編輯／數位製作人

華郵的隨團社群影音團隊編制

在直播部分，BuzzFeed News直播總監Andy Dangerfield根據實戰經驗：直播在節目結束後仍然保持著線上狀態，建議新聞編輯室應該繼續去發掘利用其剩餘的價值。比如，實時直播的資料可以重新包裝編輯，放到一個集中的小視訊當中去並且放在主頁，或者寫一篇深度文。

他還建議要積極回覆評論區出現的所有問題。如果是同一話題的文章，記得要在內容下方評論區頂部放置連接。同時及時回覆觀眾們的評論和問題，這樣會把他們的注意力從臉書吸引到你的網站。

三、建立網路影音直播情境

所有媒體都在做「影音」與「社群」；只是當今日內容平台是設定在Facebook進行粉絲團經營，比起花費高額預算把影片拍得精緻，更該思考如何將影片拍得吸睛。特別是今日多數用戶對一則動態目光停留可能只有三秒鐘時，如何在前三個畫面甚至靜止預覽圖立刻「吸住受眾目光」，就是影音素材能否行銷關鍵。除了與賦予專業性權能隨團製作影片外，BuzzFeed News的Andy Dangerfield就強調：「器材的投資也很重要。」

2013年華郵被亞馬遜併購以來，一直貫徹貝佐斯「科技是使命的核心」的理念，首要工作圍繞著新聞打造各種技術工具。今年3月，一張華盛頓郵報員工的工作照瘋傳，引起台灣新聞圈不小的討論。照片中，華盛頓郵報影音製作團隊正在採訪民主黨初選候選人桑德斯。訪問政治人物不稀奇，主要

引起討論的是直播團隊使用的「器材」實在太高檔，讓原生直播平台的從業人員望之興嘆，此外，從照片也可以看得出人員配置，團隊成員包括主訪記者、社群小編兩位、正副攝影、助理數位，陣仗之大一點也不輸給傳產電視的SNG團隊，而這是一般網路直播的好幾倍人力。

Gelman對網路影音新聞的重整策略是，過去傳統媒體時代流行的長篇敘事式的紀錄片、影片，都要砍掉重練，網路時代改走大量短篇原生影音報導，內容可以是新聞的解釋性報導、相關熱門話題，或延伸報導，重點是追求「量大」兩個字[10]。Gelman將華郵影音與電視新聞風格澈底一刀兩斷，並拋棄傳統「定時播出」的模式，讓讀者能隨時隨地觀看。

News的經驗則爲社群媒體的直播提供了前沿式的見解。Andy Danger-field談到：「網上直播報告是一種新的新聞形式。觀眾在某種意義上可以指導和規劃新聞製作的走向，這樣就可以反過來激發受眾的參與興趣。」這裡提到的直播視訊效果，恐怕得先要考慮硬體設備是否達到高質量的水準。喬伊納談到設備質量對於社交媒體直播的重要性，並提出設備必須關照畫面、音質以及接觸敏感這三個關鍵要素。

肆、結語

身爲新聞媒體的社群小編，必須比其他同仁早一步體認到，今後媒體產業必須聚焦在「社群」與「影音」兩件事上，公司才能見到光明的前景。檢視華盛頓郵報、紐約時報、BuzzFeed News網站等三大新聞媒體在與社群網站交手多年的歷程，有的起死回生，有的載浮載沉，有的互利共生，但重點是，最後終究不受社群媒體綑綁，反而能借力使力，透過社群媒體讓自己往數位成功轉型、往付費之路邁進，往擁有更多鄉民的讚聲前進。筆者從中找到一些可資借鏡之處，發現最迫切也最關鍵的，就是台灣所有正在經營社群網站的新聞媒體業，都應重新定位「社群小編」的業務職責和編制位階，雖然是第一線工作者，但小編並不小，影音與直播的世代來臨，小編不再只

---

[10] 西北大學教授Dan Kennedy研究華盛頓郵報的數位轉型策略時。認爲新的華郵最厲害的地方，是結合了「新聞產品」與「科技能量」，變得更好、更大，也得到更多用戶。貝佐斯的媒體營運心法是「量大與質優」（Mass and Class）策略。

是盡剪刀、漿糊之能事的工讀生，而是需要納入新聞產製過程的數位編輯人才。

此外，各大企業與自媒體也應積極思考如何跳脫社群網站制約的行銷模式，跳脫演算法黑盒子的魔咒，不盲目追求按讚數和粉絲數等形式上的數據，用心製作向受眾回歸的內容，符合受眾個別需求的內容，社群行銷才能落實。包括運用足夠的科技軟硬體工具，以及人力配置的投資，才能跟上數位化帶來的改變，並在內容市場產出新的商業價值。

參考文獻

一、中文部分

Jean M. Twenge著，曾寶瑩譯（2007）。《Me世代——年輕人的處境與未來》。台北市：遠流。

李皓宇（2013）。《2.5億美元收購華盛頓郵報》，BBC中文網頁http://www.bbc.com/zhongwen/trad/world/2013/08/130806_amazon_wp

金義軍（2017）。《向唱衰電視新聞說「不」——淺論電視新聞的融媒體之路》，中文科技期刊資料庫網頁http://www.cqvip.com/QK/89857X/201710/epub1000000968843.html

吳怡菱（2016）。《社群小編：未來新聞產業的靈魂人物》，有物報告網頁https://yowureport.com/40783/

吳富傑（2010）。《企業利用FACEBOOK平台經營粉絲專頁社群之研究》，國立政治大學科技管理研究所碩士論文，台北市。

張綺文（2015）。《婚紗店Facebook粉絲專頁經營模式之個案探討》，淡江大學全球華商經營管理數位學習碩士在職專班學位論文。頁12-69。

賀瑞等（2016）。《文化創意產業理論與實務第三版》，台北市，第15章，頁340-375。

齊豔傑（2016）。〈新聞編輯所需素養及網路時代所面臨的挑戰〉，《社會科學（文摘版）》01卷，251頁。

二、西文部分

Fairweather, T. (2017). 6 tips to prepare your newsroom for live video on social media. London: News Rewired Digital Journalism Conference.

Peretti, J. & Smith, B. (2014). 50 million new reasons BuzzFeed wants to take its content far beyond lists. *New York Times*. In https://mobile.nytimes.com/images/100000003048807/2014/08/11/technology/a-move

Shontell, A. (2015). Inside BuzzFeed: The story of how Jonah Peretti built the Web's most beloved new media brand. *Business Insider*. In http://www.businessinsider.com/buzzfeed-jonah-peretti-interview-2012-12-to-go-beyond-lists-for-content-at-buzzfeed.html

Twenge, J. M. (2014). *Generation Me: Why today's young Americans are more confident, assertive, entitled-and more miserable than ever before*. New York: Atria.

Zywica, J. & Danowski, J. (2008). The faces of Facebookers: Investigating social enhancement and social compensation hypotheses, predicting Facebook™ and offline popularity from sociability and self esteem, and mapping the meanings of popularity with semantic networks. *Journal of Computer-Mediated Communication, 14*(1), 1-34.

16.
網際網路的邀請式語藝：以《想想論壇》與《筆震論壇》之「年金改革」比較爲例

李珉愷　世新大學傳播博士學位學程博士生

摘要

　　網際網路被視爲虛擬的公共空間，作爲人民日常生活中實踐「邀請式語藝」之場域，主要是網路的溝通平台比起大眾傳播媒體的形式，更具有人際口語傳播的形式，因爲網際網路的虛擬公共空間已經成爲公民參與公共事務的重要管道，所以培養每一參與其中的個體具備反思能力，則是不可忽略的。透過「邀請式語藝」的思維，讓網際網路的社群關係在電子語藝言說者的作品集結與參與，才有在網路平台中達成追求平等與公義的可能。

　　本研究分別選取網路原生媒體《想想論壇》與《筆震論壇》爲研究對象，並透過「年金改革」的議題，觀察《想想論壇》與《筆震論壇》分別是如何形塑年金改革議題、用什麼（語詞）邀請？又邀請了什麼？達到了什麼傳播效果？以「邀請式語藝」研究網路原生媒體作爲政治傳播的新途徑，實有其必要。

關鍵詞：年金改革、網路原生媒體、邀請式語藝

壹、前言

傳播或溝通（communication）是傳遞訊息、交換意見，建立共同性的一種過程。其中須藉助媒介或工具，才能有效的傳達，達到意見表述、促進了解、凝聚共識，建立一致的行動。麥克魯漢在《認識媒體——人的延伸》首先提出「媒體即訊息」的觀念，說明人們理解訊息時會受到傳播方式的影響。由於電子媒體加速了資訊流通，把世界縮成村莊大小，彷彿讓我們再回到那個雞犬相聞的部落中（李信漢、杜綺文，2007）。

新媒介提供了供應高度差異性政治資訊與觀念的方式，在理論上幾乎是可以讓所有聲音無限制地接近使用，新電子媒介為利益團體的發展以及意見的形成提供了新興的「論壇」，形成新的公共領域（彭懷恩，2015）。網路給予溝通雙方一個全然開放與平等的空間，作為體現「邀請式語藝」的新境界，這是因為網民比起大眾傳播的閱聽眾更掌握了主體思考與主動發言的權力，同時擁有「回應」與「發言」的自由與能力，使得閱聽眾能夠與言說者互動交流，發揮個體的影響力，而達到Lakoff指稱事件意義的建構是參與者自己和其後的闡釋者共同協作的過程（劉豐海譯，2001）。

因此，本研究試圖從「邀請式語藝」的理論視角，檢視網路原生媒體《想想論壇》與《筆震論壇》在高度政治資訊的「年金改革」議題之網路文本，試圖理解台灣在網路原生媒體作為政治傳播上的表現。

貳、文獻探討

一、邀請式語藝

Foss & Griffin（1995）將「邀請式語藝」（invitational rhetoric）定義為：語藝是欲進行了解的一種邀請，並創造了根植在平等（equality）、內在價值（immanent value）及自決的（self-determination）的關係。主要是延續古典語藝對於閱聽眾自主性認同的思想脈絡，並納入了女性主義者的原則，挑戰了傳統語藝的定義，尤其挑戰傳統語藝所追求的競爭與操控價值的目的（Foss, 2009）。這也就指出「說服」不再是語藝傳播的唯一目的，「邀請式語藝」的可以說是「提供觀點」，同時「創造一個允許並鼓勵呈現其他觀點」的外在環境（Foss, 2009）。「邀請式語藝」可視為一種傳播

的交換（communication exchange），言說者創造了安全、重視與自由（選擇）的外在環境，並在相互尊重與平等的立場下進行交流（Foss & Griffin, 1995）。因此，溝通的目的不再是「說服」，而是可以在雙方立場衝突與對立之下，進行積極、建設性的對話，顯然「邀請式語藝」可運用在政治、利益衝突的協商情境。

近年來在網際網路成立的社群網站、公共論壇等平台，提供言說者實質平等的溝通情境，網路的虛擬公共空間，可以視為日常生活中實踐「邀請式語藝」之場域。網路的溝通形式接近人際的口語傳播形式，更具有作為公民參與公共事務的潛力，但要在網路達成平等與公義，必須建立在培養每一參與個體的反思能力，以及自發性電子語藝言說者作品的集結參與，「說服」不是網路溝通之唯一目的，而是提供平等、尊重的溝通平台，增進彼此「理解」、給予彼此「聆聽」的機會，進而化解爭端，在面對衝突情境時，創造雙贏的（win-win situation）思考模式。（李長潔，2010）

二、網路媒體與公共領域

Habermas（1989）指稱公共領域為社會生活領域中民意得以形成的地方，當人們以一種不受限制的方式參與其中，所有的公民形成一個公共的共同體。也就是在公共空間中無數的觀點同時出現，並在其過程中產生一個共同的意見（Arendt, 1996）。而這個經過溝通產生的共同意見，等同於集體的「認同」，而認同是被建構在與某人或族群、或某種理想之共同根源或共享特質的認知上，並建立在這根基的聚合和忠誠上（Hall, 2000）。而政治認同被建構在某種特殊的論述之中，包括了特殊的權力關係，產生了差異與排他的機制。

Taylor（2004）指出在公共領域中，社會成員可以藉由各種媒體（印刷、電子），以及面對面的實際相遇，藉以討論共同關切的事物，從而形成一種共同的態度（李尚遠譯，2008）。這是媒體將閱聽人召喚為閱讀、觀看的主體，運用符號運作的再現機制，使閱聽人在訊息中占有自己解讀的位置，而認同歸屬於某一特定的訊息或族群（陳明珠，2002）。而經由電腦中介而形成的人際溝通網絡，網路媒體的特質使得閱聽人從被動接收，轉換為主動產製訊息符號的主體，並在線上形成虛擬認同。隨著新科技的改革和全球資本主義的發展，公共領域已經被媒體中介化，年輕人轉向網路，促成對抗性公共領域的蓬勃發展（Fenton & Downey, 2003）。

三、「年金改革」之爭議

（一）我國年金制度改革歷程

年金改革自2010年時任馬政府的行政院長陳冲開始，經2012年媒體披露可能面臨破產後，正式由行政院於2013年4月通過，5月立法院審議公務人員退休撫卹法修正草案、公立學校教職員退休撫卹條例修正草案、陸海空軍軍官士官服役條例修正草案，但因國民黨籍立委未達共識而停擺。（年金改革圖輯新聞，2017）

2016年政黨輪替，蔡英文總統於就職演說，指將由副總統陳建仁擔任召集人，成立「年金改革委員會」，並召開「年金改革國是會議」，於一年內提出可行的改革方案。次月，行政院成立年金改革辦公室，但顯然成效不佳，9月3日軍人節，台灣退休軍公教人員以「反汙名、要尊嚴」為訴求發起萬人遊行（吳泓勳等，2016）。2017年1月22日於總統府召開的年金改革國是會議，也並未解決爭議，反年改團體3月29日發動「遍地開花」遊行，4月19日立法院審查年金改革修正草案，反對民眾與欲進入立法院的立法委員、縣市首長、政府官員等發生肢體衝突。在爭議之下，立法院分別在6月底三讀通過「公務人員退休資遣撫卹法」、「公立學校教職員退休資遣撫卹條例」、及「政務人員退職撫卹條例」。

（二）我國年金改革的主要爭議

1. 18%存續的問題

我國的軍公教人員退休撫卹制度，從1995年7月由「恩給制[1]」（政府負擔退撫經費）改為「儲金制」（由政府與公務人員共同撥繳費用）。在改制前就退休的公務員享有恩給制，政府負完全給付責任，18%優存帳戶就是退休給付來源，這是反對者主要訴求依據。之後的軍公教人員，就沒有18%優惠利率的資格。（崔慈悌，2016）支付優存利息耗費國庫龐大經費，依據總統府國家年金改革委員會的資料，若將18%優存全砍，國庫就能年省8百多

---

[1] 恩給制係指公部門就業者的退休金支付由政府編列預算支應、退休人員無須自行提撥退休基金的一種特別制度。其假設是軍公教人員與政府間屬特別權利關係。

億元的支出。（李欣芳，2016）

2. 所得替代率（income replacement rate）的問題

所得替代率的訂定是年金改革中最大爭議，舊制約80-90%，跨新舊制約60-80%，新制約50-60%。因此，年輕人自然產生相對剝奪感。所得替代率是指「員工退休後領取的給付與退休前的薪資所得的比值。所得替代率是用來作為員工個人規劃退休後經濟生活水準的指標。」（總統府國家年金改革委員會，2017）。故而所得替代率之訂定，要以能維持平民水準生活需求做為標準。

3. 不溯及既往

行政法以不溯及既往為原則，溯及既往為例外，立意在於維持人民生活之安定性與穩定性，也藉此規範政府不得任意侵犯人民之權益。不過，立法院法制局提出的「公務人員退休撫卹法草案評估報告」中，援引大法官釋字525號、717號解釋，指政府衡酌國家財政負擔壓力的公共利益，如認為其高於退休人員請領退休年金的信賴利益，「退休相關法規並非不能修改，各該法規亦非不能溯及適用」，也就是當公益大於個人信賴利益，退撫相關法規並非不能修改或溯及適用。（周思宇等，2017）

4. 延後請領退休金的年齡

目前OECD（經濟合作暨發展組織）國家各種退休制度的平均法定退休年齡約是64歲，台灣勞工是60歲。德國等歐洲國家，目前已將退休年齡延後到67歲。台灣除了延退，還有讓不分職業的可退休年齡規定一致化的問題。2009年起實施的勞保年金將請領年齡設定為60歲，但現行勞保年金已經逐步調整，107年起改為61歲，此後每2年提高1歲，預計115年起為65歲。（黃邦平等，2017）

參、研究方法

一、研究範疇

本研究選取只在網路呈現，沒有實體出版品亦沒有母媒體公司支撐的網路原生媒體《想想論壇》與《筆震論壇》，《想想論壇》是由財團法人小英教育基金會，蔡英文擔任董事長於2012選後創刊的網路原生媒體。而2017年甫成立的《筆震論壇》，其網站簡介指稱這是由一群志趣相投的知識分子，

以筆爲劍，在當前充滿不安卻又滿有希望的台灣，奮起戰鬥，但據聞該論壇的成立及撰稿者均與國民黨有關。

二、研究樣本

　　本研究先就「年金改革」議題進行資料探勘分析，從Google Trend的新聞趨勢圖中可以知道，「年金改革」在該議題於2010年迄今，主要的新聞搜尋熱度高度集中於2016年5月至2017年9月，而這段期間有三大新聞趨勢高峰，分別爲2017年1月、4月與6月快速地飆升。顯見，「年金改革」議題對台灣社會而言，在2016年5月蔡英文總統上任，至2017年6月立法院三讀通過「年改三法案」，有其議題成熟度與社會討論趨勢。

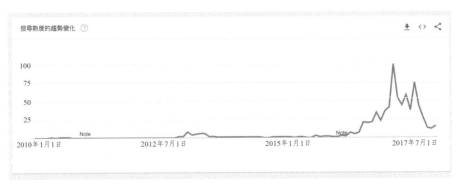

圖1　Google Trends分析，以「年金改革」爲關鍵字

註：期間熱門度變化：數字代表與圖表中特定區域和時間內最高點相關的搜尋熱門度。最高的字詞熱門程度將得到100分，50分表示字詞熱門程度只有一半，0分則表示字詞熱門程度不到最高熱門程度的1%。

　　本研究據此期間，搜尋《想想論壇》、《筆震論壇》中關於「年金改革」的相關評論，分別有6篇、12篇。以這18篇由專欄作家所撰寫的第一手資料作爲分析文本，並融入大數據之精神，透過HTML5文字雲工具，進行內容分析。

　　在選取樣本的過程中，值得一提的是，筆者發現在《想想論壇》中有關「年金改革」的相關評論總計有26篇，其中僅有6篇是在2016年5月蔡總統就職之後撰述，其餘均完成於2013年至2016年4月期間，顯示《想想論壇》在年金改革議題上，監督馬政府的著力較深。

表1 《想想論壇》的「年金改革」相關評論一覽表

	刊登日期	評論標題	專欄作家
1	2017/8/27	反年改團體為何難以獲得同情？	鄭國生
2	2017/6/28	【德國想想】年金改革超越德國 台灣應感到自豪	劉威良
3	2017/6/27	年金改革：從三名委員退席說起	南方客
4	2017/5/4	【時事想想】新制教師反年改的錯亂邏輯	秦靖
5	2017/3/29	軍人年金改革：三二九之「犧牲享受、享受犧牲」	洪榮一
6	2016/9/14	從年金會不會債留子孫，談年金問題最關鍵的共識	童振東

表2 《筆震論壇》的「年金改革」相關評論一覽表

	刊登日期	評論標題	專欄作家
1	2017/7/11	蔡總統要把人民當恐怖分子嗎？	筆震編輯室
2	2017/7/5	這樣的改革只留下惡意與恨意	周勇夫
3	2017/7/3	台灣人，你怎能不對蔡總統生氣？	筆震編輯室
4	2017/6/29	當靠山變走山　國軍還要為誰而戰	張若羌
5	2017/6/27	就讓憲法法庭裁決年金改革爭議吧！	筆震編輯室
6	2017/5/17	陳厚銘觀點：猛降所得替代率，人才恐將流失	筆震編輯室
7	2017/5/9	林萬億的18%奇幻旅程	筆震編輯室
8	2017/4/24	葉國俊觀點：上世紀的凱因斯，如何看本世紀的年金改革？	筆震編輯室
9	2017/4/21	順我者公民，逆我者暴民	廖元豪
10	2017/4/7	年金改革？階級鬥爭？	葉慶元
11	2017/3/8	年改繞過考試院 行不通	廖元豪
12	2017/2/20	心中沒有人民的虛矯「改革」	周勇夫

三、研究工具

（一）中文文字雲工具：HTML5文字雲

HTML5文字雲（http://timdream.org/wordcloud/）係由程式設計師Timothy Guan-tin Chien與其他貢獻者於2011年所創作並於網路公開提供運用。本研究

先從目標網站中抓取非結構性文字資料（作者、發文時間、內文等），移除個資及發文時間資訊等，保留單純內容。再進行斷詞檢視、關鍵字篩選，轉換成結構式資料。進一步處理產生「文字雲」。

（二）中文斷詞工具：Jieba-JS

中文的斷詞工具大都會使用「結巴」（jieba），本研究採用「線上中文斷詞工具：Jieba-JS/Online Chinese Analyzer: Jieba-JS」，先到網站（http://blog.pulipuli.info/2017/03/jieba-js-online-chinese-analyzer-jieba.html）的「Online Demo」將文章貼上進行系統斷詞，再手動斷詞檢視修正偏誤，例如：系統斷詞會將「反年金改革」斷成「反」「年金」「改革」。最後再將完成斷詞的文章，匯入HTML5文字雲製作文字雲。

肆、研究發現與結論

一、《想想論壇》的「年金改革」文字雲

圖2　《想想論壇》的「年金改革」文字雲圖

文字雲是依據文字出現的頻率來決定字的大小，出現愈多次的文字字體愈大。從文字雲圖可以觀察到，排名前十的關鍵字是「退休」、「年金」、

「改革」、「台灣」、「政府」、「德國」、「人員」、「公務」、「團體」與「公教」。《想想論壇》中「年金改革」的評論文章，其主軸即是將「退休」置於核心，整個論述框架突顯的是「年金」制度必須「改革」，以有利「台灣」的「政府」運作，同時可以參考「德國」經驗，並將「公務」、「人員」、「公教」、「團體」視爲主要訴求對象。

二、《筆震論壇》的「年金改革」文字雲

圖3　《筆震論壇》的「年金改革」文字雲圖

《筆震論壇》文字雲排名前十的關鍵字是「政府」、「改革」、「年金」、「公教」、「退休」、「軍公教」、「總統」、「人員」、「年金改革」與「國家」。其主軸即是將「政府」置於核心，整個論述框架呈現的是「改革」、「年金」鎖定奉公守法的「退休」、「公教」、「軍公教」、「人員」，「總統」應負起「國家」政策「年金改革」的最終、也是最重要的責任。

三、《想想論壇》、《筆震論壇》在「年金改革」的論述比較

網路的公共空間提供網民擁有發言權，如同原始初民社會，網民也能成爲「言說者」具有能動性。從這個角度觀察，兩個論壇均提供作者發表文章

的空間，對於讀者則爲提供留言、回應的機制，並提供「投稿」作爲網民發言權的機制，但從兩論壇篩選選取的文章，其思想、觀點明顯代表該論壇的立場，也僅爲大眾傳播媒介形式的單向式傳播功能，而無社會溝通的理想。

（一）《想想論壇》對反年改與蔡政府的形塑

「年金改革」議題中的重要角色爲退休軍公教人員，而在此議題事件中，《想想論壇》將其形塑爲「反對」年金改革、自私自利、債留子孫、拖垮國家財政、違反世代正義的印象，且多屬於情緒性文字。

> 對社會大眾而言，反年改團體是一群養尊處優、與社會現況嚴重脫節的老人們，對於訴求可說是清楚表達（「不要動我的年金！」）……面對這些老人的貪婪模樣，我們更應該支持年金改革……。（鄭國生，2017，「反年改團體爲何難以獲得同情？」）

> 尤其各職業別中，公教人員的均壽是高於全國的，活到八、九十歲的「滿滿是」。要養這數百萬「週休七天，月領七萬或更高」的人（如郝柏村等星爺們，月領超過20萬，個個都是養尊處優的百歲人妖，才有力氣頻頻辱罵供養他們的「施主」——納稅人民是「皇民」），國家財政能不被拖垮嗎？難怪要被稱爲「老賊」、「蝗蟲」、「飼老鼠咬布袋」的碩鼠。（南方客，2017，「年金改革：從三名委員退席説起」）

> 台灣年金改革，因爲各項陳年的優惠，已明顯失去世代正義。……國家有健全的財務體質，才能讓台灣繼續往前走，而世代正義，是最基本的人權體現。（劉威良，2017，「年金改革超越德國　台灣應感到自豪」）

相反地，對於蔡政府推動年金改革則刻意塑造出：建立永續經營的年金制度，年金改革是轉型正義、世代正義，年金改革是政府有擔當改革的表現。

年金改革是必然的制度開刀，或早或晚、都是這一代人必須處理的

共業。（鄭國生，2017，「反年改團體爲何難以獲得同情？」）

在台灣一黨專政超過60年的國民黨政府，制定了獨厚特定族群的退休制度，造成全世界最荒謬的笑話——退休後比退休前領得多，也製造了「劫貧濟富」的不公不義的事實（南方客，2017，「年金改革：從三名委員退席說起」）

年改是世代正義，被改革者因爲收入減少而不平，但是不改革，拖垮國家財政更是不可承擔的沉重。……對於年金改革逐一到位，我們實在要給超越德國的蔡政府，按一個讚！（劉威良，2017，「年金改革超越德國 台灣應感到自豪」）

（二）《筆震論壇》對反年改與蔡政府的形塑

本研究同時檢視了《筆震論壇》形塑「退休軍公教人員」爲年金改革的犧牲者、被標籤化、被汙名化。

蔡政府製作「不公義年金，一定要改」的文宣，將依法領取退休給付的退休軍公教人員扣上「不公義」的帽子，……當時選擇堅守工作崗位的軍公教人員，竟因此而被貼上「貪婪」、「不正義」的標籤，甚至成爲批鬥的對象？（葉慶元，2017，「年金改革？階級鬥爭？」）

依法可以領取的年金要被砍了，委屈之餘上街頭說說話，先是被恥笑「太乖」，現在又被預設成暴民，拒馬刀片伺候。換成是你，會覺得自己是「這個國家」或「這個政府」所愛護的人民嗎？（廖元豪，2017，「順我者公民，逆我者暴民」）

蔡總統曾說過，對政府不滿可以拍桌。現在呢？不給拍桌就算了，還直接用「有組織力量在衝擊」，這種形容恐怖行動的煽動性語言，視人民爲寇讎。（筆震編輯室，2017，「蔡總統要把人民當恐怖分子嗎？」）

蔡政府年改另一個最失敗的地方，則是違反信賴保護原則。（周勇夫，2017，「這樣的改革只留下惡意與恨意」）

而對於蔡政府推動年金改革則刻意塑造出：粗暴的年金改革，蔡政府的年金改革是階級鬥爭。

為了後代子孫著想，年金制度確實該檢討調整，但手段不能如此粗暴，畢竟這是當年政府和軍公教人員的契約關係……蔡政府這種粗暴手段的年改，對軍人來說不僅是有形的退休俸會受到影響，還有無形的精神戰力也陷入不知為何而戰。（張若羌，2017，「當靠山變走山　國軍還要為誰而戰」）

蔡英文總統的年金改革，在我們社會種下惡因，為台灣所留下的負面苦果遠大於正面效益，影響極其深遠。……蔡政府的做法，激發了人性中的劣根性惡意，以及傷害軍公教階級情感所觸動的恨意，會讓台灣社會在往後付出極大代價。（周勇夫，2017，「這樣的改革只留下惡意與恨意」）

四、《想想論壇》、《筆震論壇》的「邀請式語藝」比較

　　「邀請式語藝」之溝通目的是在於增進彼此理解、給予雙方聆聽的「機會」。重視實質的「雙向傳播」、提供平等的溝通關係，以「聆聽」與「理解」取代說服或認同的期待，這也是Foss等學者所認為的真正「溝通」。《想想論壇》與《筆震論壇》顯然都只有提供言者的觀點與立場，因此，只能期待聽者聽取了言者的觀點後，「肯定」差異進而改變聽者的觀點與立場。然而可惜的是，兩個論壇提供的是單一觀點，凝聚各自的聽者。《想想論壇》：反年改是不正義、蔡政府推年改是正義的，而《筆震論壇》：反年改是被汙名化的、蔡政府的年改是粗暴的。

　　雖然兩個論壇所選取的文章是該論壇傾向的觀點，但仍然有部分從客觀證據上，提供有據的論述，藉以理性溝通。例如《想想論壇》比較了德國的年金制度案例與蔡政府推動的年金改革，在所得替代率的數據；同時，也透

過考試院的精算結果相關數據，支持其觀點論述。《筆震論壇》則是比較勞保與公保自付率，呈現軍公教並未享受較高的優惠；從公務人員考試制度的歷史解釋公務員並非特殊族群的特權；而司法院大法官的解釋也證明了18%的正當性；或是從凱因斯的「貨幣改革論」探討政府政策對既有契約違約的選擇。

因此，本研究認為網路虛擬公共空間若真要具備作為公民參與公共事務的潛力，《想想論壇》提供給讀者具反思能力的文章篇數與深度，顯然比起《筆震論壇》略嫌不足；而兩個論壇更應加入「邀請式語藝」的思維，讓網路論壇成為真正具有人際互動的社群關係（費翠，2012），《想想論壇》、《筆震論壇》應透過更多與該論壇不同觀點的自發性言說者之作品的集結，才能真正在網路平台達成對平等與公義的價值追求。

五、《想想論壇》只是蔡英文權威的媒體再現

將《想想論壇》文字雲對比蔡英文總統於2016年5月20日總統就職演說中，關於年金改革的部分內容，兩者在年金改革問題的立場，顯然是相符的，均強調了年金制度影響國家財政，主張公務員與勞工應共享公平保障。因此，本研究結果指出《想想論壇》的「年金改革」相關評論是基於蔡英文的「年金改革」立場下所形塑的社群意識，或者《想想論壇》只是蔡英文權威的媒體再現。

我們的年金制度，如果不改，就會破產。

在年金的改革方面，這是攸關台灣生存發展的關鍵改革，我們不應該遲疑，也不可以躁進。由陳建仁副總統擔任召集人的年金改革委員會，已經在緊鑼密鼓籌備之中。過去的政府在這個議題上，曾經有過一些努力。但是，缺乏社會的參與。新政府的做法，是發動一個集體協商，因為年金改革必須是一個透過協商來團結所有人的過程。

這就是為什麼，我們要召開年金改革國是會議，由不同階層、不同職業代表，在社會團結的基礎上，共同協商。一年之內，我們會提出可行的改革方案。無論是勞工還是公務員，每一個國民的退休生活都應該得到公平的保障。（蔡英文，2017，「中華民國第14任總

統蔡英文女士就職演説」）

　　從傅柯（Foucault）的角度來看，權力的效果是透過論述（discourse）的形式完成，而當論述大量被複製時，該論述就會成爲主流論述，也成爲認識世界的唯一角度與眞理。經由線上虛擬認同所形成的網路社群，也會形成McMillan & Chavis（1986）所指，具有歸屬的情緒、團體關係的情緒，以及信賴感的社群意識。

　　Shils（1975）認爲一個政治威權的形成，除了憑藉武力強制作用外，最主要而常見的方式是透過長期「說服」的效果，也就是透過信仰的說服形成一個具有「正當」與「合法」意義的威權體系（轉引自紀慧君，1994）。顯然從本研究結果，可以發現《想想論壇》作爲蔡英文的支持者，透過文字構築對於「年金改革」的「現實」，並在符號建構眞實的過程中，形塑並強化該原生媒體對於年金改革爭議的既定立場。

參考文獻

年金改革圖輯新聞（2017）。年金改革大事紀。商業週刊。http:/ /www.busi-nessweekly.com.tw/topics_events.aspx?id=topics0003

李長潔（2010年4月2日）。語藝與文化：意義豐沛之人的造構。取自http://blog.xuite.net/ninnon2002/wretch/94128267-%E8%AA%9E%E8%97%9D%E8%88%87%E6%96%87%E5%8C%96%EF%B8%B0%E6%84%8F%E7%BE%A9%E8%B1%90%E6%B2%9B%E4%B9%8B%E4%BA%BA%E7%9A%84%E9%80%A0%E6%A7%8B

李信漢、杜綺文（2007）。「Web 2.0，麥克魯漢知多少？」。《新聞學研究》，92：183-192。

李尙遠譯（2008）。《現代性中的社會想像》。台北：商周。（原書 Taylor, C. [2004].Modern Social Imaginaries. N.C: Duke University Press.）

李欣芳（2016年11月28日）。年金改革腹案18趴至少砍半。自由時報。取自http://news.ltn.com.tw/news/focus/paper/1056423

吳泓勳、劉宗龍、郭匡超（2016年9月7日）。不堪抹黑受辱　全國教師工會總聯合會　退出年金改革委員會。中時電子報。取自http://www.china-times.com/realtimenews/20160907002570-260401

周思宇、曾薏蘋（2017年4月30日）。立法院：年改並非不能溯及既往。中國時報。取自http://www.chinatimes.com/newspapers/20170430000344-260118

周勇夫（2017年2月20日）。心中沒有人民的虛矯「改革」。筆震論壇。取自http://excaliburtaiwan.com/article/detail/191.html

周勇夫（2017年7月5日）。這樣的改革只留下惡意與恨意。筆震論壇。取自http://excaliburtaiwan.com/article/detail/219.html

洪榮一（2017年3月29日）。軍人年金改革：三二九之「犧牲享受、享受犧牲」。想想論壇。取自http://www.thinkingtaiwan.com/content/6157

南方客（2017年6月27日）。年金改革：從三名委員退席說。想想論壇。取自http://www.thinkingtaiwan.com/content/5571

紀慧君（1994）《我國元首論述中價值觀之呈現與轉變——民國39年到83年元旦文告之語藝分析》，私立輔仁大學大眾傳播研究所碩士論文。

秦靖（2017年5月5日）。【時事想想】新制教師反年改的錯亂邏輯。想想論壇。取自http://www.thinkingtaiwan.com/content/6237

陳明珠（2003）。「媒體再現與認同政治」。《中國傳媒報告》，第4卷：88-93。

崔慈悌（2016年5月14日）。《520年金改革專題》雙重獲益最該改18趴不能一刀砍也得砍夠深。中國時報。取自http://www.chinatimes.com/newspapers/20160514000310-260102

張若羌（2017年6月29日）。當靠山變走山　國軍還要為誰而戰？。筆震論壇。

彭懷恩（2015）。媒介政治：當代政治傳播。台北：風雲論壇。

筆震論壇 http://excaliburtaiwan.com/

筆震編輯室（2017年4月24日）。葉國俊觀點：上世紀的凱因斯，如何看本世紀的年金改革？。筆震論壇。取自http://excaliburtaiwan.com/article/detail/124.html

筆震編輯室（2017年5月9日）。林萬億的18%奇幻旅程。筆震論壇。取自http://excaliburtaiwan.com/article/detail/128.html

筆震編輯室（2017年5月17日）。陳厚銘觀點：猛降所得替代率，人才恐將流失。筆震論壇。取自http://excaliburtaiwan.com/article/detail/131.html

筆震編輯室（2017年6月27日）。就讓憲法法庭裁決年金改革爭議吧！？。

筆震論壇。取自http://excaliburtaiwan.com/article/detail/207.html

筆震編輯室（2017年7月3日）。台灣人，你怎能不對蔡總統生氣？。筆震論
　　壇。取自http://excaliburtaiwan.com/article/detail/213.html

筆震編輯室（2017年7月11日）。蔡總統要把人民當恐怖分子嗎？。筆震論
　　壇。取自http://excaliburtaiwan.com/article/detail/224.html

黃邦平、吳柏軒（2017年1月20日）。年金請領延至65歲　勞公將齊一年
　　齡。自由時報。取自http://news.ltn.com.tw/news/focus/paper/1072643

童振東（2016年9月14日）。從年金會不會債留子孫，談年金問題最關鍵的
　　共識。想想論壇。取自http://www.thinkingtaiwan.com/content/5729

費翠（2012）。「從斧鑿真理的縱深到尋訪生活的樣態：言說者定義的轉
　　變」。《傳播研究與實踐》2卷2期：pp.179-207。

想想論壇 http://www.thinkingtaiwan.com/

葉慶元（2017年4月7日）。年金改革？階級鬥爭？。筆震論壇。取自http://
　　excaliburtaiwan.com/article/detail/82.html

鄭國生（2017年8月27日）。反年改團體為何難以獲得同情？。想想論壇。
　　取自www.thinkingtaiwan.com/content/6453

廖元豪（2017年3月8日）。年改繞過考試院 行不通。筆震論壇。取自http://
　　excaliburtaiwan.com/article/detail/69.html

廖元豪（2017年4月21日）。順我者公民，逆我者暴民。筆震論壇。取自
　　http://excaliburtaiwan.com/article/detail/72.html

劉威良（2017年6月28日）。【德國想想】年金改革超越德國 台灣應感到自
　　豪。想想論壇。取自www.thinkingtaiwan.com/content/6362

劉豐海等譯（2001）《語言的戰爭》，北京：新華出版社。

蔡英文（2016年5月20日）。中華民國第14任總統蔡英文女士就職演說。行
　　政院大陸委員會。取自https://www.mac.gov.tw/News_Content.aspx?n=106
　　241E966C563C0&sms=949FB8518BAC220E&s=995E17A883743E06

總統府國家年金改革委員會http://pension.president.gov.tw/

Arend Lijphart. (1992).Parliamentary Versus Presidential Government. Oxford：
　　Oxford University Press.

Fenton, N., & Downey, J. (2003). Counter public spheres and global modernity.Ja-
　　vnost/The Public, 10 (1), 15-32.

Foss, S. K. (2009). Invitational rhetoric. In S. W. Littlejohn & K. A. Foss (Eds.),

Encyclopedia of communication theory (Vol. 1, pp. 369-371). Thousand Oaks, CA: Sage

Foss, S. K., & Griffin, C. L. (1995). Beyond persuasion: A proposal for an invitation rhetoric. Communication Monographs, 62, 2-18.

Jurgen Habermas (1989). The Structural Transformation of the Public Sphere,Great Britain, Polity Press.

Hall, Stuart. (2000). "Who Needs 'Identity'?" In Paul du Gay, Jessica Evans, and PeterRedman eds., Identity: A Reader (pp. 15-30). London: Sage.

McMillan & Chavis. (1986).Sense of community: A definition and theory, Journal of Community Psychology, 24 (4), 315-325.

17.
網路時代自媒體脫口秀節目構建的幻想世界
——以《羅輯思維》為例

林玉佳　四川外國語大學新聞傳播學院講師、世新大學傳播博士學位學程博士生

摘要

　　隨著互聯網的飛速發展，各類自媒體（We Media）也如雨後春筍般湧現，因其澈底顛覆了自上而下的傳播方式，人人都可以稱為信息的生產與傳遞者，一時間受到了眾多網民的追捧。在這樣的大背景下，自媒體的自製網絡節目，也得到了閱聽人的廣泛關注。其中，學者、資深媒體人羅振宇打造的知識視頻脫口秀節目《羅輯思維》2012年正式上線，截止2017年初，《羅輯思維》長視頻累計播出200餘集，點擊量超過10億次，在各類自媒體視頻節目中處於絕對領先的地位。《羅輯思維》節目雖然每期均有一個不同的主題，但筆者發現，羅振宇其實是希望通過對於相關歷史事件和新聞時事的解讀，從相關人物、場景、情節等，逐漸建構一種語藝視野，給予閱聽人一種全新的思維模式。本文中，筆者以20世紀70年代初期，學者褒曼（Bormann）提出的符號匯流理論（symbolic convergence theory, SCT）及其配套的幻想主題分析（fantasy theme analysis, FTA），對自媒體脫口秀節目《羅輯思維》進行相關分析研究。

關鍵詞：自媒體、網路時代、羅輯思維、幻想主題分析、符號匯流理論

壹、研究目的與動機

　　截至2015年12月，中國網民規模達6.88億，互聯網普及率達到50.3%。（中國互聯網信息中心，2016）與此同時，移動互聯網不斷提供新的社會生活形態，在移動支付、即時通訊、網絡購物等方面的應用需求被不斷激發。隨著新媒體技術的不斷發展，「自媒體」一詞逐漸進入我們的視野。在2003年1月出版的《哥倫比亞新聞評論》這份著名的新聞學期刊上，吉爾莫正式提出了「We Media」（自媒體）概念。他撰寫了一篇題爲「下一時代的新聞：自媒體來臨」（News for the Next Generation: Here Comes "We Media"）的文章指出，「We Media」將是未來的主流媒體。網絡上的點對點傳播（Peer to Peer），和分享（Share）與連接（Link）這兩大特性，造就了博客這樣的工具，也產生了無數的「草根發行人」（Grassroots Publisher）。更重要的是，受眾不再僅僅被動地、單向地接受媒介所「餵食」的新聞，而是同時也可以主動成爲新聞的傳播者。新聞傳播邁向多數「媒介」多數「受眾」傳播的模式。

　　自媒體的蓬勃發展，不僅促進了大批傳統媒體開始思考媒介轉型，也吸引了大量的傳統媒體從業人員，甚至是完全的「草根發行人」加入到自媒體節目發開的浪潮之中。但我們必須清醒的認識到，時至今日，自媒體相關節目的發展雖然依舊是如火如荼，但這表面的繁榮之下是大部分自媒體節目面臨的相關困境。以微信公眾號爲例，根據騰訊網的數據，自媒體公眾號的運營時間平均爲2.3年，且有60%的公眾號每年的盈利不足10萬人民幣，這完全無法支撐一個自媒體團隊的運作。

　　本文所要探討的就是在這樣的媒體大背景之下，部分的自媒體與其開發的相關節目眞正的做到了傳播廣、影響大、效益高。經過筆者的分析發現，近幾年知識類自媒體脫口秀節目的確是異軍突起，在整個自媒體節目製作與發行影響方面，確實走在了同行業的前端。傳統媒體脫口秀節目曾經的輝煌已不再，自媒體各類節目發展又遭遇瓶頸，是什麼原因使自媒體脫口秀節目能夠獲得這樣的成功呢？

　　作爲自媒體人，「魅力人格體」其實就是主持人本身個人媒體的充分體現。（羅幸、呂志昆，2016）這一類脫口秀節目並沒有太多的場景布置、道具使用、嘉賓互動、後期製作等，更多依靠主持人的語言表達。從所謂的「魅力人格體」中，我們更多應該去關注，這樣的「魅力人格體」是如何從

主持人的語藝中體現出來的，換句話說，主持人靠什麼說服閱聽人，不僅能守在電腦、pad或手機前看完略顯單調的40分鐘節目。本文以中國傳媒大學博士、原中央電視台資深媒體人羅振宇與他所創辦的《羅輯思維》為例，分析節目中主持人語言風格與說服策略，力圖解析自媒體中這一類的知識脫口秀節目繁榮的原因。

貳、文獻探討

語藝的發展有著其悠久的歷史，最早可以追溯到公元前476年，但相對而言，伯克對於語藝的定義更加全面，他認為：語藝是指人使用語言文字以形塑他人的態度或引導他人的行為（Burke, 1950）。林靜伶在其著作《語藝批評——理論與實踐》中也指出：語藝是一種關切語言作為說服工具的藝術。（林靜伶，2000）

此外，林靜伶對於語藝批評也有所定義。她認為，語藝批評是指以語藝觀點對人類論述作有系統的分析。這個定義包含三個要點：第一，語藝批評是一種「語藝觀點」的分析；第二，語藝批評的對象是人類論述；第三，語藝批評是一種有系統的分析。（林靜伶，2000）我們通常會講語藝批評作為一種分析文本的觀點，它的分析重點並不在於人的論述如何具有說服力，而是更多關注它的上層建築，也就是通過論述如何呈現人們的相關思考與認知，進而呈現其世界觀與價值觀。

游梓翔的著作《領袖的聲音：兩岸領導人政治語藝批評，1909-2006》，運用美國明尼蘇達大學（University of Minnesota）Ernest E. Bormann團隊所提出的符號匯流理論（symbolic convergence theory, SCT），對兩岸九位領導人的100篇演講進行了語藝批評。Bormann團隊使用「符號匯流理論」之名，是為了透過「符號」與「匯流」來突顯理論要旨。在提出符號匯流理論的同時，Bormann團隊同時提出了一套語藝批評的相關程序，並將其稱之為幻想主題分析（fantasy theme analysis, FTA）。語藝批評者進行幻想主題分析的第一步，就在找尋語藝作品中的幻想主題，具體地說就是其中的人物、情節、場景與認可等戲劇要素，可以稱為人物主題、情節主題、場景主題與認可主題（Bormann, 1972），進而得出一個宏觀的「戲碼」，也就是「語藝視野」。

作為一個較為通用的理論，也作為語藝批評的方法之一，「幻想主題

分析」更多的研究集中在公眾演講或小團體傳播之中，而隨著網路時代的到來，運用此方法對網路上的相關文本，特別是自媒體節目中的主持人語言文本分析並不多見，本文也希望在游梓翔老師之前的相關研究著作中吸取經驗，試對自媒體脫口秀節目的主持人語言文本進行相關的分析。

　　對於《羅輯思維》節目的研究，大陸地區的部分論文為本文提供了不少的見解與啟發。廣西藝術學院羅幸與呂志昆兩位學者2016年於《編輯學刊》發表的論文《在自媒體節目新秀〈羅輯思維〉中的主持特色分析》，從節目主持人羅振宇的主持風格與特色切入，重點分析了自媒體下的脫口秀節目發展現狀，並以《羅輯思維》為例，對節目，特別是主持人的風格與主持文本進行的分析，最終認為：節目口號倡導的「有種、有趣、有料」使節目在語言上呈現以上特點，將大眾傳播中人際傳播的特點表現得極為突出，達到了較好的傳播效果（羅幸、呂志昆，2016）。另外，彭肇一在論文《知識類網絡脫口秀節目的傳播特點——以〈羅輯思維〉和〈曉松奇談〉為例》中，簡要闡述了知識類脫口秀節目節目特點於其主持人的相關風格，他提到「學者型主持人＋人格魅力」、「口語化＋講故事的語言風格」是此類節目得意長期蓬勃發展的原因。他認為：主持人在網絡脫口秀節目中，扮演的角色愈來愈重要，他們的作用也不斷被強化，無論是在節目內容選擇，或是在節目經營管理中，都逐漸成為了具有獨立功能的個體，甚至是處於主導型的地位（彭肇一，2016）。

參、幻想主題分析的方法

　　褒曼（Bormann）教授及其團隊在貝爾斯（RobertF. Bales）對於小團體傳播的相關研究基礎上，建立了符號匯流理論（symbolic convergence theory），同時發展了為之配套的幻想主題分析（fantasy theme analysis）。1970年，貝爾斯的研究發現，小團體互動的過程中，經常會處於群體幻想或戲劇化的現場。在這一過程中，人們會興奮、忘我、情緒激動等，並用語言或非語言的形式表現出來，並被其他參與者不斷接續。褒曼在貝爾斯的理論基礎上，發展出一套語藝批評的方法，即幻想主題分析，並以符號匯流理論為其分析的理論基礎。

一、符號匯流理論

褒曼使用「符號匯流理論」之名，是爲了透過「符號符號」與「匯流」來突顯理論要旨（游梓翔，2006）。符號匯流理論有兩個基本假設：第一，符號創造眞實，符號不是一種模仿，而是眞眞正正的體現了眞實；第二，符號不僅爲個人創造眞實，個人賦予符號的意義也會經由傳播過程，主見被團體成員所接受與共享，從而建議了一個共享的眞實。

二、幻想主題分析的基本概念

（一）幻想主題

符號匯流的基本單位是幻想主題，幻想是一種有根據、有事實的創造和想像，依據游梓翔教授的分類方法，筆者將幻想主題分爲四類：

1. 人物主題（dramatis personae）。在幻想中被賦予生命的角色與實務；
2. 場景主題（scene）。展開行動的相關場所；
3. 情節主題（plot lines）。人物在指定場所展開行動，情節也就此展開；
4. 合法化機制（sanctioning agent）。幻想應該具備的正當與合理性。

（二）幻想類型

幻想類型是在「幻想主題分析」提出10年後，褒曼附加補充的一個概念。它介於「幻想主題」與「語藝視野」之間，同時也是介於「微觀」與「宏觀」之間的一個相關結構。一般而言，當某些特定的幻想主題被一團體成員共享並多次重複出現，且團體成員能詳述其角色、背景與情節時，就構成了幻想類型（蔣宗誠，2012）。批評者會從眾多的幻想主題中發現幻想類型，而幻想類型需要擔負起組成語藝視野的責任。

（三）語藝視野

語藝視野是一個宏觀的戲碼（macro-drama），它將幻想主題、幻想類型，以及相關的符號整合在一起。語藝視野的呈現也意味著語藝社群（rhetorical community）的形成。團體成員將相關的語藝主題整合與歸納，並形

成語藝視野，而語藝視野也就被團體成員所共同信奉。

三、分析步驟

以褒曼1972年在論文中有關幻想主題分析的相關討論，經過筆者整理後，將本文的分析步驟羅列如下：

1. 蒐集相關影響與文本資料，進行仔細觀看與閱讀；
2. 從人物、場景、情節、合理化機制四個主題，找出資料中的相關幻想主題，並加以合理化的闡釋；
3. 分析幻想主題並找出複誦的敘事，進而尋找幻想主題中幻想類型的呈現；
4. 依據以上分析，界定文本中的語藝視野；

誠然，研究方法雖然有其相關的步驟與科學方法，但因每個文本的差異，本文在研究中或有些許的彈性調整。

肆、分析內容與結果

一、幻想主題分析

（一）場景主題

我們首先試圖將《羅輯思維》整個節目作為一個大的文本進行分析，由此我們可以發現幾乎每一期節目都是在一個充滿人文主義的環境下進行的。《羅輯思維》是一檔生存於網路的自媒體脫口秀節目，對於節目的取景來說，確實無法達到傳統媒體那樣的奢華。但在筆者看來，節目的場景雖不奢華，但卻處處充滿了人文主義的色彩。

例如：第一季在前幾期節目中，節目的場景並不是在一個適合錄影的演播室，而是在一個類似於咖啡館的小資場景之中，且還有部分閱聽人在現場，這樣講述者羅振宇更有了對象感，表達起來也更加有激情和興致。而後，節目的場景也已經轉變，但筆者觀察到，不管選擇怎樣的節目場景，「書本」這一元素始終都貫穿於整個節目當中，或是場景的背景上出現了書的元素，抑或是在節目中又對一些景點的書籍進行推薦，甚至於在第二季節目中，將其節目片花的定格也設計為以書為背景，這充分體現了節目的知識

性特質。

此外，在節目的場景中，還有一尊正在認真聆聽他人說話的小佛像，從節目第二季開始就擺在羅振宇的桌上，這是除了書以外的唯一較爲固定的場景元素。雖然佛教起源與印度，但卻與中國大陸有著較深的淵源，其許多的教義也逐漸融入了中華文化，所以，筆者認爲，這樣的場景元素，也欲體現出一種節目以傳承中華文化爲目的的製作理念。

（二）人物主題

同樣，如果將《羅輯思維》整檔節目作爲分析的文本，節目中所出現的人物本應該只有羅振宇一人。但從第四季開始，陸續有一些社會知名人士加入了《羅輯思維》的講述者行列，其中包括中央電視節目主持人樊登；Frost & Sullivan中國區總裁王煜全；音樂評論員、學者劉雪楓；中央電視台節目主持人張泉靈；酷6網創始人兼CEO李善友；辯論名將黃執中；《21世紀商業評論》發行人吳伯凡等。

這些講述著與羅振宇有一個共同的特色，他們都屬於文化界名人，在社會地位上，都是得到認可的社會中高層知識分子。筆者認爲，只有這樣的講述著身分才能與整個節目的定位相一致。在整個節目的故事延展中，這些講述者就像是一個又一個的人物角色，在逐步完成著節目的整體故事構想。

在《羅輯思維》第四季的一期節目中，羅振宇對於自己小孩該不該吃一種藥而糾結不已：

> 這個此情此景，其實我們普通人在生活當中大量遇見。你看，羅胖也不算沒知識的人，我有基本的判斷能力，可是在面對這些問題決策的時候，我發現自己陷入了現代社會一個典型的迷魂陣，就是不知道該信誰？即使我們有知識也沒用，有健全的社會求助系統，仍然會把你搞得五迷三道。
>
> —— 羅輯思維第四季「我們到底該信誰」

他首先將自己設定爲一個有知識的人，然後說出了雖然有知識但有時也會犯難的相關言論。在筆者看來，這其實就是一種人物角色的設定，在大的《羅輯思維》整檔節目的框架下，人物主題就是一個又一個知識分子，通過他們來給閱聽人傳遞他們所認爲是正確的知識。這也是在爲之後的情節

主題做相關的鋪墊，因爲人物都是知識分子，所以他們所講述的內容都是客觀眞實的，那麼，閱聽人才會對此產生好感，繼而收看或繼續收看《羅輯思維》。

（三）情節主題

情境主題是人物所採取的行動，也是因此，劇情才得以順利展開，所以情節主題中肯定也會涵蓋人物和場景，且它們始終相輔相成。《羅輯思維》中，羅振宇以及其他的講述著，希望通過自己在鏡頭前的展示，當然特別是語言上的展示，帶給閱聽人一種訊息，那就是在生活中我們應該學會去理性的思考。爲了使情節較爲生動的展開，羅振宇的語言和肢體，經常會有所激烈的表現，他將節目的進行實實在在的當成了一次演出。誠然，這樣的情節有時看來略顯老套，但由此可看出羅振宇這個人物的特質，給予閱聽人一些生動的體驗。

羅振宇本身是一個反對盲目反日的人，在第一季的第三期節目，他就以「中日貿易：如何愛國」爲主題，進行了自己意見的闡述：

> 之前在一則財經新聞中看到，說日本經濟因爲中日關係的不好，所以對中國的出口經濟開始下降，尤其像汽車業等，所以現在日本經濟哀鴻遍野，很多人高興（鼓掌）。（停頓）我倒是覺得，恰恰是應該讓中國人覺得憂心。（嚴肅）因爲中日貿易一體化，更大的說東亞貿易一體化，是中國崛起的一個必要條件，如果這樣的一體化進程被阻斷了，我們就要牽扯到一個非常重要的社會認知，就是貿易到底是讓敵人更強大，還是讓和平更強大。
>
> （羅輯思維第一季「中日貿易：如何愛國」）

雖然是一檔脫口秀節目，節目均以講述爲主，但僅僅是語言的表達顯然是不足以支撐整個情節主題的。在這一期節目中，羅振宇的非語言表達之多，也說明了整個節目是有著自己的主線進行情節展示的。在上文截取的主持人文本片段中，羅振宇運用了兩種完全不同的語氣對這一段語言進行了描述，並且配合了相應的手勢與表情。例如：他講到「日本經濟哀鴻遍野，很多人高興」時，做了一個鼓掌了姿勢，表情上也刻意模仿他所描述的這一類閱聽人，而之後進入了較長的停頓，話鋒一轉開始談起了自己的擔憂，整體

的面部表情略顯嚴肅。這其實都是羅振宇的一種情節主題展現，筆者認為，《羅輯思維》就是一個大秀場，而羅振宇與他所請來的講述者都是故事展開的人物角色，他們共同在描繪一個呼籲閱聽人要理性思考的議題情節。

（四）合法化機制

那麼，是怎樣的幻想主題是怎樣被閱聽人所認可的呢？這其實就是解釋幻想具有正當性，並促使受眾接受真實的事物，我們可以簡單的稱為認可主題（游梓翔，2006）。在《羅輯思維》中，不管是羅振宇還是其他的講述者，他們都在試圖將自己所闡述的事件、故事或觀點，描述為客觀真實的，甚至有時以壓制其他觀點為手段，進而讓閱聽人以他們的邏輯來思考問題。當然，這樣一來，他們所說的、所營造的場景、人物和情節，都變得更加合理了。

在《羅輯思維》第三季的一期節目中，羅振宇對「中醫」這個話題進行了討論。羅振宇本人是一個反對中醫的人，但現實社會中，認可中醫的人還是不少，所以羅振宇也需要考慮，怎樣講自己的言論會變得更加容易被接受：

> 話說到這兒，我們可能漸漸就要觸及到一個很敏感的地帶了，就是所謂的民族文化自尊心問題。有的人反對批評中醫，就是說不要滅自己的威風，長他人的志氣，為什麼我們老祖宗搞出來的東西，就不如西方人呢？所以捍衛中醫，就是捍衛中國人的文化自信。其實我說這大可不必，為啥？一是西方人的主流社會觀念理念有的是不著調的東西，他們如果說比我們強的話，就強一點點，就是他們有科學的方法論，可以一點點的往前拱，把那個不著調的東西給別除掉……
>
> （羅輯思維第三季「你怎麼還信中醫」）

在很多期節目中，羅振宇都扮演著這樣一個角色，即要用自己的思維改變閱聽人的想法。如這期節目一樣，「其實我說大可不必」，這就是一種合理化機制的體現，他在否定別人的觀點，並且說明自己的觀點，讓自己所說所做變得更加的合理，讓整個幻想具備更好的正當性。

二、幻想類型：有種、有趣、有料

通過筆者的資料蒐集與分析可以看出，《羅輯思維》確實在網路上推進了閱聽人的複誦。這一點從節目的點擊率、評論量與評論內容可以看出。在優酷平台上，《羅輯思維》四季節目點擊量已經超過5億，每期評論數量都在2,000次以上，特別有爭議的話題，如「你怎麼還信中醫」一期評論量達到1萬7千次。而在評論中，羅振宇的觀點也大都被閱聽人所接受，形成了一種幻想主題的複誦，閱聽人對於羅振宇觀點的認可，就形成了所謂的團體共識。如「被誤會的租借」一期播出後，有網友留言道：「羅胖的羅輯思維讓我們看問題，總是從一個獨特的角度去直視，還原了似是而非的歷史真相，他能夠這麼火，這是直接的原因。」再如「你怎麼還信中醫」節目播出後，有網友的留言為：「中醫理論從根就是錯，怎麼演進也是錯的；傳統西醫理論也是錯，人家就不堅持錯誤，這才有今天不分國界的現代醫學，以科學為基礎。」從這些留言中，我們可以看出，羅振宇和《羅輯思維》是當下網路時代自媒體知識類脫口秀節目的一個縮影，針對它們所特定的閱聽人，結合分析，筆者認為，羅振宇自己所提出的「有種、有趣、有料」的「三有」原則，確實也是整個《羅輯思維》節目的一種主要的幻想類型。

羅振宇作為節目的主要講述者／主持人，他對於節目主題的把握起著至關重要的作用。從《羅輯思維》每期節目精心設計的節目標題就可以看出，如「一個被吃掉的少年」、「土地私有，到底有多痛」、「為魔鬼辯護」、「誰弄髒了高利貸」。這些節目標題要麼屬於一般的傳統媒體不敢碰觸的禁忌話題，要麼或是聽起來有那麼一點聳人聽聞的標題，這都激發了閱聽人的想像，並願意點擊觀看。在第一季中，曾製作播出了一期名為「岳飛為什麼必須死」的節目，這樣的題目乍一看特別的刺眼，畢竟在我們的傳統文化中，「岳飛」是民族英雄，對於他的死我們更多抱有遺憾和痛惜，而羅振宇另闢蹊徑，以這樣的角度切入，進行了一個令人儲蓄醫療的解讀，但解讀的最後又讓人感到「意料之外，情理之中」（羅幸、呂志昆，2016）。可以說，羅振宇人物主題的定位，更多也來自於「有種」。

「有趣」是網路時代自媒體需要具備的特質，這在《羅輯思維》與羅振宇身上體現的更加淋漓盡致。前文中我們所提到的「中日貿易：如何愛國」中，羅振宇的語言和非語言展現，給予了這樣一個看似略顯無趣的社會主題以新的生命。筆者認為，有趣絕不僅僅是節目選題、切入角度的有趣，更重

要的是在整個幻想中，場景、人物、情節使整個幻想主題變得有趣。換言之，我們喜歡看《羅輯思維》也不僅僅是因為它每期都選擇了我們感興趣的話題，而是我們想要看羅振宇在整個節目中的脫口秀展示，也是他賦予了節目「有趣」的特質，使閱聽人對整個《羅輯思維》而不僅僅是單一一期的節目感興趣。

「有料」應該是《羅輯思維》的核心競爭力。200餘期長視頻，最短的也有14分鐘，最長的超過1個小時，在如今這樣的互聯網時代，閱聽人的收視習慣愈來愈碎片化，如何能讓其花幾十分鐘，看羅振宇一個人在節目中「自言自語」。這其實就說明了節目所傳遞的內容訊息是讓閱聽人有所受用的。羅振宇將自己和其他來節目開講的講述者，貼上了「專家學者」的標籤，運用相對客觀的方式分析問題，的確讓整檔節目稱為了一個看完能收穫知識的節目。這樣的節目構想，本身就具備一定的媒體競爭力，當然，也就符合我們所說的「有料」之幻想類型。

三、語藝視野：客觀理性、科學思辨

何謂「知識性脫口秀」？顧名思義，節目的宗旨是傳遞知識。當然，知識有很多層級，分很多面向，雖然羅振宇是一名學者、資深媒體人，但他自身所儲備的知識也是有限的，每期節目他都需要進行大量的文獻閱讀，以此才能完成節目主題的講述。我們可以不認同他在節目中的所有言論，但不得不說，羅振宇通過幻想主題，再到幻想類型的建構，逐步的給予閱聽人一種語藝視野，而這種語藝視野是一種思想觀念，即「客觀理性、科學思辨」。

我們不妨去嘗試思考一下，為何羅振宇會選擇那些人具有爭議性的主題。當然，引起閱聽人關注是一個方面，但筆者認為，通過這些主題的講述，讓閱聽人能夠更加理性客觀的去看待一些社會和歷史問題，這是羅振宇試圖要在《羅輯思維》中所建構的語藝視野。我們可以保留自己的觀點，但也要保持一種客觀理性的思維模式。

上文中，我們提到羅振宇對於中醫的態度，雖然他有利用自己的知識分子的身分，刻意壓制於他產生分歧的觀點言論，但他同時將「科學」作為講述主線，號召閱聽人應該具備基本的科學常識。他提出了利用科學的方式去檢驗中醫，利用「大樣本隨機雙盲對照實驗」的方法來判定藥品對人體是否有效，而這正是中醫所無法做到的，依次，羅振宇呼籲大家應該相信科學。當然，除此之外，羅振宇也有質疑科學的時候，筆者將其稱為「思辨」，在

第四季「我們到底該信誰」的節目中，羅振宇也對科學作出了一定的批判，他認為觀點應該隨著新進發生的事實而加以改變。

最後，筆者認為，羅振宇的《羅輯思維》其實並不是每一集傳遞給閱聽人一、兩個觀點和信息而已，他更多是通過這樣的脫口秀節目，構建一個語藝視野，即「客觀理性、科學思辨」，閱聽人也不僅僅是聽聽他的脫口，而是從中學習一些生活、工作中的行為和思考方式，這才是《羅輯思維》能獲得如此成功的主要原因。

伍、結論與檢討

《羅輯思維》成功的途徑經由場景、人物和行動等相關主題之對比，建構出「客觀理性、科學思辨」的語藝視野，這其中包括了節目給予閱聽人客觀理性的思考方法與科學思辨的生活、工作態度。節目運用網路更加開放、包容的平台，傳遞著羅振宇的價值觀，我們可以認為，《羅輯思維》已經不僅僅是一個自媒體脫口秀節目了，它似乎已經超越了一個普通脫口秀節目所承載的使命，更多是改變閱聽人的思維模式，這所有的200餘期，點擊量超過10億次的長視頻節目，可以呈現出筆者所提出的這八個字的語藝視野。

當然，本研究存在著一些問題，也需要進行詳細的檢討，大致羅列如下：

首先，本研究的主題為「自媒體脫口秀節目構建的幻想世界」，本應該對網路時代下的自媒體脫口秀節目進行相應的對照闡述，但由於自媒體本是一個新進事物，對於它的定義也各有不同，進而如何找出相應的、有代表性的自媒體節目進行統一闡述，一直是筆者沒有解決的難題。也就是說，什麼才是有代表性的自媒體脫口秀節目，缺乏一個普遍的共識，所以在自媒體脫口秀與其優秀節目的理論闡述上缺乏建樹。

其次，本研究的母體為200餘期《羅輯思維》長視頻節目，研究方法採用了「幻想主題分析」方法。但由於200餘期節目各有主題，如何限制到一個相對統一的大範圍以內，一直是筆者所憂慮的。在研究方法中有提及，對一共四季的200餘期節目，我們採用了每一季選擇5期節目進行重點分析，採樣的依據更多來自於這一期節目的點擊率和網路上引起的討論程度。但其實這樣採樣的文本依舊缺乏科學性，最終有可能影響論文最終的結論。

最後，本研究對於幻想主題的場景、人物、情節進行分析後，構建了《羅輯思維》的語藝視野，但其實如何進一步直接觀察或如何確認其閱聽人對節目都有如筆者相同的認知和想法，因此無法驗證閱聽人複誦這些幻想主題的程度。因為時間的倉促和人力的匱乏，這些相關的驗證都沒有開展，這也影響到論文結論的可信度，在之後的研究中，特別是對於網路時代相關議題的幻想主題分析，可以重點開展後期的驗證工作。

參考文獻

林靜伶（1997）。多層次傳銷論述建構之幻想主題與語藝視野。發表於1997年中華傳播學會年會。

林靜伶（2000）。*語藝批評*。台北：五南。

林靜伶（2014）。*網路時代社群運動者的界定與語藝選擇*。中華傳播學刊，2014(26)，3-33。

欒濤 & 張曉銘（2017）。*自媒體脫口秀的發展現狀及前景——以papi醬視頻為例*。青年記者，2017(15)：88-89。

彭肇一（2016）。*知識類網絡脫口秀節目的傳播特點——以《羅輯思維》和《曉松奇談》為例*。融合研究，2016(9)：31-33。

游梓翔（2006）。*領袖的聲音：兩岸領導人政治語藝批評，1906-2006*。台北：五南。

蔡鴻濱（1999）。*薪傳：雲門舞集論述構建之語藝視野*。發表於1999年中華傳播學會年會。

蔣宗誠（2012）。*測量華語的真實溫度：以幻想主題分析方法閱讀台灣華語熱潮*。國立政治大學碩士學位論文。

羅幸、呂志昆（2016）。*自媒體節目新秀《羅輯思維》中的主持特色分析*。編輯學刊，2016(02)，116-120。

Bormann, E.G. (1972). *Fantasy and rhetorical vision: The rhetorical criticism of social reality.* Quarterly Journal of Speech, 58:396-407.

Bormann, E.G., Cragan, J.F., & Shields, D.C. (2001).*Three Decades of Developing, Grounding, and Using Symbolic Convergence Theory (SCT).* Communication yearbook, 25:271-313.

Cragan, J.F., & Shields, D.C. (1995a). *Symbolic theories in applied communication research: Bormann, Burke, and Fisher*. Cresskill, NJ: Hampton.

Burke, K. (1950). *A Rhetoric of motives.* Berkeley: U of California P.

社群媒體與口語傳播

18.
社交媒體語境下口語傳播模式及特點研究——以言值APP為例

劉丹　華僑大學廈航學院播音主持教研室主任

摘要

　　資訊時代，資訊的溝通共用和有效傳播離不開語言，時下隨著移動短視頻的迅猛發展，口語表達能力愈來愈受到人們的普遍關注。北京能量傳播基於社交媒體時代人們對於「個性化」表達的強烈呼喚，結合之前成功打造兩檔電視演講類節目安徽衛視《超級演說家》、北京衛視《我是演說家》的成功經驗，創立了中國首個專門為說話打造的短視頻社區言值APP，為普通百姓搭建了一個表達自我的自主交流平台和話語空間。本文筆者試從口語傳播的視域出發，以社交媒體軟體「言值APP」為研究對象，結合社交媒體傳播的特質和播音主持專業的理論研究，側重探討社交媒體語境下口語傳播者如何實現更高效優質的口語表達，課題研究重在實用技巧，希望不論是語言傳播領域專業人士還是普通大眾都能有所受益。

關鍵字：社交媒體、口語傳播、演講、言值APP

壹、社交媒體語境下的口語傳播

　　如今，由於大眾媒介的發達，傳播不再是電視媒體的專屬權利，每個人都可以通過個人社區發出自己的聲音。社交媒體語境是指個人通過微博、微信、論壇、直播及其他自媒體平台，運用有聲語言或副語言，圍繞某個話題表達個人意見、抒發情感的口語交際環境。由於傳播介質的改變，社交媒體口語傳播突破了以往口語傳播範圍小、覆蓋面窄、不易保留、轉瞬即逝等時空方面的限制性因素，借由互聯網的病毒式傳播，因而傳播範圍更廣，影響力更強。由於傳播平台的升級，社交媒體語境下的口語傳播也表現出了與以往傳統電視媒體不同的特質。筆者從社交媒體與傳統媒體因語境差異而影響的文本特性中，歸納出社交媒體口語傳播的四項特點。

一、社交媒體語境口語傳播特點

（一）互動交際性

　　顧名思義，社交媒體是一種以「社會交際」為目的而進行資訊共用、情感傳達的媒介平台，互動交際性是社交媒體的首要功能。如今，處在社會轉型期的人們生活節奏快、生活壓力大、情感需要撫慰，獵奇心理和窺私欲也需要得到滿足。人們的內心深處期待尋覓知音，渴望有一個空間率性自由地表達自我。由於互聯網發表言論時效性強、成本低的特點，導致當前傳播容易出現曲解和誤解的問題。而社交媒體平台互動性強的特點恰好可以撫慰情感、獲得價值認同，同時消除誤解，增進理解。此外，通過社交媒體打造自己的專屬發聲平台還能有效實現自我傳播，幫助別人更好地了解你是誰。不少普通人利用社交網路宣傳自己，由於思想獨特、表達方式深受大眾喜愛，其在收穫關注度的同時也拓展了社交網路空間。發彈幕、後台評論、互動留言等設置，使得社交媒體時代傳播主體和受眾之間的互動黏性增強，受眾的參與度更高。

（二）傳播自主性

　　在這個「人人皆媒」的自媒體時代，傳播平台和傳播管道正朝著多元化的方向不斷發展。自媒體的蓬勃發展，宣告了傳統媒體擁有絕對話語權的時

代告一段落，隨之而來的是互動式自媒體時代的到來。大眾不再是被動的資訊接受者，而是擁有更多自主選擇接收資訊、甚至參與資訊製作生產的傳播者。社交媒體時代口語傳播最大的魅力在於它為普通大眾提供了一個自主、隨性表情達意的話語空間，傳播主體不受身分、地域、年齡、種族等約束，只要你想表達，隨時隨地可以通過社交媒體傳播所思、所想、所感。因此，傳播主體的自主性空前提高，這在一定程度上也削弱了精英階層的話語權，大大降低了傳播成本。

（三）表達隨意性

由於社交媒體工具使用便捷，用戶可以隨時隨地分享私人情緒，也可以暢談國家大事、探討社會百態、趣聊娛樂八卦。社交媒體製作成本低，對用戶人群沒有門檻限制，任何人都可以憑藉網路熱點迅速竄紅成為網路輿論民情的代言人。「他們通過對各種網路媒體的使用來滿足目的，這引發自媒體話語的空前釋放，極大滿足了受眾過去長期在傳統媒體約束下受到壓抑的自由表達欲望及某些心理或社會的需求，完成自我呈現的滿足。」（庹繼光，2017，頁53-55）但是，由於熱衷於在網路發表觀點的群體素質良莠不齊，自我認知較弱，普遍缺乏獨立思考和論述重大社會議題的能力，情感容易被煽動，因此這部分社群在口語表達的過程中往往更傾向於關注「自我感受」和「個體感受」，在言語中不免帶有強烈的主觀色彩，表達呈現出過於直白、邏輯性較弱、言語瑣碎和隨意性的特點。

（四）語言個性化

以90後為首的青年群體是社交媒體的主要用戶群，這一代人自我意識覺醒較早，對掌握自我命運和呼籲個性有強烈的期待，他們的社交媒體網路無一不烙印著個人色彩濃厚的標籤。他們通過自媒體「曬」出極度個體化的資訊，其根本目的在於發展具有獨特個性的自我。對於青年人而言，「曬」的過程便是一種自我編碼的過程，是他們關於內心的意義、欲望和目標的曲折化和隱喻化表達，他們通過「曬」來自我指涉、自我塑造，呈現自我與他人的差異。（閆方潔，2015，頁83-86）正因為「曬」的心理使然，近年來，社交媒體網路推出了很多個性用語，諸如里約奧運會游泳運動員傅園慧頗有喜感地聲稱自己已用盡洪荒之力，頓時「洪荒之力」便迅速登上微博熱搜詞

排行榜，傅園慧因表情豐富被網友做成各種各樣的表情包，成爲奧運第一網紅。

二、社交媒體語境口語傳播標準和要求

社交媒體傳播者要想達到更好的傳播效果，就要重視口語表達的標準和要求，使自己的語言表達符合社交媒體口語傳播規範，以期達到更好的傳播效果。筆者從口語傳播的相關文獻和視頻資料中，概括出言之有理、言之有物、言之有聲、言之有範四項標準與要求。

（一）言之有理──清晰的邏輯思維

邏輯是語言表達的精神內核，傳播者只有具備清晰縝密的邏輯思維，才能更準確鮮明地傳播資訊，達到分享意見、溝通交流的目的。古希臘著名演講理論家亞里斯多德在其著作《修辭學》中多次強調演講的內容與布局，他的老師柏拉圖也格外重視演說家的邏輯能力，邏輯鏈條是否精準流暢，立論和結論是否經得住推敲，生動的語言藝術是否和邏輯思維完美結合，這些基本要素都將大大影響口語傳播的效果。可見，要想成爲一位社交網路輿論意見領袖，清醒的頭腦和縝密的邏輯思維是必備功課。

（二）言之有物──用故事訴諸情感

在這個追求效率的時代，人們更傾向於接受一種軟性、溫柔而又易於理解的方式獲得資訊：故事。當前社交媒體同質化現象嚴重，不少傳播者只選取現成素材，很多素材由於被多次重複使用，無法喚起受衆的興趣，因而達不到預期的傳播效果。因此，社交媒體主播要做創作型達人，力求打造出個性鮮明的專屬品牌。故事思維的關鍵在於如何搜羅故事，用心蒐集細膩精巧的素材，故事、圖片、材料愈新鮮獨特愈能引起大家的興趣。採用第一人稱講故事更有眞實感，更現身說法，從而能夠喚起聽衆的同理心，使其沉浸在自己預設的氣氛中，即所謂的「動之以情」。故事情節豐富，角色、人物關係、事件過程等要素完整，容易帶聽衆進入故事場景，而且故事的矛盾性和感染力成正比。因此傳播者在講故事時可以摻雜一些表演成分，注意模仿不同角色時的語氣和神態，要惟妙惟肖，有代入感。只有先充分調動自己，才能更好地感染受衆。

（三）言之有聲──魅力聲音的塑造

　　社交媒體口語傳播對聲音的總體要求是：低而不弱，高而不飄，有強有弱，層次分明。首先，吐字清晰是發聲的基本要求，多數人吐字不清楚是由於唇舌無力造成的。其次，聲音要富於變化，包括語氣的抑揚頓挫、音量的控縱自如、節奏的起承轉合。有的傳播者為了表現出激情澎湃，用力過猛，一味使用過高的音量，從而造成受眾的聽覺疲勞，長時間使用此種用聲方法也容易使演講者喉部疲勞。一般來說，社交媒體主播錄製視頻的場地較小，因此在發聲時音量大小要適度，用最自然狀態發聲即可，無需刻意放大音量。傳播主體在進行語音訓練時，應注意練習控制聲音變化的能力，把握聲音不同的情感色彩，使口語表達更生動。第三，語速適度。語速體現著你的氣度和對內容的把控能力。語速過快顯得浮躁，過慢又顯得拖遝囉嗦，而合適的語速則體現傳播者語言表達的控縱自如和張弛有度，展現著傳播主體的魅力風采。所以，演講者要注意控制自己的語速，才能更好的抓住聽眾的心。第四，語言流暢。在日常訓練時，你可以隨便找出來一篇文章，在簡單瀏覽後發聲朗讀，不允許自己磕巴和回讀。在對指定稿件進行朗讀練習後，你可以嘗試循序漸進，進入即興口語表達的練習。制定一個話題，根據指定題目即興組織語言完成3分鐘演說。在訓練過程中也有意識地控制自己，避免拖遝和口頭語，提高語言的流暢性。

（四）言之有範──獨特的表達風格

　　「自媒體是最具個人色彩的媒體形式。」（馮陽，2012，頁156-157）在自媒體這個極具個性化的魅力空間，話題性和獨特性是吸人眼球的一大亮點。所以你需要思考你的個人特色是什麼，是在於人生經歷的獨特，還是表達方式的別具一格。一般而言，個人風格和傳播者本人的性格、閱歷、愛好、教育背景都有密不可分的關係，要根據自身的氣質和特點，打造屬於你自己的亮點，不能照搬他人成功經驗。

貳、言值APP分析

一、言值APP的口語傳播模式分析

近年來，短視頻行業的用戶需求不斷高漲，用戶從傳播受眾向傳播生產者轉變。北京能量影視公司於2015年強力推出的言值APP是一款專門為「說話愛好者」打造的短視頻語言類交友平台，是首個也是最受使用者歡迎的演講短視頻社交分享平台。根據該軟體平台提供的使用者經驗，我們可從傳播主體、傳播客體、傳播內容和傳播管道這四個維度來分析言值APP環境下的口語傳播模式。

（一）傳播主體身分多元化，廣開言路

縱觀言值APP的原創視頻主播，有資深媒體評論員和辯論高手針砭時事，也有演藝明星揭幕娛樂圈八卦故事，更有草根達人點評社會熱門議題。

《超級演說家》第三季冠軍林正疆是「國際大專辯論賽」的最佳辯手也是職業律師，擅長從法律的角度梳理時下熱點話題、解讀法律常識。《我是演說家》第二季冠軍劉軒是哈佛大學心理學博士，他在言值APP的專欄「重口味心理學」，從心理學角度權威科普，分享「幸福訓練」之腦部清倉、「幸福訓練」之記錄一天、「幸福訓練」之感恩、心理學家教你專業自救等系列話題。《我是演說家》第三季的選手寇乃馨則從女性視角出發，分享給女性朋友關於愛、關於美的人生感悟，號召女人更加堅韌、溫柔而有力量。此外，言值還邀請到CCTV特約評論員張彬暢談朝鮮問題的博弈，也有網路紅人、草根百姓熱情參與話題討論。

由此可見，言值APP傳播主體身分的多元化，可以更全面的構建社會話語傳播空間。輿論就是要讓各種聲音盡情抒懷，讓不同思想互相抗衡，打破傳統媒體精英時代一言堂的話語格局，做到「有意見但不抱怨，有主見但不主觀」，才能碰撞出更有深度、有溫度、有智慧的火花。

（二）追蹤當下熱點話題，時效性強

言值APP的話題設置大到國家大事、小到社會民生、娛樂八卦，打造隨時隨地「想說就說、即時分享」，力求有趣、有料。每期選題緊隨時下流行熱點，相關話題討論包括成都某中學設立「死亡體驗課」、刷爆朋友圈的左

右腦測試是新型騙局、八旬老母殺智障兒該不該原諒、雙十一後遺症來襲、鹿晗效應背後的討論等。就在不久前在網路上引起熱議的北京市朝陽區的「紅黃藍幼兒園虐童事件」，一石激起千層浪，言值APP就勢推出話題「有三種顏色，我們不能放過」，供網友討論分享。再如被閨蜜男友刺死的中國女留學生江歌案，當事人劉鑫一家案發後對受害人母親的冷漠態度，引起了網友的強烈憤慨，言值APP也設計了「江歌案法律之外對人性的考驗」話題專欄，從案件梳理到邀請各界嘉賓發表觀點，全方位聽取各方意見。

（三）滿足不同受眾心理，有的放矢

伴隨著新媒體的發展，網路資訊風起雲湧、真假難辨，受眾的媒介素養日益提高，批判性思維也隨之增強。曾經那個盲目崇拜傳統媒體的時代已經過去，公眾人物成了普羅大眾茶餘飯後的談資和娛樂調侃的對象。這種反思帶來的結果是現在的受眾愈來愈不易被欺哄，受眾的媒介素養影響著他們接受資訊的情緒態度。「從新聞心理學的角度看，受眾總是帶著求新、求近、求知、求美和得益等心理來接受媒體新聞資訊的。」社交媒體的資訊傳播者應該了解受眾渴望求知、求新的心理需求，在進行口語傳播時應充分考慮受眾感受，儘量滿足受眾的心理期待，力求探索價值、思想、新知和趣味。

（四）特色版塊設計，增強互動趣味性

言值APP定期設置每週話題擂主榜，並設有豐厚萬元擂台獎金吸引大眾積極參與，每期最熱視頻的主播將被授予「人氣王」稱號，可以在自己的標誌區域內點亮閃光的小動章，繼而獲得小劇場的表演資格，屆時可以和明星名嘴同台演繹，過足明星癮。美顏拍攝效果讓那些對自己的外表過分在意的群體也可以放心大膽地暢所欲言，在提升「言值」的同時不減「顏值」，這種極具人性化的精巧設計，讓受眾的互動體驗感更好，同時也增強了趣味性。

（五）充分運用電視媒體平台，實現最大化傳播

言值APP還善於充分運用電視媒體平台造勢，作為《我是演說家》官方指定唯一報名通道，將傳統電視媒體和新媒體結合起來，形成優勢互補。一方面節目的熱效應為言值APP的推廣起到了良好的宣傳作用，另一方面，從《我是演說家》脫穎而出的部分優秀演說選手也被邀請作為言值APP特邀嘉

賓，同時挑選電視節目精彩演講放入言值APP的綜藝版塊，供受眾欣賞和廣泛傳播，這種線上線下的密切配合無形中形成了一種合力，以實現傳播的最大化效益。

二、言值APP口語傳播問題

若用之前所論述的口語傳播標準與要求來檢視言值APP平台環境下使用者的口語傳播實踐，可以發現其中存在著可改進的部分問題，綜述如下：

（一）話語表達失範，內容瑣碎空洞

筆者發現，一些表達能力欠佳的主播由於缺少對生活的深入思考，未曾受過專業訓練，也沒有認真撰寫提綱做好準備工序，於是多數人通常選擇對著鏡頭「隨便聊」，誤以為這樣是輕鬆隨意風格，口語表達思想上流於片面化和膚淺，話語表達失範、語言空洞乏味、不知所云。不少演講者吐字結結巴巴，經常出現口頭語「這個」、「那個」、「然後」，這種機械的重複不僅讓人討厭，也嚴重破壞了口語表達的美感和完整性。因此，社交媒體口語傳播者要注意語言表達的邏輯性和有聲語言的表現力，不可東拉西扯，含糊不清，也要注意避免使用口頭語。

（二）唯「點擊率」，價值判斷有失偏頗

處於社會轉型期的現代人的壓力較大，各種奇葩話題、黃色暴力和作秀的煽情也成為自媒體熱衷的話題，與此同時，網路的碎片化資訊傳播也在不斷分散著人們的視線。在此種形勢下，為了保持話題熱度，不少主播開始出奇出新，在鏡頭前搔首弄姿，怪誕而做作地表演，誤入「審醜」風格的歧途。例如網路紅人B哥焦雙喜，每次都拿著大喇叭在鏡頭前大聲咆哮，偶爾還穿女生超短裙出鏡。這種沒有實質內容的咆哮式宣洩並不能維持多久的熱度，受眾在接受官能刺激後會迅速撤離，只能迅速被互聯網的資訊浪潮所埋沒，不會激起人們內心的一絲漣漪。

在話題的選擇上，言值APP也存在價值導向偏頗、「唯點擊率」的問題。例如一些兩性話題「7個步驟讓你約上舒心炮」、「教你如何搶閨蜜男友」，這些話題違背了主流社會價值觀，並無實質意義，有「唯點擊率」之嫌。

（三）輿情言論複雜，語言暴力現象氾濫

今天，我們的生活充斥著各種各樣的聲音，這裡面裏挾著惡意的宣傳，混雜著「似是而非」的真理和喧囂的謊言，還有各種各樣的語言的暴力。儘管大眾傳媒的發達已經讓人們獲得聯繫的方式變得「天涯若比鄰」，但是由於貧富差距、欲望和理想等現實因素衝突的永恆存在，不同價值觀、不同社會階層的人們在情感共融方面始終存在間隙，而且至今還沒有一套高效的溝通方式。網路的匿名性和隨意性使我們的語言變得動輒充滿戾氣，平日生活中被壓抑的情感噴薄欲出，不吐不快。線民可以隨心所欲惡語相向而不受任何懲罰。人們對自己無能的不滿、思想的愚昧、猜疑、妒忌甚至仇恨心理仍普遍存在，距離「海內存知己」的日子還很遙遠。

（四）鏡頭感較弱，有聲語言表達能力欠佳

儘管自主選擇的多屏時代給我們提供了更多形式的話語樣態，但是要想獲得更多人的青睞，在拍攝視頻時要考慮到視頻聲畫和諧的要求。首先畫面感要穩定，不少主播在鏡頭前眼神飄忽不定，念稿痕跡明顯，對象感較弱。有些主播在表達時，眼神始終聚焦在鏡頭下方，給人一種被無視的感覺，分散了受眾的注意力，也大大削弱了演講的表現力。

短視頻錄製多採用胸部以上的近鏡頭拍攝方法，演講者要注意不要有太過頻繁單一的小動作。化學老師趙鏞在演講「我能為江歌做的就是『罵』劉鑫」中，戴著一副黑色鏡框，說話時兩手端在胸前機械性地一張一合，似乎有意顯得自己有「網綜感」和「表達欲」，殊不知這種頻繁機械性的動作會使聽眾的注意力受到干擾，極易造成人們的審美疲勞。此外，還有一些用戶存在錄製環境較為嘈雜隨意、畫面雜亂、中心人物不夠突出，視頻中的人物成像只有一個頭部特寫等問題。因此，傳播主體要注意加強鏡頭感和對象感的訓練，上傳的原創視頻作品要儘量精緻。

三、由「言值APP」論社交媒體語境口語傳播對策

針對上述問題，如要提升言值APP平台或其他類似社交媒體平台的演講實踐品質，使其更符合口語傳播的標準與要求，並整體提升相關平台的參與經驗，必須從演講內容作出改進對策。綜合相關文獻和對言值APP具體演講實踐的考察，我們可以提出以下的因應對策：

（一）確定發表話題，列出演說提綱

　　話題是一篇演講的靈魂，在話題的選擇上，講者可以根據自己的興趣和專長出發，建立講者權威性。演說提綱是一篇稿子的骨架，簡明扼要的撰寫提綱有助於你理清思路，使表達更具有連貫性和邏輯性。你可以由此判斷你的演說主題是否跑題，論據是否充分、邏輯間的銜接轉換是否得當。待藍圖完善之後，在此基礎上再進行添磚加瓦，運用豐富生動的材料，完成一篇有血有肉的完整講稿。一般來說，語言表達能力很強的專業人士只需要記錄關鍵字即可，對於初級愛好者來說，在練習階段仍需認眞，不可含糊。「好記憶不如爛筆頭」，你可以把瑣碎的觀點組織成句，寫成500字左右的小短文，經常做這些訓練會爲你提供有益的思路，也有助於口語表達能力的提升。

（二）正確價值引導，提升審美品位

　　法國記者阿爾貝·杜魯瓦在《虛僞者的狂歡節》中，曾提到這是一個非理性的時代，不少自媒體爲了經濟效益和點擊率迎合受眾，無限度的強化和消費受眾的感官刺激，這些秀下限的視頻一定程度影響我們的審美取向，如果自媒體只能提供庸俗的熱鬧是無益的。受眾不僅期待從社交媒體中獲得認同、獲取新知，還希望收穫美感。因此，社交媒體口語傳播者要自覺肩負起社會責任感，珍惜時代賦予我們的話語權力，刻苦錘鍊語言功力，提升話語品質，構建話語體系，提高自身媒介素養，積極引導正確的價值理念，不斷提高審美情趣。

（三）注重視覺美感，合理使用體態語

　　「心理學家赫拉別恩提出過一個公式：資訊傳播總效果 = 7%的語言 + 38%的語調語速 + 55%的表情和動作」（張藝華，1997）。眼神可以傳遞豐富的情感和資訊，在演講中運用恰當的目光語可以幫助講者和聽眾建立友好的關係。如果你想充分調動聽眾的注意力，在演說時不妨嘗試大膽直視鏡頭中央略低一點的部分，這種角度會讓受眾感覺你在懇切地對他一個人講話，由此形成你說我聽的良好互動回饋機制，提高控場能力。除了眼神的穩定性之外，還需注意對景別的把控，焦距過近的大頭貼特寫會顯得畫面呆板，目光有侵略性。對於氣場強勢型主播，緊盯著觀眾看可能會給人造成壓迫和緊

張感，不妨佩戴眼鏡遮住眼神的鋒芒；對於目光無神的選手，也可以考慮佩戴美瞳或鏡框起到提神的效果。

心理學專業人士稱，情緒是有感染效果的，也就是心理學提到的「共情」，多通過微笑和人分享愉悅的心情可以拉近彼此間的距離，也可以提高親和力。生活中俊朗和藹的面容更容易讓人產生好感，社交媒體用戶要善於運用鏡頭語言，平時注意練習每一個細微的表情。

參、結語

在互聯網當道的今天，口語傳播正以其強大的影響力贏得愈來愈多的聽眾，使口語傳播的功能性日益突顯，重視口語表達能力再次成為備受大眾關注的焦點。互聯網時代賦予了人們更多話語自由，社交媒體口語傳播者如何正確使用話語權力，能否生成互聯網新型話語樣態，未來如何在碎片化資訊中脫穎而出並且保持活躍度和創造力，這一課題仍值得我們深入研究。

參考文獻

陳曉雲（2001）。《眾人狂歡——網路傳播與娛樂》。上海：復旦大學出版社。

李正良（2007）。《傳播學原理》。北京：中國傳媒大學出版社。

李岩（2009）。《傳播與文化》。杭州：浙江大學出版社。

張熙（2016）。《社交網路資訊傳播》。北京：電子工業出版社。

呂行（2009）。《言語溝通學概論》。北京：清華大學出版社。

餘世維（2008）。《有效溝通》。北京：機械工業出版社。

陸明、陳慶渺、劉靜丹（2016）。《海外社交媒體行銷》。北京：人民郵電出版社。

張藝華（1997）。《體態語言奧妙》。北京：中國物資出版社。

燕芳（2012）。《論自媒體語言資訊傳播的價值裂變與解構》。湖南人文科技學院學報，03，34-38。

王佳（2015）。「吐槽」式網路自媒體語言的逆向思維運用吳豔。安慶師範學院學報（社會科學版），05，74-78。

馮陽（2012）。自媒體表達對媒介公共性的疏離。新聞世界，10，156-

157。

閆方潔（2015）。自媒體語境下的「曬文化」與當代青年自我認同的新範式。中國青年研究，06，83-86。

王玉潔（2016）。自媒體視域下大眾話語權勃興語境中負價值資訊探析。新媒體研究，01，8-10。

王又鋒（2014）。自媒體傳播的特徵與話語陷阱。青年記者，27，75-76。

李哲（2012）。自媒體時代我們如何說話？新聞世界，1，93-94。

劉揚（2010）。微博客：自媒體時代的話語快樂。今傳媒，01，34-35。

劉麗華（2011）。人格互動與微博傳播。新聞知識，12，51-52。

方賢潔（2016）。淺析自媒體時代網路紅人的話語權建構——以網路紅人「Papi醬」為例。新聞研究導刊，08，64-65。

李玥（2014）。微視頻傳播的發展模式探析。學術交流，11，177-181。

庹繼光（2017）。中國夢公眾自媒體表達的引導策略。新聞戰線，01，53-55。

王雪萍、陳曉（2012）。面孔信任感評價的表情機制。社會心理科學，11，7-12。

伍、研討會其他
選取論文

19.
道家語言傳播方法的藝術神韻

謝清果　廈門大學新聞傳播學院教授

摘要

　　道家傳播思想在中國古代傳播思想史中占有重要的地位，突出地表現在對語言傳播的批判性認知上。道家注重運用寓言、重言、卮言，體現其語言傳播方法的藝術神韻。

關鍵字：道家、寓言、重言、卮言、傳播方法

武漢大學的李敬一先生在《中國傳播史論》一書中深刻地指出：「道家在中國傳播思想發展史上第一次提出傳播活動中的『眞』、『善』、『美』的概念，並且論述了三者之間的關係，這是彌足珍貴的。」（李敬一，2002，P.187）道家以尊道貴德、虛靜無爲、去欲不爭、返樸歸眞爲品格，講究自正自化，從而在內向傳播、非語言傳播、人際傳播、組織傳播等方面的思想獨樹一幟。本文僅選取最具代表性的語言傳播方面以管窺道家的傳播思想。道家語言傳播思想是通過「言」（「名」）與實，「言」（「名」）與「意」（「道」）關係的深刻闡釋，表達了語言在傳播中應當秉持眞、善、美價值取向的立場。道家以「道」爲自己論說的出發點與歸宿點，認爲「道」集眞善美與一體，非眞不足以言道，非善不足以證道，非美不足以體道（合道）。從傳播的角度而言，眞是傳播的出發點，無論是傳播內容，還是傳播主體心態，都應當有精誠之眞。善是傳播過程順利進行的法寶，傳播中必然發生諸多關係，包括人與自然的關係，人與人、人與社會的關係、人自我身心的關係等，傳播當以「夫兩不相傷，故德交歸焉」（王弼，1954，P.37）爲善，換句話說，傳播活動當「道法自然」，即順應自然、社會、人生之本性，而無所忤逆。美是傳播效果的評判原則，美是一種超功利的感受。魚兒與其有「泉涸，魚相與處於陸，相呴以濕，相濡以沫」之悲壯，不如彼此體驗「想忘於江湖」之樂。道家認爲眞正的傳播當如沒有傳播一樣，正所謂「至言去言，至爲去爲。」（郭慶藩，1961，P.765）

　　道家語言傳播思想在中國古代傳播思想史中占有重要的地位，突出地表現在對語言傳播的批判性認知上。道家注重運用寓言、重言、卮言，體現其語言傳播方法的求善準則。因此，在力倡推進傳播學本土化的今天，我們有必要多角度地研究道家語言傳播思想。（謝清果，2008）這裡，我們著重來談道家語言傳播的求善準則，因爲道家運用寓言、重言、卮言等語言傳播方式，使用了大量的比喻和其他方法，彰顯了傳播技巧，以期取得最好的傳播效果。同時，這種語言傳播方式注重將語言傳播的工具理性與價值理性美妙地結合起來，既達到了意義傳播的目的，又使傳播主體處於愉悅的精神享受狀態，莊子學派稱此爲「天和」、「天樂」。

　　概而言之，道家關注傳者與受者間順利溝通的方式方法，堅持「通暢性」原則，以展示出傳播方法的藝術神韻，體現出其傳播過程的「求善」旨趣，從而形成了一套道家獨有的傳播話語系統，這就是莊子學派所概括的「寓言」、「重言」、「卮言」。

壹、寓言：對語言傳播模糊性的理解與運用

劉熙載於《藝概》中說：「莊子寓眞於誕，寓實于玄。」莊子的語言表達特點，他的後學概括爲：「以謬悠之說，荒唐之言，無端崖之辭，時恣縱而不儻，不奇見之也。」（《莊子・天下》）司馬遷在《史記》中也慨歎說：「畏累虛、亢桑子之屬，皆空語無事實。然善屬書離辭，指事類情，……其言洸洋自恣以適己。」莊子說話天馬行空，怪誕離奇，猶如夢者囈語，常常令人摸不著頭腦，然而卻意味深長。「其書雖環瑋，而連犿無傷也。其辭雖參差，而諔詭可觀。彼其充實，不可以已。」（《莊子・天下》）意思是說，莊子的語言敘述誠然婉轉，變化多端，但不妨害其內在豐富眞實的道理。也就是說，奇特的語言正是爲了更準確地表達思想。莊子的語言雖然荒誕玄奧，但其涵義卻是眞實的。換句話說，寓言的表述方式是爲了更好地承載日常語言敘述難以表達的資訊。《莊子・齊物論》指出：「夫言非吹也，言者有言，其所言者，特未定也。」這其實是指出了語言的模糊性特點。語言並不像風吹洞穴那樣簡單，不同的洞穴吹出各自不同的聲音，語言中棲息的意義往往是不確定的。模糊性首先是語言本身的特點，皮爾斯解釋了生活中人們常常心中明瞭但卻不能清楚地解釋某種思想的這一現象。他說：「並不是由於解釋者的無知而不能確定，而是因爲說話者的語言的特點就是模糊的。」（伍鐵平，1989）其次，模糊性也是語言表達的藝術，有時有意識地運用模糊語言，其傳播效果反而更好。法國學者杜梅曾說：「如果說人類語言的許多表達不顯現模糊性，我們就不能像現在我們這樣運用我們的語言。」（伍鐵平，1989）

在道家看來，「道」是玄妙難知的，語言只能描述現實世界的事物，而道是超然物外，是派生萬物的存在，所以語言在描述道的時候常常是「強爲之名」（《老子》第25章）。爲改變這種勉強的狀況，莊子學派廣泛運用了「寓言」這種表述方式，借助寓言模糊而廣闊的詮釋空間，使「無名」（《老子》第32章）、「不可名」（《老子》第14章）且以恍惚窈冥狀態存在的「道」得以有了自主敞開一個無限意義空間的可能。

莊子學派對寓言有著深刻認知。《莊子・寓言》曰：「寓言十九，藉外論之。親父不爲其子媒。親父譽之，不若非其父者也。」通常生活中自己父親說兒子好，不如別人的父親說好有說服力。同親，我們借助他者來表達自己想說話，傳播效果自然更好。《莊子・天下》曰：「以寓言爲廣」。郭

象注之曰：「言出於己，俗多不受，故借外耳。」（郭象、成玄英，1998，P.536）成玄英亦疏之曰：「寓，寄也。世人愚迷，妄為猜忌，聞道己說，則起嫌疑。寄之他人，則十言而信九矣。」（郭象、成玄英疏，1998，P.538）相對於己言來說，寓言的影響更廣。不過，寓言還有一個類似於隱喻功能，借助某物某事來說明另一物另一事。兩者間有一定的相似性。老子就以水喻道，他說：「水善利萬物而不爭，處眾人之所惡，故幾於道。」（《老子》第8章）當然，還有以嬰兒、山谷等來喻道的。不過，莊子學派的隱喻不以兩者的相似性為基礎，而是以「意義的盈餘」即超出「能指」（或語言文字）的意義的方式來實現隱喻的。陸西星《讀南華經雜說》就深明《莊子》寓言的要義，他指出寓言乃是「意在於此，寄言於彼也。」寓言重在形象，通過語言描述的形象去把握其是寄寓的道理。莊子就借助「魚之樂」，「莊周夢蝶」闡明了「天地與我並生」的「物化」思想。莊子的寓言傳播思想大體有三大特點：其一，只喻不議，喻中寓理；其二先喻後議，喻議結合；其三，先議後寓，議寓相連。（郭志坤，1985，PP.150-152）

貳、重言：對語言傳播穩定性的理解與運用

雖然從發生學角度而言，語言符號的能指與所指的關係是不確定的，但是一定約定俗成之後，特定的語言符號表達特定的意義，從這一點來說語言符號就具有相當的穩定性，有了這種穩定性，就使跨越時空的意義傳播成為可能。《莊子・逍遙遊》曰：「名者，實之賓也。」語言文字是第二位的，只是客觀事實的表現形式。「重言」乃是厚重之言，並不是指語言文字本身，而是語言文字承載的意義。雖然後人理解古人的意義有難度，但是通過理解歷史進程，把握當時的語境與情境，是可能明白語言文字當時的意義，這個意義應當具有一定的穩定性。就像我們現在去閱讀古文，還是可以讀懂一樣。運用傳播符號學理論來說，語言符號具有「可傳承性」。（餘志鴻，2007，P.145）

「重言」字面涵義是重要之言，即有分量的語言。不過，在《莊子》一書中，當有明道之言和重道之言兩層涵義。《莊子・寓言》曰：「重言十七，所以已言也。是為耆艾，年先矣，而無經緯本末以期年耆者，是非先也。」重言是指年長者（延伸為古代聖人）的話，並不只是年齡的年長，而是學識才德過人的年長者的話。在語言傳播中運用這樣的話有助於增強語言

的可信度。《天下》也說:「以重言爲眞」,世人常常相信「重言」是可信的,也可以理解爲「重言」的意義具有眞實性。老子曰:「自古及今,其名不去,以閱衆甫。吾何以知衆甫之狀哉?以此。」(《老子》第21章)在老子看來,「道」作爲士人追求的終極意義,是永恆存在的。從古至今「道」之名就一直在傳承著,而「吾」對道的把握,便是通過這個「名」(語言文字)來實現的。可見,言以載道,換句話說,「道」的意涵可以在「言」中得到相對穩定的保存。「重言」其實就是「道言」,亦即得道的聖人之言。唐代成玄英稱「重言,長老鄉閭尊重者,老人之言,猶十信其七也」。(郭象、成玄英疏,1998,P.538)宋代林希逸亦解釋曰:「重言者,借古人之名以自重,如黃帝、神農、孔子是也」。(林希逸,2002,P.403)《老子》書中就常常引用聖人之言,如「古之所謂『曲則全』者」(《老子》第22章)。還有「天道無親,常與善人」(《老子》第79章)就是引用《金人銘》中的句子。其實,與老莊同時代的人們早就有了崇古情懷。孔子明確表態說:「周監於二代,鬱鬱乎文哉,吾從周。」(《論語·八佾》)亞聖孟子亦曰:「率由舊章,遵先王之法而過者,未之有也。」(《孟子·離婁上》)先秦儒家集大成者荀子亦言:「今夫仁人也,將何務哉?上則法舜、禹之制,下則法仲尼、子弓之義。」(《荀子·非十二子》)先師從儒者後自言門戶的墨子提倡「言有三表」,「上本之于古者聖王之事」便是其中語言傳播的第一表(根據)。儒墨兩家所推崇的聖人大體只是三皇五帝。而道家則自創聖人譜系,將之推遠至更爲久遠的上古年代。僅以《莊子·胠篋》爲例,該篇中就載有容成氏、大庭氏、伯皇氏、中央氏、栗陸氏、驪畜氏、軒轅氏、赫胥氏、尊盧氏、祝融氏、伏戲氏、神農氏等十二代聖人的傳承譜系,試圖強化自身語言的神聖性。不過,有個有趣的現象是在《莊子》書中人們公認的堯舜禹、孔子等聖人往往成爲莊子學說的代言人,他們在莊子書中儼然就是履踐道家無爲之道的聖人。此外,莊子學派自覺大量引述聖人著作之書和當時流傳的名言警句。著作有《法言》(《莊子·人間世》引)、《記》(《莊子·天地》引)、《書》(《莊子·盜跖》引)等,名言有「野語有之曰」(《莊子·秋水》引)還有大量直接間接引用《老子》或先老學之言。總而言之,道家堅信「道」(意義)是可以通過語言來傳播的,正因如此,道家特別重視「重言」,因爲它承載著聖人歷史實踐的資訊,這些都是後人進一步前進的精神財富。也就是說,上古道統(「道紀」)往往通過「重言」得以流傳,能不珍惜嗎?

參、卮言：對語言傳播創造性的理解與運用

根據傳播符號學理論，語言符號還具有「強生成性」（即隨著社會發展變化而變化的生命力）、「二元組合性」（總是跟自己最毗鄰的另一符號進行組合）、「非對稱性」（同一符號可指稱多個內容，反之多個符號可以指稱一個內容）、「超時空性」（符號可以指稱不在眼前的事象、沒有發生過的事象、非物質形態的事象）等特徵。這些特徵歸結爲一句話，語言符號具有變動性的特點。（餘志鴻，2007，PP.38-45）道家顯然深明這個道理。《莊子·寓言》日：「卮言日出，和以天倪，因以曼衍，所以窮年。」卮是一種器皿，它空的時候是仰躺著的，裝水到一半時是中立的，而裝滿時便傾。所謂「卮言」，第一種理解是日出日新之言。王先謙曾說：「夫卮器滿則傾，空即仰，隨物而變，非執一守故者也，日新則盡其自然之分，己無常主也。」（郭慶藩，1961，P.948）同樣一個器皿在不同情況下會有不同的情態，同樣，同一個「言」（語言文字）在不同情境下會表示不同的意義；也可以說不同的意義可以用同一「言」表示。也就是說，「言」具有多義性。因此，人們運用起「言」就有了廣闊的意義創造空間。還一種理解，「卮言」意爲中正之言。陳景元解日：「日出未中則斜，過中則昃，及中則明，故卮言日出者，取其中正而明也。」而這兩種意涵是相通的，因爲變化不離其正，正是「卮言」的創造性所在。「卮言」在道家看來是道言，言道之言，此言乃無心之言，自然流淌之言，中正之言，日新之言，無可無不可的圓言，曼衍無終始、支離無首尾之言，耐人體味之言。（朱哲，2000，P.231）對於語言的運用如此能達到信手拈來，隨心所欲，那可以說是運用語言的大師了，莊子便是這樣的人。

成玄英疏云：「卮言，即無心之言。」「卮言，不定也。」「卮言」思想要求傳者主體能夠在言語時不抱成見。因爲「物固有所然，物固有所可。無物不然，無物不可。」語言所指稱的物件有其自在性，自爲性，人的主觀不能取代它，而只能「因其固然」。於是，莊子學派提出「言無言」的語言傳播原則，即說出沒有主觀成見的語言。這樣，終身說話，卻好像不曾說；即便終身不說話，卻也好象未嘗沒說。

語言的創造性源於世界運動變化的豐富性。郭象注日：「夫自然有分而是非無主，無主則曼衍矣，誰能定之哉！故曠然無懷，因而任之，所以各終其天年。」成玄英疏日：「曼衍，無心也。隨日新之變轉，合天然之倪分，

故能因循萬有，接物無心；所以造化之天年，極度生涯之遐壽也。」（郭象、成玄英疏，1998，PP.539-540）語言符號描述千變萬化的世界，力求客觀地反映事實，即「接物無心」，那麼以這種語言傳達的資訊來處事，事與物都能各安其序，所以能「盡其天年」了。《莊子·人間世》曰：「爲人使易以僞，爲天使難以僞。」就是認爲有心（爲人）必有僞，無心（爲天）則難以起僞了。

語言符號符除了如上所言的表述和理解功能、傳達功能以外，還有思考功能，亦即語言激發人創造功能。語言符號承載的意義使受者在接受後在自身的情境中往往會生成嶄新的意義。這是因爲「思考本身也就是一個操作符號在各種符號之間建立聯繫的過程」。（郭慶光，1999，P.46）正因爲思考才有創造性。不過，同時也可能帶來破壞性。思考的同時往往被自己的主觀偏見、成見、妄見所宥，不知不覺中干擾了資訊的準確傳播。故而應注意如下：

「卮言」要求公正以言。然而辯論往往是各執一詞，爲了戰勝對手，常常運用詭辯等手法。莊子學派指出「人固受其黮闇」，「辯也者，有不見也。」（《莊子·齊物論》）論辯使人受偏執的迷惑。「彼至則不論，論則不至；明見無值，辯不若默。」（《莊子·知北遊》）明道的人不去論辯，論辯者不明道，故而辯論不如沉思。辯論對道可言，並不能愈辯愈明，但對於客觀世界的諸事諸物諸象而言，則是智力所及。《莊子·徐無鬼》：「知之所不能知者，辯不能舉也。」知性無法認知的物件，必須依靠悟性之知了。道家反對辯論這種特殊的語言傳播方式還因爲辯論可能破壞人純眞的天性。《莊子·盜蹠》曰：「辯足以飾非。」辯論者往往會竭力去粉飾自己的不足或過錯。

「卮言」要求力戒「溢言」。《莊子·人間世》引《法言》之言曰：「傳其常情，無傳其溢言，則幾乎全。」希望實事求是地傳達「常情」，不沒去傳播「溢言」。「溢言」是過頭話，不合實際情況的。要求不要去增加原來沒有的方面，也不要遺漏本來有的方面，做到全面，客觀、準確地表達實際情況。《莊子·人間世》強調指出：「凡溢之類妄，妄則其信之也莫，莫則傳言者殃。」溢言的事情必須是不眞實的，而不眞實就沒人信，沒人信則傳言者會遭殃。因此，語言傳播敢不愼乎？作者進而指出語言傳播如果不符實，可能會還來很大的危害。「言者，風波也；行者，實喪也。夫風波易以動，實喪易以危。故忿設無由，巧言偏辭。」花言巧語和偏執之言都是

「喪實」之言，都可能影響人們的喜怒哀樂，帶來無窮後患。

因此，我們認為道家提倡和發揚的寓言、重言、卮言等語言傳播方式，其實是一套系統且獨特的語言傳播方法，研究這種方法對於探討中國傳統語言傳播思想具有重要的理論價值，同時也有助於豐富人類語言傳播方法的研究，進而展現出語言傳播的藝術神韻。

參考文獻

李敬一（2002）。《中國傳播史論》。武漢大學出版社。

王弼（1954）。《老子注》，《諸子集成》第3冊。中華書局。

郭慶藩（1961）。《莊子集釋》。中華書局。

謝清果（2008）。〈道家語言傳播效果的求美旨趣〉。《哲學動態》，(3):25-29。

伍鐵平（1989）。《再論語言的模糊性》。《語文建設》，(6):25-29。

郭象注、成玄英疏（1998）。《南華眞經注疏》。中華書局。

郭志坤（1985）。《先秦諸子宣傳思想論稿》。福建人民出版社。

餘志鴻（2007）。《傳播符號學》。上海交通大學出版社。

林希逸（2002）。《南華眞經口義》。陳紅映點校。雲南人民出版社。

朱哲（2000）。《先秦道家哲學研究》。上海人民出版社。

郭慶光（1999）。《傳播學教程》。中國人民大學出版社。

20.
台灣綜藝節目中語碼轉換研究——以《康熙來了》為例

黃裕峯　廈門大學兩岸關係和平發展協同創新中心、新聞傳播學院副教授
黃麗雲　廈門大學新聞傳播學院

摘要

　　本研究以台灣綜藝節目《康熙來了》第20100630集《豬哥亮天王來了（上）》為例，通過對來自不同群體背景的主持人進行話語分析，歸納出閩南語在普通話綜藝節目中的使用情況及喜劇效果。結果發現，該期節目共693個話輪，閩南語話輪占11.26%，而在閩南語話輪中喜劇效果占了33%。在此基礎進一步發現，閩南語的喜劇效果產生機制是通過：1.語言的轉碼機制；2.語言的順應機制；3.語言的表達機制來達到提升節目喜劇效果的目的。

關鍵字： 喜劇效果、閩南語、綜藝節目

壹、緒論

近年來，無論在大陸或台灣，方言類節目收視表現呈現上揚，愈來愈多以普通話為主體語言的綜藝節目通過嵌入各種生動、淺顯的方言以獲得喜劇效果，通過在節目中使用方言以製造喜劇效果的目的愈來愈明顯。這與草根文化的崛起，使得普羅大眾的聲音愈來愈大，形成了多種文化糅合下的雜語運用。方言作為雜語中的重要的一支，憑藉使用者的幽默、詼諧、搞怪等特質，被愈來愈多地運用於影視領域，形成了一股特殊的語用現象。

貳、研究綜述

影視領域的「方言熱」引起了學者和業界的廣泛討論和研究，李秀紅（2010）通過調查總結，了解民眾心聲，梳理專家意見，分析了影視方言的生存前景，指出：在全球化的今天，人民更加重視「愈民族愈世界」的理念，更多的文藝創作者開始嘗試使用方言。匡榮婷（2008）、郭苗苗和索邦理（2008）都指出方言是一種重要的喜劇要素。賀彩虹（2010）對方言的喜劇效果進行了更詳細的考證和研究，提出方言運用的喜劇效果主要來自於其通俗化的話語表達、陌生化的語言形式以及方言表達與影片中小人物身分的深層結合。周衛紅（2007）在學術語境的心理分析的基礎上提出，從喜劇心理角度來看，方言作品產生戲劇性效果的主要原因在於：方言構成的驚奇感和優越感；方言構成的心理期待落空；方言構成的心理宣洩。雖然方言在電影、電視欄目劇的喜劇效果研究都已不少，也有不少學者研究了方言在新聞節目中的喜劇效果，但鮮少有學者針對方言在綜藝節目中的喜劇效果進行研究，僅有部分學者從主持用語和語碼轉換角度，提及了主持人在節目中運用方言、進行方言—普通話的語碼轉換會產生喜劇效果，而這其中又以四川普通話、東北方言、陝西方言為主，對閩南語的研究極少。因此，本文提出了兩個研究問題，希望通過案例研究的結果來豐富閩南語在綜藝節目中的喜劇效果研究，為閩南語在綜藝節目中的廣泛使用提供理論支撐。

問題1：閩南語在綜藝節目中形成喜劇效果的情況

問題2：閩南語在綜藝節目中喜劇效果的產生機制

參、研究方法

　　話輪（turn-taking in conversation）一般認為是由薩克斯（Hravey Sacks）在1974年提出，認為話輪是構成會話的最基本的單位，但薩克斯並沒有對話輪下過明確清晰的定義。劉虹在《會話結構分析》一書中認為「話輪是指會話過程中說話者在任意時間內連續說出的一番話，其結尾以說話者和聽話者的角色互換或各方的沉默為標誌」。本文採用劉虹的這一定義，以說話者的話是否處於連續狀態中，說話者與聽話者在角色上是否發生了互換判斷是否為一個話輪。接著，本文採用內容分析法，通過對選取的案例進行研究，嘗試找出閩南語在綜藝節目中喜劇運用。選擇以《康熙來了》為例，主要是因為兩位主持人蔡康永與徐熙娣都是普通話為母語，閩南語不流利的主持人。幕後團隊中大製作、金星製作也是福隆製作的子公司，而福隆較少製作台灣本土類型的節目，較多製作以都會區收視的流行節目，在台灣屬於非本土的「外省」影視製作公司。所以，當節目邀請具有草根特色的藝人謝新達（後稱其藝名：豬哥亮）當嘉賓，節目中的閩南語使用情況，如何形成喜劇效果和喜劇的產生機制成為本文考察的重點。《康熙來了》是具有高收視率的電視談話類（脫口秀）綜藝節目，豬哥亮參與的第20100630集具有明顯的普通話—閩南語語碼轉換現象，對於研究具有代表性和可操作性。

　　研究個案《康熙來了》是台灣的電視談話類綜藝節目，節目名稱截取主持人蔡康永的「康」與徐熙娣的「熙」合成，主持人每集與談近期熱點人物，以節目言論尺度露骨辛辣受到關注。2004年1月5日首播，每晚10至11點直播，每週播出五集，每集長度45分鐘，2016年1月14日播放最後一集後停播，歷時13年。開播以來，收視率平均為1.2-1.3%，吸引了超過500萬觀眾。節目在2004年入圍第41屆台灣金鐘獎最佳娛樂綜藝節目。是在製作低成本環境下，少數成功的長壽綜藝節目。《康熙來了》也授權大陸視頻網站，點擊率與排行榜均名列前茅，受到海峽兩岸的青年朋友喜歡。祁小莉（2012）統計《康熙來了》節目中的語碼轉換，其中普通話—閩南語轉換占6.792%，僅在漢語—英語轉換之後。本文選取「豬哥亮天王來了（上）」這一期節目，主要原因是豬哥亮在《康熙來了》的首秀，也是他長時間躲債後復出的一次亮相。豬哥亮作為台灣知名藝人，從早期秀場、錄影帶到綜藝節目，以草根搞笑的主持風格為大眾所知，善於在主持言談間巧妙使用閩南方言發揮其喜劇效果。統計豬哥亮以嘉賓身分參與《康熙來了》錄影有三

次，分別爲2010年6月30「豬哥亮天王來了（上）」及7月1日的「豬哥亮天王來了（下）」、2011年12月8日的「大明星來台灣都是我在罩」、2014年10月30日的「豬哥亮和謝金晶的父女情深」。本次選取的「豬哥亮天王來了（上）」中的人物主要有蔡康永、徐熙娣、陳漢典、豬哥亮，四人身分背景不同，對閩南語的熟練程度不同：首先，徐熙娣和蔡康永是典型的第二代「外省人」，他們只會少數的閩南語，無法用閩南語順暢交流；其次是助理主持人陳漢典是台北出生的80後，是個典型的普通話與閩南語的雙語使用者，而豬哥亮則是以閩南語爲母語的典型台灣人。因此，在他們四人的對話中，會出現使用閩南語的不同情況，具有代表的廣泛性和典型性。

本文主要運用會話分析中的話輪轉換作爲理論視角，結合內容分析法進行量化，對閩南語在「豬哥亮天王來了（上）」中的喜劇情況進行研究，從而發現閩南語在節目中喜劇效果的使用情況和產生機制。

肆、研究結果

根據內容分析法對語料進行分析後，結果顯示該期節目總計有693個話輪，其中共78個話輪有使用閩南語。因爲本次研究針對閩南語的喜劇效果，所以重點研究具有喜劇效果的使用閩南語的話輪。根據節目中有無使用哄堂大笑的音效和主持人是否發笑，將使用閩南語的78個話輪再進一步做第二次分析，將有哄堂大笑音效或主持人發笑的話輪定義爲具有喜劇效果。根據上述操作定義的統計結果，78個使用閩南語的話輪中有26個具有喜劇效果，占33%。此外，根據統計結果得知，節目中使用閩南語的78個話輪中，發生句間轉換的有66個，占全部使用閩南語的84%，句內轉換的有12個，占全部使用閩南語的16%。在使用句間轉換的66個話輪中，18個具有喜劇效果，占總數的27%；在使用句內轉換的12個話輪中，8處具有喜劇效果，占總數的67%。

伍、分析與討論

在內容分析的結果，進行閩南語的喜劇效果產生機制的討論。具體如下：

1. 閩南語—普通話的轉碼產生喜劇效果

在節目中，不論是嘉賓豬哥亮還是主持人徐熙娣、蔡康永從使用普通話轉換爲閩南語時，往往都帶有製造喜劇效果的意圖，因此這種轉換就帶有信號作用。比如：

例1：豬哥亮在描述父親到撞球間抓他時，轉換了閩南話描述了其慌忙逃竄的情形

> 豬哥亮：我就剛好我要怎樣打，要怎樣打。在想在想。剛好一弄下
> 　　　　去，*我爸爸拿扁擔棍來，我就*……在左營市中心，撞球間
> 　　　　*都有後門，我快跑。*（斜體字部分爲閩南語）

例2：在談論其「馬桶髮型」時，轉換了閩南話還原了當時與髮型師兩人的對話

> 豬哥亮：*他說好，給你。他跟我賭，我也跟他賭。*然後我就到對面
> 　　　　的美容院找西北髮廊的老闆。*我要主持，我要吹什麼頭。*
> 　　　　*好，你坐。就一直剪，剪完就一個馬桶。*（斜體字部分爲
> 　　　　閩南語）

例3：在回憶父親與老師拉關係求照顧時，轉換了閩南語複述了當時父親「威脅」老師的原話

> 豬哥亮：老師常常到我家裡跟我爸爸，我爸爸都請他喝酒。*他就知*
> 　　　　*道我要畢業了，老師我跟你講哦，我達仔要畢業了，你如*
> 　　　　*果沒畢業，你把喝的酒都給我吐出來。*（斜體字部分爲閩
> 　　　　南語）

這些轉換其實都是一種言語暗示，暗示接下來有詼諧搞笑的情節出現，是笑話開始和進行的信號。觀眾通過這種言語轉換，可以很快的領悟到嘉賓或主持人傳遞的喜劇開始的信號，能更好地理解和回味其傳達的資訊，從而提高喜劇資訊傳遞接收的效果。語碼轉換本身可能變成幽默的物件。Grice（1975）提出了四條準則，即數量準則、品質準則、關聯準則、方式準則，

這四條準則統稱爲合作原則，綜藝節目中常常通過違反合作原則時會話增添幽默色彩。「合作原則中的『關聯準則』要求雙方所說的話都要與話題相關，即說話要切題。但有時爲了化解尷尬或者避免回答不想要回答的問題，就會出現一方在『說東』，另一方的理解卻是在『道西』，聽話人在這種不相干的話語交際中體會到幽默」（李小林，2012）。閩南語在節目中的使用常常會有意無意地加劇這種說東道西的現象，增添喜劇效果。再如徐熙娣轉換閩南語採訪豬哥亮對自己身材的看法時的一段對話：

> 徐熙娣（閩南語）：你感覺我的身材哪一個（「身材」發音錯誤）……
>
> 豬哥亮（閩南語）：你的什麼？
>
> 徐熙娣（閩南語）：身材，身體（「身材」發音錯誤）
>
> 豬哥亮（閩南語）：你的身體不好哦？不然是什麼？要去看醫生？
>
> 徐熙娣（閩南語）：我的曲線（「曲線」發音不準）
>
> 豬哥亮（閩南語）：你的手癢（「手癢」與「曲線」發音相似）
>
> 徐熙娣（閩南語）：我的那個體態啦！

　　在上述的對話中，由於徐熙娣使用閩南語不熟練，在許多表達時詞不達意，導致豬哥亮無法獲取正確的會話資訊，一頭霧水或答非所問。閩南語相對於普通話是一種小衆方言，多數人對其一知半解，在綜藝節目中使用閩南語，會話雙方對於閩南語不同的掌握程度往往會使雙方產生不同的理解，這種表達和理解的不確定性，通過對人的心理預設的不斷顚覆，可以獲得了較好的喜劇效果。「阿普特（Mahadev L. Apte, 1985）指出，在許多文化裡，非正式語碼更加適合於開玩笑。最容易被用來開玩笑的是那些方言和社會地位比較低的那些語言變體」（趙一農，2002）。西方經典的幽默理論之一霍布斯的「突然榮耀說」認爲喜劇性來自兩方面的原因，一是發現別人欠缺，對別人缺點的鄙夷，一是突然發現自己的優越，所以有一種榮耀感。節目中閩南語作爲閩南地區的方言，具有地域性的色彩，普遍認爲草根性強，因此具有喜劇效果。

　　2. 閩南語—普通話的順應

　　豬哥亮剛出場時，徐熙娣在打完招呼之後就轉換閩南語問豬哥亮酷似馬桶蓋的髮型是不是眞的？豬哥亮也順勢以閩南語給予肯定，一下就拉近了

主持人與嘉賓的距離，緩和雙方不熟悉帶來的陌生感，為節目營造輕鬆的氣氛。于國棟在語碼轉換的順應理論中認為，語碼轉換產生的原因之一是出於對心理動機的順應。在特定的條件下，為了拉近距離，會話者會選擇轉換語碼。閩南話在節目中的運用常常就是出於拉近距離的目的，與普通話相比，閩南語作為方言更加隨和自然輕鬆的，正是這種隨意的特點更加有利於為節目創造氛圍，使觀眾更容易接受主持人傳遞的資訊，為喜劇效果的產生創造了條件。再如：徐熙娣問豬哥亮不聽老師的話去看布袋戲會不會被打時，使用了閩南語「那被抓到會被老師*打*嗎？」（斜體字為閩南語）。徐熙娣的語言「笨拙」恰巧為下一段的對話鋪墊，圍繞在這種輕鬆詼諧的節目氣氛下，主持人和嘉賓、觀眾三方的心情自然愉悅，有利於主持人和嘉賓發揮自己的才能製造幽默，也有利於觀眾接受喜劇點。

3. 傳遞喜劇點

豬哥亮作為熟練使用閩南語的嘉賓，其普通話的語用能力相對普通話掌握程度較為有限，難以準確表達某個意思，這時使用普通話就會影響喜劇效果，因此閩南語的使用就顯得尤為重要。比如：

> *豬哥亮*：王夢麟說給他打一個禮拜。因為他剛好生一個粒，生一個粒，生一個粒，*生豬頭皮有沒有，生豬頭皮*。他打一個禮拜，他痛一個禮拜，他唉出來。我說你唉什麼，我們已經給他打幾年了。對不對？（斜體字為閩南語）

在這裡豬哥亮講述王夢麟被打耳光的事情，其實他是想講一個笑話，但是由於他在講述時使用了自己不熟練的普通話，雖然他以閩南語補充說明了生豬頭皮，但是整件事情的喜劇效果已經大打折扣。「主持人工作的關鍵是良好的語言組織與表達能力，主持人的語言和詞彙積累在很大程度上決定了主持工作的效果」（孫丹青，2013）。在綜藝節目中，不論是主持人還是嘉賓，都決定著節目的喜劇效果。相較於普通話的使用，豬哥亮在使用自己所熟知的閩南語進行會話時，能夠使用更為豐富的詞彙和生動的表達，發揮其創意和幽默色彩，從而增添喜劇效果。如他形容徐熙娣的腰是「狗公腰」，若按照普通話的形式則體會不到這種生動形象的感覺，但是豬哥亮通過運用帶著比喻修辭的閩南方言，一下子突出視覺感官，增強了表達，提升喜劇效果。

4. 再現情景

陳漢典對於豬哥亮的模仿，不論是節目開場模仿豬哥亮歌廳秀時期的風格，還是模仿豬哥亮使用閩南腔調說，「你模仿我很像哦。年輕人你不錯」，閩南語的使用都起到了極大的作用，有利於增強節目的喜劇效果。方言作為一種地方性的生活語言，其使用有利於還原歷史與地域的話語情境，還原真實的社會情境，並塑造出鮮活的人物形象，從而增強節目的喜劇效果。閩南語作為方言的一種，自然也具備還原真實社會情境的功能，有利於情境重現，增加喜劇效果。同時，豬哥亮在回憶中多次轉換閩南語，也生動地再現了當時的情境，在對話中產生異質空間的想像，使得觀眾增加融入的替代感，提升了喜劇效果。如上述的豬哥亮在提及豬爸到撞球室抓豬哥亮、父親「威脅」老師讓豬哥亮順利畢業中使用的閩南語，讓我們好像親臨了事件現場，看到了鮮活的父親形象，同時也深刻體會到了往事的樂趣，從而會心一笑。

陸、結論

分析與討論後發現，閩南語在綜藝節目中形成喜劇效果的情況主要是來自主持人、嘉賓雙方都有意識地利用閩南語的幽默功能促進節目的喜劇效果。閩南語在綜藝節目中喜劇效果的產生機制則是通過三種機制：首先是語言的轉碼機制，在轉碼的使用中，句內轉換所產生的喜劇效果優於句間轉換的方式，這是因為在認知心理學上認為，幽默是一種不和諧轉變。康得「預期失望說」認為，喜劇性來源於打破現有的秩序或規律，讓人的緊張的期望突然消失。在句內冷不丁的使用閩南語，會形成一種語域偏離現象，給人一種不協調感和不得體感，違背觀眾的心理預期，使觀眾產生心理落差，從而產生幽默感和喜劇效果。閩南語在綜藝節目中喜劇效果的第二種產生機制是通過語言的順應機制，閩南語—普通話的語碼轉換本身可以產生幽默感，並且可以拉近主持人、嘉賓、觀眾三方的距離，營造輕鬆和諧的節目氣氛以促進喜劇效果。閩南語在綜藝節目中喜劇效果的第三種產生機制是通過語言的表達來達到喜劇效果，具體又可以分為傳遞喜劇點與情境再現，因為閩南語本身所具有的生動性、詞彙的豐富性有利於言語的表達和情境再現，可以為節目增添喜劇效果。

參考文獻

一、期刊

馮碩、劉娜（2010）。電視劇《北京人在紐約》中語碼轉換的會話分析淺議。昌吉學院學報，5期，54-58。

郭苗苗、索邦理（2008）。方言在影視劇中的美學特徵。河池學院學報，4期，27-30。

賀彩虹（2010）。詼諧中的消解與堅守——論近期喜劇電影中的方言演說。東嶽論叢，2期，91-95。

匡榮婷（2008）。談影視作品中方言與普通話的關係。社會語言學，16期，12。

李秀紅（2010）。影視方言熱現狀之調查研究。電影文學，11期，79-80。

李小林（2012）。美國脫口秀語言幽默的御用研究。吉林省教育學院學報，2期，91-93。

陸丹雲（2010）。狂歡·雜糅·對話——社會符號學失業中的大眾文化新話語。江蘇行政學院學報，3期，42-47。

周衛紅（2007）。影視領域中方言作品構成喜劇性效果的心理解析。電影文學，2期，13-16。

趙一農（2002）。有標記語碼轉換的幽默功能。外語學刊，3期，52-27。

Mintz, L. E., Apte, M. L., Nilsen, D. L. F., & Nilsen, A. P. (1985). Humor and laughter: an anthropological approach. *Journal of American Folklore, 99* (393), 339.

Grice, H. P. (1975). Logic and conversation Syntax and Semantics. *Speech Acts* (Vol.4, pp.1-7).

Sacks, H., Schegloff, E. A., & Jefferson, G. (1974). Chapter 1-a simplest systematics for the organization of turn taking for conversation*. *Language*, 50(4), 7-55.

二、書籍、學位論文

劉虹（2004）。會話結構分析。北京：北京大學出版社。

祁小莉（2012）。娛樂脫口秀節目《康熙來了》中漢英語碼轉換的順應性研

究。中南民族大學，未出版，武漢。

孫丹青（2013）。方言節目審美特徵探析。四川師範大學，未出版，成都。

徐廣賢（2013）。台灣電影字幕的語內翻譯與語際翻譯。福建師範大學，未
　　出版，福州。

國家圖書館出版品預行編目資料

社群媒體與口語傳播／游梓翔、温偉群主編.
 -- 初版. -- 臺北市：五南，2018.08
    面； 公分

 ISBN 978-957-11-9789-0 (平裝)

 1.口語傳播 2.網路社群

541.83   107009899

4Z11

社群媒體與口語傳播

主　　編 ― 游梓翔　温偉群(319.3)

發 行 人 ― 楊榮川

總 經 理 ― 楊士清

副總編輯 ― 陳念祖

責任編輯 ― 李敏華

封面設計 ― 王麗娟

出 版 者 ― 五南圖書出版股份有限公司

地　　址：106台北市大安區和平東路二段339號4樓

電　　話：(02)2705-5066　　傳　　真：(02)2706-6100

網　　址：http://www.wunan.com.tw

電子郵件：wunan@wunan.com.tw

劃撥帳號：01068953

戶　　名：五南圖書出版股份有限公司

法律顧問　林勝安律師事務所　林勝安律師

出版日期　2018年8月初版一刷

定　　價　新臺幣450元